城市运行管理服务平台培训教材

住房和城乡建设部城市管理监督局
全国市长研修学院（住房和城乡建设部干部学院） 组织编写

中国城市出版社

图书在版编目（CIP）数据

城市运行管理服务平台培训教材 / 住房和城乡建设部城市管理监督局，全国市长研修学院（住房和城乡建设部干部学院）组织编写. — 北京：中国城市出版社，2023.9
　ISBN 978-7-5074-3644-0

Ⅰ. ①城… Ⅱ. ①住… ②全… Ⅲ. ①城市管理—公共服务—中国—教材 Ⅳ. ①D669.3

中国国家版本馆CIP数据核字（2023）第157367号

责任编辑：李　慧
书籍设计：锋尚设计
责任校对：姜小莲
校对整理：李辰馨

城市运行管理服务平台培训教材

住房和城乡建设部城市管理监督局
全国市长研修学院（住房和城乡建设部干部学院）　组织编写

*

中国城市出版社出版、发行（北京海淀三里河路9号）
各地新华书店、建筑书店经销
北京锋尚制版有限公司制版
临西县阅读时光印刷有限公司印刷

*

开本：787毫米×1092毫米　1/16　印张：16　字数：356千字
2023年9月第一版　　2023年9月第一次印刷
定价：**98.00** 元
ISBN 978-7-5074-3644-0
（904654）

版权所有　翻印必究
如有内容及印装质量问题，请联系本社读者服务中心退换
电话：（010）58337283　QQ：2885381756
（地址：北京海淀三里河路9号中国建筑工业出版社604室　邮政编码：100037）

本教材编写组

组织单位： 住房和城乡建设部城市管理监督局
全国市长研修学院（住房和城乡建设部干部学院）

编写人员： 王瑞春　全　河　宋长明　戴玉珍　丁树臣　刘　疆　裴良月
陈芸华　梁　峰　郝　力　陈顺清　黄全义　高　萍　袁宏永
吴强华　郑家升

（以下按姓氏笔画排序）

马　彬	马春莉	王　伟	王　萍	王　磊	王纪伟	王明珠
王绍雷	王凌云	王春柏	王洪深	王海滨	王黎瑶	田玉静
田晓春	付　明	朱成强	任树睿	刘凤群	刘运恒	刘贤明
齐　悦	许丽媛	孙　俭	苗雨新	苏继申	李雪立	李　冬
吴江寿	何　江	汪正兴	宋宇震	宋映德	张永刚	张惠锋
张强华	陈　慧	季　珏	周阳帆	赵　建	赵小龙	赵大地
赵贺飞	俞开业	姚　涛	袁　斌	郭廷坤	唐伟平	宦茂盛
黄　慧	黄燕昕	曹　敏	崔　迪	蒋景瞳	曾明波	曾卿华
满雨桐	蔡和林					

序 言

  2019年，习近平总书记考察上海时提出"人民城市人民建，人民城市为人民"的城市治理理念，深刻揭示了城市建设和发展依靠谁、为了谁的根本问题，深刻回答了建设什么样的城市、怎样建设城市的重大命题。城市是人集中生活的地方，城市建设必须把让人民宜居安居放在首位，把最好的资源留给人民。城市运行管理服务工作同人们宜居安居密切相关，城市运行管理服务平台是城市运行安全高效健康、城市管理干净整洁有序、为民服务精准精细精致的重要载体，是新时代提高城市规划、建设、治理水平，打造宜居、韧性、智慧城市的基础平台。

  党的十八大以来，特别是中央城市工作会议之后，党中央、国务院高度重视城市运行管理服务工作，提出了一系列新理念、新思想、新战略。中央城市工作会议指出，抓城市工作，一定要抓住城市管理和服务这个重点，不断完善城市管理和服务，彻底改变粗放型管理方式。2020年3月，习近平总书记在湖北考察时指出，城市是生命体、有机体，要敬畏城市、善待城市，树立"全周期管理"意识，努力探索超大城市现代化治理新路子。随着我国城市发展进入高质量发展阶段，城市空间结构、生产方式、组织形态和运行机制都发生了深刻变革，但是，城市基础设施、公共服务水平、城市运行管理服务能力等还不能适应城市高质量发展要求，与人民群众日益增长的美好生活需要相比还有较大差距，城市运行管理服务工作的地位和作用日益突出。

  进入新时代，人民群众对美好生活的期盼就是我们的奋斗目标。要坚持以人民为中心的发展思想，统筹发展和安全，强化城市运行管理服务工作，更好满足人民群众对美好生活的向往，奋力谱写人民城市治理新篇章。要把让人民宜居安居放在首位，使城市更干净、更整洁、更有序，让人民群众在城市生活得更方便、更舒心、更美好。要顺应信息化、数字化、网络化、智能化发展趋势，加快推动国家、省、市三级城市运行管理服务平台建设，让城市运转更聪明、更智慧、更高效。

  住房和城乡建设部牢牢抓住城市治理智能化的"牛鼻子"，坚持从群众需求和城市治理突出问题出发，以城市运行管理"一网统管"为目标，以物联网、大数据、人工智能、5G移动通信等前沿技术为支撑，整合城市运行管理服务相关信息系统，把分散式信息系统整合起来，汇聚共享数据资源，加快现有信息化系统的迭代升级，全面加快建设城市运行管理服务平台，加强对城市运行管理服务状况的实时监测、动态分析、统筹协调、指挥监督和综合评价，不断增强人民群众的获得感、幸福感、安全感。

党的二十大擘画了以中国式现代化全面推进中华民族伟大复兴的宏伟蓝图。我们要以党的二十大精神为指引，树立"人民城市为人民"理念，加快推进城市治理现代化步伐，注重在科学化、精细化、智能化上下功夫，推动城市管理手段、管理模式、管理理念创新，努力走出一条符合我国城市特点和实际的现代化治理新路子。

住房和城乡建设部城市管理监督局
2023年8月

前 言

党的二十大报告指出,高质量发展是全面建设社会主义现代化国家的首要任务,强调要加快建设制造强国、质量强国、航天强国、交通强国、网络强国、数字中国。城市运行管理服务平台(以下简称"城市运管服平台")是数字中国建设的重要组成部分,建设城市运管服平台,是落实习近平总书记重要指示批示精神和党中央、国务院决策部署的重要举措,是系统提升城市风险防控能力和精细化管理水平的重要途径,是运用数字技术推动城市管理手段、管理模式、管理理念创新的重要载体,对促进城市高质量发展、推进城市治理体系和治理能力现代化具有重要意义。

2004年北京市东城区首创数字化城市管理模式,2005年起开始全国推广。经过十余年的发展,95%左右的地级及以上城市建成了数字化城市管理信息系统,探索建立了单元网格和部件事件管理法、"监管分离"的管理体制、闭环工作流程和绩效评价机制,为城市精细化管理工作提供了有力支撑。2019年起,住房和城乡建设部紧紧围绕"管理"和"服务"两个重点,部署在数字化城市管理信息系统的基础上搭建城市综合管理服务平台,推动建立城市政府及主管部门对城市管理工作的统筹协调、指挥监督和综合评价工作机制。2020年3月,住房和城乡建设部办公厅印发《关于开展城市综合管理服务平台建设和联网工作的通知》,要求建设完善国家、省、市三级城市综合管理服务平台,实现三级平台互联互通、数据同步和业务协同。

进入"十四五"时期,为深入贯彻党中央国务院关于统筹发展和安全、加强城市风险防控的重要决策部署,住房和城乡建设部总结上海城市运行"一网统管"等建设经验,部署在城市综合管理服务平台基础上,扩展"城市运行保障"有关内容,搭建城市运管服平台,推动城市运行管理"一网统管"。2021年3月,《中华人民共和国国民经济和社会发展第十四个五年规划和2035年远景目标纲要》明确提出"完善城市信息模型平台和运行管理服务平台"的任务要求;2021年10月,中共中央办公厅、国务院办公厅印发的《关于推动城乡建设绿色发展的意见》将"搭建城市运行管理服务平台"列为重点任务;2021年12月,《"十四五"推进国家政务信息化规划》将"城市运行保障"纳入规划,明确其为"十四五"加强公共安全信息化保障七项重点任务之一。这标志着搭建城市运管服平台上升到国家战略层面,成为各级政府的一项重要任务。

2021年12月,住房和城乡建设部印发《关于全面加快建设城市运行管理服务平台的通知》(建办督〔2021〕54号),要求2022年底前,直辖市、省会城市、计划单列市及部分地级城市建成城市运管服平台，有条件的省、自治区建成省级城市运管服平台；2023年底前，所有省、自治区建成省级城市运管服平台，地级以上城市基本建成城市运管服平台；2025年底前，城市运行管理"一网统管"体制机制基本完善，城市运行效率和风险防控能力明显增强，城市科学化、精细化、智能化治理水平大幅提升。住房和城乡建设部还同步发布了《城市运行管理服务平台建设指南（试行）》（以下简称"建设指南"）、《城市运行管理服务平台技术标准》（CJJ/T 312—2021）（以下简称"技术标准"）和《城市运行管理服务平台数据标准》（CJ/T 545—2021）（以下简称"数据标准"）。2023年7月，住房和城乡建设部又发布了《城市运行管理服务平台　运行监测指标及评价标准》（CJ/T 552—2023）（以下简称"运行监测评价标准"）和《城市运行管理服务平台　管理监督指标及评价标准》（CJ/T 551—2023）（以下简称"管理监督评价标准"）。"一通知一指南四标准"是现阶段指导城市运管服平台建设和运行的基本依据。

截至目前，已有22个省级平台、275个市级平台与国家平台互联互通，部分平台可以与国家平台数据同步、业务协同。各地对标对表中央要求，贯彻落实部发文件和标准规范，立足本地实际建设城市运管服平台，推动城市运行管理"一网统管"，涌现出一批先进典型，如，上海、重庆、青岛、杭州、太原、沈阳、亳州、宿迁、重庆江北的城市运管服平台为其他城市提供了建设样板，我们在第五篇对部分城市的经验做法摘要刊登，供各地参考借鉴。

为了系统梳理城市运管服平台工作成果，形成规范化、系统化的培训教材，确保各级平台建设有章可循，去年年初，住房和城乡建设部城市管理监督局立项编制《城市运行管理服务平台培训教材》。一年来的编写过程中，各省、各城市有关部门给予大力支持，编写组成员同心同力，加强合作，付出了大量心血，经过各个方面的共同努力，本教材终于完成并付梓出版，在此，一并向大家表示衷心感谢！

随着新技术、新场景的广泛应用，本教材编辑入选的案例也在不断优化完善。由于编辑出版时间较长，入选的案例与平台现有成效会有所差异，加上编者水平所限，本书难免仍存在遗漏或错误之处，恳请广大读者批评指正！

编写组

2023年8月

目录

序言
前言

第一篇 政策及标准 ... 1

第一章 城市运行管理服务平台相关政策概述 ... 2
第一节 党中央国务院及相关部委有关政策文件摘要 ... 2
第二节 住房和城乡建设部有关政策文件摘要 ... 3
第三节 城市运行管理服务平台的基本定位 ... 4

第二章 城市运行管理服务平台相关标准概述 ... 7
第一节 城市运行管理服务平台技术标准 ... 7
第二节 城市运行管理服务平台数据标准 ... 17
第三节 城市运行管理服务平台建设指南（试行） ... 29
第四节 城市运行管理服务平台运行监测指标及评价标准 ... 33
第五节 城市运行管理服务平台管理监督指标及评价标准 ... 40
第六节 数字化城市管理信息系统国家标准简述 ... 45
第七节 其他相关标准名录 ... 48

第二篇 系统开发与建设 ... 53

第三章 城市运行管理服务平台技术方案编制 ... 54
第一节 综述 ... 54
第二节 技术方案编制依据 ... 54
第三节 技术方案编制要点 ... 56

第四节　现状调研和需求分析　　　　　　　　　　56
　　第五节　项目投资概（预）算　　　　　　　　　　61

第四章　可行性研究报告及初步设计方案编制　　62
　　第一节　综述　　　　　　　　　　　　　　　　　62
　　第二节　编制原则　　　　　　　　　　　　　　　62
　　第三节　编制过程　　　　　　　　　　　　　　　63
　　第四节　可行性研究报告编制提纲　　　　　　　　65
　　第五节　初步设计方案编制提纲　　　　　　　　　77

第五章　城市运行管理服务平台建设要点　　　　82
　　第一节　省级城市运行管理服务平台建设要点　　82
　　第二节　市级城市运行管理服务平台建设要点　　86

第六章　城市运行管理服务平台验收　　　　　　93
　　第一节　省级城市运行管理服务平台验收　　　　93
　　第二节　市级城市运行管理服务平台验收　　　　102

第三篇　系统应用实践案例　　　　　　　　　　113

　　第七章　运行监测系统　　　　　　　　　　　114
　　　　第一节　监测内容　　　　　　　　　　　　　114
　　　　第二节　运行机制　　　　　　　　　　　　　114
　　　　第三节　市政设施运行监测子系统　　　　　　116
　　　　第四节　房屋建筑运行监测子系统　　　　　　122
　　　　第五节　交通设施监测子系统　　　　　　　　124

第六节　人员密集区域运行监测子系统	127
第八章　指挥协调系统	**129**
第九章　行业应用系统	**131**
第一节　市政公用子系统	131
第二节　市容环卫子系统	133
第三节　园林绿化子系统	138
第四节　城管执法子系统	141
第十章　公众服务系统	**146**
第一节　热线服务子系统	146
第二节　公众服务号和公众类应用程序（App）子系统	150
第十一章　综合评价系统	**154**
第一节　评价内容、类型与方式	154
第二节　运行监测评价实施要点与数据汇聚	155
第三节　管理监督评价实施要点与数据汇聚	160

第四篇　特色应用场景　　165

第十二章　特色应用场景摘录	**166**
第一节　杭州市智慧停车	166
第二节　北海市"门前三包"智慧监管	168
第三节　宿迁市流动摊点监管	169
第四节　临沂市餐饮油烟智慧治理	171

第五节	成都市共享单车治理	172
第六节	南京市溧水区建筑工程渣土监管	174
第七节	青岛市户外广告精细治理	175
第八节	杭州市内涝治理	177
第九节	青岛市海水浴场精细治理	178

第五篇 平台建设典型案例　　　　　　　　　　　　　　　181

第十三章　省级平台建设案例　　　　　　　　　　　　　182
第一节　上海市城市运管服平台　　　　　　　　　　　　182
第二节　重庆市城市运管服平台　　　　　　　　　　　　186

第十四章　市级平台建设案例　　　　　　　　　　　　　190
第一节　杭州市城市运管服平台　　　　　　　　　　　　190
第二节　青岛市城市运管服平台　　　　　　　　　　　　194
第三节　太原市城市运管服平台　　　　　　　　　　　　199
第四节　沈阳市城市运管服平台　　　　　　　　　　　　203
第五节　亳州市城市运管服平台　　　　　　　　　　　　207
第六节　宿迁市城市运管服平台　　　　　　　　　　　　219
第七节　重庆江北区城市运管服平台　　　　　　　　　　222

附　录　地方相关文件摘录　　　　　　　　　　　　　　229

参考文献　　　　　　　　　　　　　　　　　　　　　　243

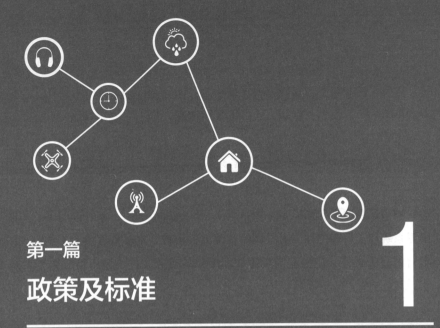

第一篇
政策及标准

党的十八大以来，以习近平同志为核心的党中央高度重视城市工作，对城市工作作出一系列重要指示批示。2015年12月中央城市工作会议召开，中共中央、国务院印发《关于深入推进城市执法体制改革改进城市管理工作的指导意见》（以下简称"中发37号文件"），从战略和全局高度对城市管理工作提出新要求，作出新部署。住房和城乡建设部认真贯彻中央城市工作会议精神，在提升城市管理科学化、精细化、智能化水平，推动城市高质量发展上抢抓机遇、主动谋划，着力运用数字技术推动城市管理手段、管理模式、管理理念创新。"十四五"时期，住房和城乡建设部提出全面加快建设国家、省、市三级城市运管服平台的重大任务，加强顶层设计，构建制度体系，研究制定了一系列政策文件及标准规范。

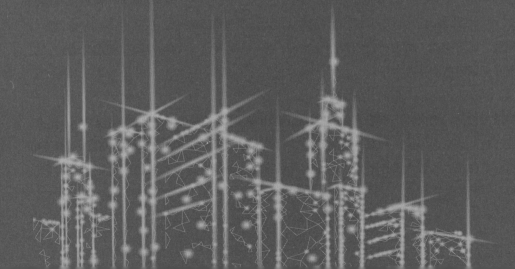

第一章 城市运行管理服务平台相关政策概述

城市运管服平台建设是一项系统工程，统筹范围广、涉及部门多、关联行业多，为了让读者系统地了解和把握国家层面的政策文件精神，本章梳理摘录了党中央国务院及相关部委出台的有关文件、住房和城乡建设部出台的有关文件、城市运管服平台基本定位的有关说明，共分3节。

第一节 党中央国务院及相关部委有关政策文件摘要

（1）《关于深入推进城市执法体制改革改进城市管理工作的指导意见》（中发〔2015〕37号）

中发37号文件提出：综合运用物联网、云计算、大数据等现代信息技术，整合人口、交通、能源、建设等公共设施信息和公共基础服务，拓展数字化城市管理平台功能。加快数字化城市管理向智慧化升级，实现感知、分析、服务、指挥、监察"五位一体"。

（2）《中华人民共和国国民经济和社会发展第十四个五年规划和2035年远景目标纲要》

2021年3月11日，十三届全国人大四次会议表决通过《中华人民共和国国民经济和社会发展第十四个五年规划和2035年远景目标纲要》，提出：完善城市信息模型平台和运行管理服务平台。构建城市数据资源体系，推进城市数据大脑建设。提升城市智慧化水平，推行城市楼宇、公共空间、地下管网等"一张图"数字化管理和城市运行"一网统管"。

（3）《关于推动城乡建设绿色发展的意见》（中办发〔2021〕37号）

2021年10月21日，中共中央办公厅、国务院办公厅印发《关于推动城乡建设绿色发展的意见》（中办发〔2021〕37号），提出：搭建城市运行管理服务平台，加强对市政基础设施、城市环境、城市交通、城市防灾的智慧化管理，推动城市地下空间信息化、智能化管控，提升城市安全风险监测预警水平。

（4）《"十四五"国家信息化规划》

2021年12月，中央网络安全和信息化委员会印发《"十四五"国家信息化规划》，提出：稳步推进城市数据资源体系和数据大脑建设，打造互联、开放、赋能的智慧中枢，完善城市信息模型平台和运行管理服务平台，探索建设数字孪生城市……推行城市"一张图"数字化管理和"一网统管"模式。

（5）《"十四五"数字经济发展规划》（国发〔2021〕29号）

2021年12月12日，国务院印发《"十四五"数字经济发展规划》（国发〔2021〕29号），提出：统筹推动新型智慧城市和数字乡村建设，协同优化城乡公共服务。深化新型智慧城市建设，推动城市数据整合共享和业务协同，提升城市综合管理服务能力，完善城市信息模型平台和运行管理服务平台，因地制宜构建数字孪生城市。

（6）《"十四五"推进国家政务信息化规划》（发改高技〔2021〕1898号）

2021年12月24日，国家发展改革委印发《"十四五"推进国家政务信息化规划》（发改高技〔2021〕1898号），提出：深化社会公共安全、应急管理、公共卫生安全、交通运输安全等系统应用，推进生物安全、重大疫情防控、能源安全、水旱灾害防御、自然灾害监测预警、粮食和物资储备、城市运行保障等系统的协同建设，提升风险监测预测、预警信息发布、应急通信保障等应急管理支撑能力。

（7）《关于加强数字政府建设的指导意见》（国发〔2022〕14号）

2022年06月23日，国务院印发《关于加强数字政府建设的指导意见》（国发〔2022〕14号），提出：推进智慧城市建设，推动城市公共基础设施数字转型、智能升级、融合创新，构建城市数据资源体系，加快推进城市运行"一网统管"，探索城市信息模型、数字孪生等新技术运用，提升城市治理科学化、精细化、智能化水平。

第二节
住房和城乡建设部有关政策文件摘要

（1）《关于开展城市综合管理服务平台建设和联网工作的通知》（建办督〔2020〕102号）

2020年3月2日，住房和城乡建设部办公厅印发《关于开展城市综合管理服务平台建设和联网工作的通知》（建办督〔2020〕102号），要求加快城市综管服平台建设和联网工作，实现国家平台、省级平台、市级平台互联互通、数据同步、业务协同。

（2）《关于加快新型城市基础设施建设的指导意见》（建改发〔2020〕73号）

2020年8月11日，住房和城乡建设部等7部门联合印发《关于加快新型城市基础设施建设的指导意见》（建改发〔2020〕73号），将城市信息模型（CIM）平台、城市安全管理平台、城市综合管理服务平台等纳入"新城建"重点任务。

（3）《关于加快建设城市运行管理平台的通知》（建办督〔2020〕46号）

2020年9月24日，住房和城乡建设部办公厅印发《关于加快建设城市运行管理平台的通知》（建办督〔2020〕46号），提出：充分利用城市综合管理服务平台的建设成果，加快城市运行管理平台建设，推动城市运行"一网统管"。

（4）《关于进一步加强城市基础设施安全运行监测的通知》（建督〔2021〕71号）

2021年9月30日，住房和城乡建设部印发《关于进一步加强城市基础设施安全运行监测的通知》（建督〔2021〕71号），提出：各地要加快燃气、供水、排水、供电、热力、桥梁等管理信息系统整合，依托城市信息模型（CIM），在城市运管服平台上搭建城市基础设施安全运行监测系统。

(5)《关于全面加快建设城市运行管理服务平台的通知》（建办督〔2021〕54号）

2021年12月17日，住房和城乡建设部办公厅印发《关于全面加快建设城市运行管理服务平台的通知》（建办督〔2021〕54号），提出：全面加快建设城市运行管理服务平台，推动城市运行管理"一网统管"。

第三节
城市运行管理服务平台的基本定位

一、定义及重要意义

（一）定义

城市运行管理服务平台（简称城市运管服平台）是以城市运行管理"一网统管"为目标，以城市运行监测、综合管理、为民服务为主要内容，以物联网、大数据、人工智能、5G移动通信等前沿技术为支撑，具有统筹协调、指挥调度、监测预警、监督考核、分析研判和综合评价等功能的信息化平台。按建设主体和主要功能不同，城市运管服平台分为国家、省级和市级三级平台。

（二）重要意义

建设城市运管服平台，是贯彻落实习近平总书记重要指示批示精神和党中央决策部署的重要举措，是系统提升城市风险防控能力和精细化管理水平的重要途径，是运用数字技术推动城市管理手段、管理模式、管理理念创新的重要载体，对促进城市高质量发展、推进城市治理体系和治理能力现代化具有重要意义。

二、总体目标及主要特点

（一）总体目标

以城市运行管理"一网统管"为目标，围绕"城市运行安全高效健康、城市管理干净整洁有序、为民服务精准精细精致"，以物联网、大数据、人工智能、5G移动通信等前沿技术为支撑，整合城市运行管理服务相关信息系统，汇聚共享数据资源，加快现有信息化系统的迭代升级，全面建成城市运管服平台，加强对城市运行管理服务状况的实时监测、动态分析、统筹协调、指挥监督和综合评价，不断增强人民群众的获得感、幸福感、安全感。到"十四五"期末，城市运行管理"一网统管"体制机制基本完善，城市运行效率和风险防控能力明显增强，城市科学化、精细化、智能化治理水平大幅提升。

城市运管服平台旨在建立国家、省、市三级协同的工作体系。 城市运管服平台包含国家、省、市三级，三级平台互联互通、数据同步、业务协同。其中，国家平台、省级平台"观全域、重指导、强监督"，对城市运行管理服务状况开展监测分析、动态研判、综合评价，是统筹协调、指挥监督重大事项的监督平台；市级平台"抓统筹、重实战、强考核"，第一时间发现问题、第一时间控制风险、第一时间解决问题，是统筹协调城市管理及相关部门"高效处置一件事"的一线作战平台。三级平台横向业务涵盖城市管理相关部门，纵向将应用延伸至区、街道、社区，与网格化管理相融合，推动形成"横向到边、纵向到底"的城市运行管理服务工作体系。

城市运管服平台旨在构建党委政府领导下的"一网统管"工作格局。以城市运行管理"一网统管"为目标，通过"一张网"系统解决城市运行、管理、服务过程中的突出问题和矛盾。"一网统管"形式上是城市管理模式的创新，实质上是城市治理体制机制的变革。通过打造跨部门、跨地区、跨层级的业务应用场景，推进数据、技术和业务深度融合，以线上信息流、数据流倒逼体制机制改革、倒逼体系重构和流程再造，推动城市政府按照"一网统管"要求，全面梳理业务流程，建立起全生命周期监管机制，改变以往"九龙治水"的被动局面，实现跨部门跨层级资源整合和协同联动，系统提升城市风险防控能力和精细化管理水平。

城市运管服平台彰显"实战中管用、基层干部爱用、群众感到受用"的价值取向。充分运用物联网、大数据、人工智能、5G移动通信等前沿技术，从群众需求和城市治理突出问题出发，把分散式信息系统整合起来，提供"实战中管用、基层干部爱用、群众感到受用"的智能化治理平台。通过对多维城市运行生命体征的感知分析、预报预警、跟踪处置，实现城市运行安全、高效、健康的目标；通过对城市管理部件、事件问题的及时发现、快速处置，推动城市精细化管理，实现城市管理干净、整洁、有序的目标；通过为人民群众提供普惠、便利、快捷的公共服务，及时解决人民群众的"急难愁盼"问题，实现为民服务精准、精细、精致的目标。这是城市运管服平台的核心目标，体现了以人民为中心的发展思想。

（二）主要特点

统筹范围较广。城市运管服平台以"一网统管"为目标，目的是通过城市运管服平台"一张网"系统解决城市运行、管理、服务过程中的问题和矛盾，不断增强市民群众的获得感、幸福感、安全感。"一网统管"覆盖范围广，涉及部门多，是一项复杂的系统工程，现阶段以支撑城市运行安全、城市综合管理服务为主，随着"一网统管"体制机制逐步健全，应用场景不断丰富，再逐步向其他业务领域延伸拓展。

治理路径清晰。通过对燃气、供水、排水、供热等城市基础设施和房屋建筑、交通设施、人员密集区域等运行状况的实时监测、预报预警，提升城市风险防控能力。通过对市政公用、市容环卫、园林绿化、城管执法等精细化管理，提高城市综合管理效能，增强市民群众的满意度。通过及时提供精准、精细、精致的服务，解决市民群众的"急难愁盼"等问题。

智慧科技赋能。城市运管服平台充分运用物联网、大数据、人工智能、5G移动通信等前沿技术，推动城市运行管理模式由传统经验型向现代科技型转变，从事后处置向源头治理转变。运用"实战中管用、基层干部爱用、群众感到受用"的智能化应用和产品，统筹协调城市管理及相关部门第一时间发现问题，第一时间感知风险，高效处置一件事。

高位协调指挥。城市运管服平台作为城市政府治理城市的重要工具和平台，可以统筹协调、指挥调度各部门、各系统，具有"横向到边、纵向到底"的管理优势，可以对城市运行状况进行监测预警，对区域、部门城市运行管理服务工作开展监督考核，对城市运行监测和城市管理监督工作开展综合评价。

三、国家、省、市三级平台的功能定位

国家平台、省级平台主要是监督平台，汇聚全国（全省）城市运行管理服务相关数据资源，对全国（全省）城市运行管理服务工作开展业务指导、监督检查、监测分析和综合评价。

市级平台主要是操作平台，以网格化管理为基础，综合利用城市综合管理服务系统、城市基础设施安全运行监测系统等建设成果，对接城市信息模型（CIM）基础平台，纵向联通国家平台、省级平台以及县（市、区）级平台，横向整合对接市级相关部门信息系统，汇聚全市城市运行管理服务数据资源，聚焦重点领域和突出问题，开发智能化应用场景，实现对全市城市运行管理服务工作的统筹协调、指挥调度、监督考核、监测预警、分析研判和综合评价，推动城市运行管理"一网统管"。

第二章 城市运行管理服务平台相关标准概述

从2005年全国推广数字化城市管理模式以来，伴随着城市管理信息化工作发展历程，住房和城乡建设部先后组织编制了多部国家标准、行业标准，这些标准规范对推动城市管理信息化健康发展起到了指导、规范作用。同时，为了适应城市管理工作新形势、新要求，标准、规范的修订工作也在与时俱进。

2005年起，住房和城乡建设部组织编制了《城市市政综合监管信息系统》九项系列行业标准，推动了数字化城市管理信息系统在全国全面推广。2013年起，在国家标准化管理委员会指导下，在系列行业标准基础上，《数字化城市管理信息系统》八项系列国家标准先后发布实施。

2019年，为贯彻落实中央城市工作会议精神，住房和城乡建设部部署围绕城市"管理"和"服务"两大工作重点，在数字化城市管理信息系统基础上搭建城市综合管理服务平台，2020年上半年发布了《城市综合管理服务平台建设指南（试行）》《城市综合管理服务平台技术标准》（CJJ/T 312—2020，已废止）。

2021年，为贯彻落实党的十九届五中全会精神，统筹发展和安全，推动实现城市运行管理"一网统管"目标，住房和城乡建设部部署在城市综合管理服务平台和城市安全运行监测系统基础上构建城市运管服平台，全面推行城市运行管理"一网统管"模式。2021年底，住房和城乡建设部发布了《城市运行管理服务平台建设指南（试行）》《城市运行管理服务平台技术标准》（CJJ/T 312—2021）、《城市运行管理服务平台数据标准》（CJJ/T 545—2021）。

2022年10月，住房和城乡建设部城市管理监督局组织编制完成运行监测评价标准和管理监督评价标准。

第一节 城市运行管理服务平台技术标准

一、概述

技术标准是城市运管服平台标准体系的重要组成部分，明确了城市运管服平台是什么、建什么、怎么建等问题，是国家、省、市三级平台建设的基本依据，该标准于2021年12月由住房和城乡建设部批准发布，自2022年1月1日起实施。

该标准共分前言、正文、附录、条文说明4部分。正文共分9章，包括总则、术语、基本规定、平台功能要求、数据库要求、数据交换接口、基础环境、平台实施和验收、平台运行维护。

二、总则

总则对城市运管服平台的现阶段建设重点、建设目的、适用范围、建设原则等内容进行了规范描述，明确该标准适用于城市运管服平台的设计、建设、验收、运行和维护，强调城市运管服平台建设应以需求为导向，坚持因地制宜、统筹规划和集约高效的原则，充分利用现有城市管理信息化基础设施和建设成果。

三、术语

该标准对城市运管服平台、国家城市运管服平台、省级城市运管服平台、市级城市运管服平台，以及评价网格、评价点位等术语作出了规范化定义。

1. 城市运行管理服务平台：以城市运行管理"一网统管"为目标，以城市运行、管理、服务为主要内容，以物联网、大数据、人工智能、5G移动通信等前沿技术为支撑，具有统筹协调、指挥调度、监测预警、监督考核和综合评价等功能的信息化平台。分为国家、省级和市级三级平台。

2. 国家城市运行管理服务平台：纵向与省级平台和市级平台互联互通，横向共享国务院有关部门城市运行管理服务相关数据，整合或共享住房和城乡建设部其他相关信息系统，汇聚全国城市运行管理服务数据资源，对全国城市运行管理服务工作开展业务指导、监督检查、监测分析、动态研判和综合评价的"一网统管"信息化平台。

3. 省级城市运行管理服务平台：纵向与国家平台和市级平台互联互通，横向共享省级有关部门城市运行管理服务相关数据，整合或共享省级住房和城乡建设部门其他相关信息系统，汇聚全省城市运行管理服务数据资源，对全省城市运行管理服务工作开展业务指导、监督检查、监测预警、分析研判和综合评价的"一网统管"信息化平台。

4. 市级城市运行管理服务平台：基于现有城市管理信息化系统，以网格化管理为基础，纵向对接省级平台和国家平台，联通县（县级市、区）平台，横向整合或共享市级相关部门信息系统，汇聚全市城市运行管理服务数据资源，对全市城市运行管理服务工作进行统筹协调、指挥调度、监督考核、监测预警、分析研判和综合评价的"一网统管"信息化平台。

5. 评价网格：城市管理部门在搭建城市运行管理服务平台过程中，按照地形特征、部件密度、管理便利等一定规则划分的一种多边形管理区域，由若干个单元网格为基础组成，可以满足日常管理、街面巡查和综合评价工作需要，也叫管理网格或巡查网格。面积一般控制在 $0.5 \sim 3 km^2$。

6. 评价点位：城市管理工作人员开展日常管理、街面巡查、综合评价工作的对象客体，其基本要素一般包括主次干道、背街小巷、商业步行街、公园、广场、农贸市场、公共厕所、火车站或长途汽车站、河流湖泊、便民摊点规划区、社区、主要交通路口等12种类型。

四、基本规定

该标准规定了城市运管服平台分为国家、省级和市级三级平台。基本规定对国家、省、市三级平台建设的共性内容作出了统一规定。

省级平台、市级平台可共用国家平台开发的业务指导系统，所需的账号和权限通过国家平台的应用维护系统进行配置。省级平台和市级平台也可自行开发建设业务指导系统，但应包含国家平台业务指导系统的基本功能。

各级平台应按照数据标准规定的内容建立城市运管服数据库。各级平台宜通过国家电子政务外网实现互联互通、数据同步和业务协同，应按国家保密和网络信息安全规定进行建设和运行，同时还应遵守《中华人民共和国数据安全法》《中华人民共和国网络安全法》等规定。

五、平台功能要求

该标准分别对国家、省、市三级城市运管服平台的功能要求作出了统一规定。

（一）国家平台功能要求

国家平台包括业务指导、监督检查、监测分析、综合评价、决策建议、数据交换、数据汇聚和应用维护八个系统。其中，业务指导、监督检查、监测分析、综合评价和决策建议五个系统为应用系统，数据交换、数据汇聚和应用维护三个系统为后台支撑系统。因国家平台与省级平台功能一致，各系统功能将重点在省级平台进行详细描述。国家平台系统架构如图2-1所示。

（二）省级平台功能要求

省级平台基本功能和国家平台一致，应包括业务指导、监督检查、监测分析、综合评价、决策建议、数据交换、数据汇聚和应用维护八个系统。有条件的省（直辖市、自治区）在建设八个系统的前提下，可以结合本地区实际增加建设其他应用系统。省级平台系统架构如图2-2所示。

1. 业务指导系统应包括政策法规、行业动态、经验交流等功能模块。其中，政策法规模块应具备汇聚、共享和展示城市管理领域法律、法规、规章、规范性文件以及标准规范等功能；行业动态模块应具备汇聚、共享和展示地方城市管理机构设置、队伍建设、执法保障、信息化应用、改革进展、专项行动和重点任务落实情况等功能；经验交流模块应具备接收、共享和交流地方城市管理经验等功能。省级平台可通过国家平台分配单点登录账号和使用权限的形式共用由国家平台统一开发建设的业务指导系统。如果省级平台自行建设业务指

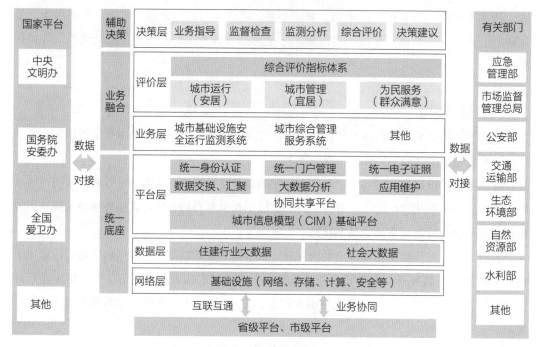

图2-1 国家平台系统架构

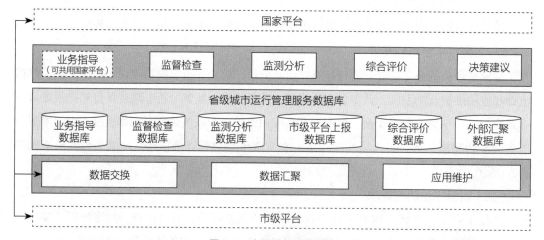

图2-2 省级平台系统架构

导系统,则除共用国家平台业务指导数据外,应通过数据交换系统将本省业务指导数据共享至国家平台。

2. 监督检查系统应包括重点工作任务督办、联网监督、巡查发现和数据填报等功能模块。其中,重点工作任务督办模块一方面应具备接收国家平台布置的工作任务、并向国家平台反馈工作进展和落实情况的功能,另一方面应具备向市级平台布置工作任务、明确工作要求和完成时限、接收市级平台反馈的工作进展和落实情况、对即将逾期的工作任务进行督办、对已逾期的工作任务进行通报等功能;联网监督模块应能查看本省、市级平台的建设情况、联网情况,并能通过单点登录方式查看市级平台的运行情况;巡查发现模块应具备查看本省、市级平台涉及巡查事项的问题发现、转办和处置情况等功能;数据填报模块是根据省级城市管理行业监管和综合评价工作需要,在市级城市运管服平台尚未健全之前,为保障及时高效获取行业监管基础数据、城市运行监测数据、城市管理监督数据而建立的模块,应具备填报市政公用、市容环卫、园林绿化和城市管理执法等相关数据的功能。

3. 监测分析系统是围绕市政设施、房屋建筑、交通设施、人员密集区域等领域,汇聚城市运行监测数据,掌握城市运行状况,分析评估城市运行风险的系统,应包括风险管理、监测预警、风险防控和运行统计分析等功能模块。其中,风险管理模块应具备汇聚各省、市城市运行中的风险隐患信息,展示风险点危险源分布、风险类型和风险等级等功能;监测预警模块应具备汇聚各省、市城市运行监测预警信息,按区域、类型和预警持续时长等进行趋势预测和分析研判等功能;风险防控模块应具备风险防控资源管理、预案管理、风险防控方案生成和次生衍生事件链关联分析等功能;运行统计分析模块应具备对各省、市城市运行中的风险管理、隐患排查治理、巡检巡查状况和安全事故发生情况等信息进行汇总分析等功能。

4. 综合评价系统是根据综合评价工作要求,通过实时监测、平台上报、实地考察、问卷调查等方式获取相关数据,对城市运行监测和城市管理监督工作开展综合评价的系统,应包括评价指标管理、评价任务管理、实地考察、评价结果生成等功能模块。其中,评价指标管理模块应具备对指标编码、指标名称、指标描述、分值、评价方式、计算公式、评分方法和检查项等进行配置管理等功能;评价任务管理模块应具备评价任务的生成、分发和评价结果的回传等功能;实地考察模块应具备向现场检查人员派发任务、现场检查人员按照任务要求实地检查并通过移动通信手持设备上报检查结果等功能;评价结果生成模块应具备基于综合评价数据生成评价结果等功能,评价结果可采用文字和图表等方式呈现。在建设省级综合评价系统时,应满足本教材第二章第四节"城市运行管理服务平台运行监测指标及评价标准"和第二章第五节"城市运行管理服务平台管理监督指标及评价标准"的要求,支持实时监测类、平台上报类、实地考察类和问卷调查类评价指标数据的获取与结果生成,还要支撑各省自行拓展的运行或管理指标数据的获取与结果生成。

5. 决策建议系统是基于汇聚的业务指导、监督检查、监测分析和综合评价等数据,提供城市部件事件,以及市政公用、市容环卫、园林绿化和城市管理执法等分析研判功能的模块,各模块应具备指标数据统计、趋势分析等功能。其中,城市部件事件分析研判模块宜具备城市部件事件监管案件问题来源、问题类别、问题区域、立案处置结案等数据的统计分析功能;市政公用分析研判模块宜具备道路、桥梁、隧道、供水、排水、供热、燃气、照明和管廊等数据的统计分析功能;市容环卫分析研判模块宜具备城市容貌、环境卫生、建筑垃圾管理、环卫设施和户外广告(招牌)等数据的统计分析功能;园林绿化分析研判模块宜具备古树名木、公园绿地、城市湿地、防护绿地、广场用地、附属绿地、区域绿地、行道树及其他树木、绿地附属设施以及绿线等数据的统计分析功能；城市管理执法分析研判模块宜具备城市管理机构、人员、车辆、案由和案件以及执法台账等数据的统计分析功能。各省应根据本省实际，从以上各模块"宜"具备的数据类型中，选择确定各模块"应"具备哪些数据的统计分析功能，梳理本省各行业决策建议专题。

6. 数据交换系统应具备接入平台配置、接口服务发布、接口服务订阅、接口状态监控和数据交换等功能模块。该系统应实现纵向与国家平台、市级平台互联互通，从市级平台获取城市基础数据、运行数据、管理数据、服务数据和评价数据等上报或对接数据、向国家平台推送本省城市管理领域相关数据，横向可以对接共享省级有关部门的数据，实现与省级有关部门信息共享。

7. 数据汇聚系统是依据数据标准对省级平台的数据要求，汇聚业务指导、监督检查、监测分析、综合评价数据，市级平台上报数据和外部汇聚数据等在内的数据，对各类数据进行清洗、校验、抽取、融合，形成省级综合性城市运行管理服务数据库的系统。该系统应具备数据获取、数据清洗、数据融合、数据资源编目等功能模块。各模块的功能要求见该标准4.1.4第7款的规定。

8. 应用维护系统是根据省级平台系统运维管理需要，对省级组织机构、人员权限、业务流程、工作表单、功能参数等事项进行日常管理和维护的系统。该系统应具备机构配置、人员配置、权限配置、流程配置、表单配置、统计配置和系统配置等功能模块。省级平台运行后，应用维护系统应具有充分的适应能力，能够快速完成机构、人员、权限及其他功能参数等的调整。

（三）市级平台功能要求

市级平台应在充分利用现有的城市管理信息化系统基础上，建设业务指导、指挥协调、行业应用、公众服务、运行监测、综合评价、决策建议、数据交换、数据汇聚和应用维护十个基本系统。市级平台应以城市运行管理"一网统管"为目标，综合考虑本市经济发展、人口数量、城市特点等因素，结合城市实际需要，拓展应用系统，丰富应用场景。此外，市级平台宜按市、县（县级市、区）一体化进行建设，共管共用。对于人口规模较大、经济较发达，有意愿自主建设平台的县（县级市、区），可借鉴市级平台建设的经验做法，自主搭建本县（县级市、区）平台。市级平台系统架构如图2-3所示。

1. 市级平台可通过国家平台分配单点登录账号和使用权限的形式共用由国家平台统一开发建设的业务指导系统。如果市级平台自行建设业务指导系统，则除共用国家平台业务指导数据外，还应通过数据交换系统将本市业务指导数据共享至国家平台或省级平台。

2. 指挥协调系统即数字化城市管理信息系统，应依据现行行业标准《城市市政综合监管信息系统技术规范》（CJJ/T 106）的规定建设监管数据无线采集、监督中心受理、协同工作、监督指挥等子系统，实现城市管理问题"信息采集、案件建立、任务派遣、任务处置、处置反馈和核查结案"六个阶段的闭环管理；协同工作子系统应具备接收、办理和反馈国家

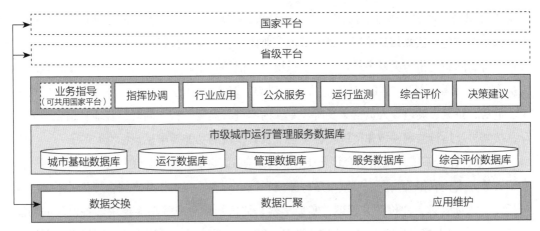

图2-3 市级平台系统架构

和省级平台监督检查系统布置的重点工作任务的功能。根据《数字化城市管理信息系统 第2部分：管理部件和事件》（GB/T 30428.2—2013）规定，按照综合评价工作要求，可以把与城市运行管理服务相关的管理对象，按照部件和事件确定规则和编码要求，列入部件和事件扩展类别。可根据需求扩展其他子系统。

3. 行业应用系统应围绕城市管理主要职责，建设市政公用、市容环卫、园林绿化和城市管理执法等相应信息化应用系统。其中，市政公用宜包括道路、桥梁、隧道、供水、排水、供热、燃气、照明和管廊等相应信息化应用系统；市容环卫宜包括生活垃圾、建筑垃圾、垃圾分类、清扫保洁、公共厕所、门前三包、环卫设施、城市容貌和户外广告（招牌）等相应信息化应用系统；园林绿化宜包括城市绿地管理、园林规划管理、园林绿化建设、园林绿化管护、城市公园、古树名木、城市湿地管理以及城市绿线管理等相应信息化应用系统；城市管理执法宜包括执法队伍及人员管理、执法办案、执法监督、执法公示、执法培训考试、社会主体信用管理等相应信息化应用系统；可包括排水防涝、停车管理等其他相应信息化应用系统。同时，现有的市政公用、市容环卫、园林绿化、城市管理执法等行业应用系统以及其他专业应用系统应整合到市级平台中。

4. 公众服务系统是为市民提供精准精细精致服务的重要窗口，包括热线服务、公众服务号和公众类应用程序（App）等，应具备通过指挥协调系统对公众诉求进行派遣、处置、核查和结案的功能，还应具备对服务结果及服务的满意度进行调查回访的功能。其中，热线服务主要是利用12319城市管理服务、12345政务服务等热线为公众提供投诉、咨询和建议以及水、电、气、热等公共事业便民便企热线服务，应具备话务排队、话务分配、坐席监听、三方通话、录音查询和报表生成等功能，宜支持与12345政务服务等热线统一受理和移交转办。公众服务号和公众类应用程序（App）应能够为公众提供投诉、咨询和建议等服务。

5. 运行监测系统是聚焦市政设施、房屋建筑、交通设施和人员密集区域等领域，对防洪排涝、燃气安全、路面塌陷、管网漏损、桥梁坍塌等风险隐患开展运行监测，对城市运行风险进行识别、评估、管理、监测、预警、处置，实现城市运行全生命周期监测管理的系统。该系统应包括监测信息管理、风险管理、监测报警、预测预警、巡检巡查、风险防控、决策支持、隐患上报与突发事件推送等子系统，应能够对市政设施、房屋建筑、交通设施和人员密集区域等领域的燃气、供水、排水、供热、环卫、内涝、管廊、路面塌陷、建筑施工、危房、桥梁、隧道、人员密集场所等专项内容进行监测分析。同时，各地宜结合地方实际，按需扩展运行监测领域和范围。各子系统及其模块的功能要求见该标准4.3.7。

6. 综合评价系统是根据综合评价工作要求，通过实时监测、平台上报、实地考察、问卷调查等方式获取相关数据，对城市运行监测和城市管理监督工作开展综合评价的系统，应包括评价指标管理、评价任务管理、实地考察、评价结果生成等功能模块。各模块的功能要求见该标准4.1.4第4款的规定。在建设市级综合评价系统时，应建立评价网格专题图层和评价点位清单，应满足本教材第二章第四节"城市运行管理服务平台运行监测指标及评价标准"和第二章第五节"城市运行管理服务平台管理监督指标及评价标准"的要求，支持平台上报类、实地考察类和问卷调查类评价指标数据的获取与结果生成，还要支撑各市自行拓展的运行或管理指标数据的获取与结果生成。同时，各地宜结合地方实际，将综合评价工作向行政区域内的区县、街道延伸。

7. 决策建议系统是基于综合性城市运行管理服务数据库，开展分析研判，提炼工作成果，让城市人民政府及相关部门动态掌握城市运行管理服务态势、及时作出处置响应、部署相关工作、开展专项行动、制定相关政策、提供决策建议的系统。该系统应包括城市运行管理服务态势感知、部件事件监管分析研判、市政公用分析研判、市容环卫分析研判、园林绿化分析研判、城市管理执法分析研判等功能模块。同时，各地可根据城市实际需求拓展其他专题。各模块的功能要求见该标准4.3.9。

8. 数据交换系统应包括接入平台配置、接口服务发布、接口服务订阅、接口状态监控和数据交换等功能模块。该系统应实现纵向向国家平台、省级平台推送从指挥协调、行业应用、公众服务、运行监测、综合评价等系统，以及其他外部系统采集的城市基础数据，运行、管理、服务和综合评价等数据，横向对接共享市级有关部门的数据。

9. 数据汇聚系统是根据城市运行管理服务工作要求，依据数据标准要求，汇聚城市基础数据，运行、管理、服务和综合评价等数据，对各类数据进行清洗、校验、抽取、融合，形成市级综合性城市运行管理服务数据库的系统。该系统应具备数据获取、数据清洗、数据融合、数据资源编目等功能模块。各模块的功能要求见该标准4.1.4第7款的规定。

10. 应用维护系统是根据市级平台系统运维管理需要，对市级组织机构、人员权限、业务流程、工作表单、功能参数等事项进行日常管理和维护与设置，对字典表进行定义，对查询和统计的功能进行具体配置，对地图的专题和操作参数等进行配置的系统。该系统应包括机构配置、人员配置、权限配置、流程配置、表单配置、统计配置和系统配置等功能模块。

六、数据库要求

该标准主要规定了国家、省、市三级城市运行管理服务数据库及其各子数据库的建设内容。

国家城市运行管理服务数据库应包括业务指导、监督检查、监测分析、省市级平台上报、综合评价和外部汇聚等子数据库。各子数据库的数据内容详见该标准2.2.6。

省级城市运行管理服务数据库应包括业务指导、监督检查、监测分析、市级平台上报、综合评价和外部汇聚等子数据库。各子数据库的数据内容详见该标准2.2.7。

市级城市运行管理服务数据库应包括城市基础子数据库，运行、管理、服务和综合评价子数据库，外部汇聚子数据库等。各子数据库的数据内容详见该标准2.2.8。

七、数据交换接口

该标准对国家、省、市三级平台数据交换接口共性内容进行了统一规定，并对接口调用流程和接口安全验证进行了专门说明。

国家、省级和市级三级平台之间应实现数据共享和交换，各级平台应实现与本级相关行业信息系统的数据共享和交换。现阶段，市级平台、省级平台均可以直接向国家平台上报数据。省级平台建设完成后，数据传输的流程一般是市级平台向省级平台上报数据，省级平台向国家平台上报数据。三级平台均应实现横向上与相关行业数据的共享和交换。

数据交换接口包括数据推送接口和数据查询接口，应由上级平台提供，下级平台发起调用。数据交换应采用消息队列技术，支持超文本传输协议（HTTP）、简单对象访问协议（SOAP）和物联网设备数据传输协议等，具备数据交换和传输并发能力以及数据交换状态实时监控、异常报警和传输失败或中断后的重传或续传功能。

下级平台向上级平台申请接口调用时需要遵循一定的流程，其中，市级平台接口调用时应向国家平台、省级平台申请接入账号，申请信息应包括平台名称、密钥和接口服务地址等。省级平台接口调用时应向国家平台申请接入账号，申请信息应包括平台名称、密钥和接口服务地址等。上级平台对下级平台的接口调用申请审核通过后应提供平台名称、密钥、推送数据约定时间段和接口服务地址等配置信息。

为了确保数据安全，数据交换接口还需进行安全验证。接口服务应为每个调用方生成公钥和私钥，调用方使用公钥应将请求参数加密生成签名，接口服务使用私钥应进行签名验证，调用方每次请求接口应附加时间戳，接口服务应根据时间戳检验接口时效性。

八、基础环境

该标准对国家、省、市三级城市运管服平台的运行环境和安全环境提出了基本要求。

（一）运行环境

运行环境是指支撑城市运管服平台运行的软件、硬件和网络等设施，应包括网络、服务器、存储及备份设备、安全设备、操作系统和数据库管理系统等。

各级平台在建设时应结合本地实际，按照统筹、集约、高效的原则，利用、整合和共享现有的软硬件资源，宜使用本地电子政务云计算中心提供的运行环境。在满足技术要求的前提下，为了提高平台运行效率，也可使用其他运行环境。当自建机房时，应符合现行国家标准《数据中心设计规范》（GB 50174）、《计算机场地通用规范》（GB/T 2887）和《计算站场地安全要求》（GB 9361）的相关规定。

各级平台软硬件资源应根据各级平台的功能、并发量、数据量等情况，合理规划服务器、存储和网络等基础环境资源，并按照能够支持各级平台稳定高效运行3至5年的要求配置必要的设备。

同时，省级平台主管部门应为省级城市运行管理服务监督中心配备必要的行政办公场所，市级平台主管部门应为市级城市运行管理服务指挥中心配备必要的行政办公和指挥场所。

（二）安全环境

各级平台应按现行国家标准《信息安全技术 网络安全等级保护定级指南》（GB/T 22240）的规定确定安全保护等级，且安全保护等级不宜低于现行国家标准《信息安全技术 网络安全等级保护基本要求》（GB/T 22239）规定的第二级。

各级平台在建设时应根据国家现行有关标准做好系统和数据库的安全保护工作。各级平台宜运行在国家电子政务外网，公众类应用程序（App）、监管信息采集设备（"城管通"）等运行在移动互联网。因此，两网之间应通过安全隔离与信息交换设备进行数据交换，应按《中华人民共和国网络安全法》和现行国家标准《信息安全技术 网络安全等级保护基本要求》（GB/T 22239）的规定执行。

同时，各级平台宜建立异地或双活等备份机制，避免因各类意外造成数据丢失。

九、平台实施和验收

该标准重点对省级平台、市级平台的实施内容和验收要求做了具体规定。

（一）平台实施

省级和市级平台实施内容宜包括从建立项目建设组织体系、明确平台建设单位，到制定项目总体方案、编制项目建设实施方案、确定平台开发单位、开发系统功能并组织系统集成和联调，再到平台试运行、开展项目验收、投入正式运行等基本流程。

省级和市级平台建设过程中，应充分利用现有城市运行管理服务信息化基础，如城市信息模型系统、数字化城市管理信息系统、城市综合管理服务平台、城市基础设施安全运行监测系统、城市生命线工程监测系统以及市政公用、市容环卫、园林绿化、城市管理执法等信息系统。

（二）平台验收

省级平台和市级平台的验收要求详见本教材第六章。

十、运行维护

本节重点对各级平台的日常管理、运行保障和应急预案做了具体规定。

各级平台应制定日常管理制度，包括平台运行维护管理制度、平台和数据的安全管理制度、数据库的维护更新机制、平台和数据备份管理制度、风险预警联动机制等。在制定平台运行维护管理制度时，应明确平台管理员的工作内容和工作职责，使平台维护工作日常化、规范化，保障平台稳定运行；在制定平台和数据备份管理制度时，应根据数据类型的不同，制定合适的数据备份策略，对业务数据的备份周期要短，对基础数据的备份周期可以长一些，对一些重要的数据要采取异地备份的策略。

各级平台应建立运行保障机制，配备专职的平台管理人员，监测平台运行、数据存储、交换和数据备份等状态；对操作系统、数据库系统、应用系统和网络设备设置权限，阻止非授权用户读取、修改、破坏或窃取数据；定期对各类数据进行备份，根据数据类型的不同，制定合适的数据备份策略，对业务数据的备份周期要短，对基础数据的备份周期可以长一些，对一些重要的数据要采取异地备份的策略；定期对应用系统日志、数据库日志和业务操作日志等系统运行日志进行分析，及时发现并处置系统异常情况。

各级平台应建立应急预案。应急预案应包括网络、服务器、存储及备份设备、安全设备、呼叫中心和应用系统等异常的处置方案，各级平台可结合实际，分别制定应急预案，确保平台出现异常后能及时恢复正常运行。为将平台异常对城市运行管理服务工作的影响降至最低，应制定平台运行应急预案，定期组织演练。

第二节
城市运行管理服务平台数据标准

一、概述

该标准用于指导各地构建"横向到边、纵向到底"的城市运行管理服务数据体系，是国家、省级和市级城市运管服平台数据库建设、数据交换和汇聚的基本依据，规范了平台数据库建设和管理，能够有效促进数据跨部门、跨地区、跨层级共享、交换、汇聚、融合和深度应用，对加快促进三级城市运管服平台互联互通、数据同步、业务协同具有重要支撑作用。该标准于2021年12月由住房和城乡建设部批准发布，自2022年1月1日起实施。

该标准共分前言、引言、正文3部分。正文共分7章，包括范围、规范性引用文件、术语和定义、总体要求、国家平台数据、省级平台数据、市级平台数据。下面将重点围绕数据标准中城市运管服平台数据体系相关内容进行解读。

二、范围

该标准规定了城市运管服平台数据体系的总体要求，明确了国家平台、省级平台和市级平台应产生或汇聚的数据内容和数据项标准等，适用于国家、省级和市级城市运管服平台的数据库建设。

三、规范性引用文件

本节主要介绍了在使用该数据标准的过程中应参照的相应标准文件。

1. 该数据标准中涉及行政区划代码、行政区划名称的数据项应按照现行《中华人民共和国行政区划代码》（GB/T 2260）和《县级以下行政区划代码编制规则》（GB/T 10114）确定值域。

2. 城市运管服平台开展评价网格划分和编码时，应符合《数字化城市管理信息系统 第1部分：单元网格》（GB/T 30428.1）规定。

3. 城市运管服平台开展城市部件普查和部件事件分类编码时，应符合《数字化城市管理信息系统 第2部分：管理部件和事件》（GB/T 30428.2）规定。

4. 城市运管服平台开展地理空间数据建设时，应符合《数字化城市管理信息系统 第3部分：地理编码》（GB/T 30428.3）和《城市地理空间框架数据标准》（CJJ/T 103）规定。

5. 数据标准中涉及市政基础设施的数据项应按照《智慧城市 数据融合 第5部分：市政基础设施数据元素》（GB/T 36625.5）确定值域。

6. 城市运管服平台各类数据在进行传输、存储和管理时，安全要求应按照《信息安全技术 物联网数据传输安全技术要求》（GB/T 37025）、《信息安全技术 网络存储安全技术要求》（GB/T 37939）和《信息安全技术 大数据安全管理指南》（GB/T 37973）执行。

7. 城市运管服平台进行数据库规划设计与建设，以及数据交换共享时，应符合技术标准的规定。

四、术语和定义

该标准未新定义的其他术语，技术标准（CJJ/T 312）中所界定的术语和定义均适用于该标准。

五、总体要求

该标准规定了国家、省、市三级平台应包括的数据内容，数据全周期管理的要求，主要数据项、行政区划代码、标识码的要求，空间数据、坐标数据的坐标系，数据存储及交换的安全技术要求以及数据质量控制和数据质量检验、验收的要求。

（一）数据内容

城市运管服平台数据内容应包括业务指导、监督检查、监测分析、综合评价数据，城市基础数据，运行、管理和服务数据，外部汇聚数据等门类数据，每一门类数据分为若干大类和小类。国家平台、省级平台和市级平台应按各自功能获取和存储不同类型和内容的数据，且数据内容可根据实际需要拓展，详细要求详见该标准第5～7章。

（二）数据全周期管理

数据应进行包括采集、存储、整合、呈现与使用、分析与应用、归档和销毁在内的全周期管理，其目的是：通过规范数据的生命周期管理，提高数据的整体质量，满足监管要求；优化存储结构，有效控制在线数据规模，提高数据访问效率；提高系统资源使用效率，确保系统安全、稳定、高效运行；做好历史数据管理，为监管、服务、决策分析提供数据支撑。

（三）主要数据项

数据的主要数据项应包括字段名称、字段代码、字段类型、字段长度、约束/条件和说明，并且在使用过程中应着重注意并符合以下事项：

1. 字段名称：数据项的名称；需注意，同一平台中，同样含义的字段名称应保持统一，如："信息采集员"与"采集员"应使用统一名称。

2. 字段代码：唯一标识该数据项的代码，采用大写中文拼音首字母缩写的形式表示；城市运管服平台数据库中不应有重复的字段代码，当两个不同的字段名称拼音首字母缩写完全一样时，字段代码需要作区分（比如增加后缀）。

3. 字段类型：数据项的数据类型，包括布尔型、字符型、整型、浮点型、日期型和日期时间型等；需注意，字段类型应符合字段值的需要，如：

表示"是"或"否"的字段应使用布尔型，如：是否持证人员、是否在岗等；

表示整数的字段应使用整型，如：行政区划代码、人数、车辆数、设施数、案件量等；

表示小数的字段应使用浮点型，如：建成区面积、道路长度、绿化覆盖率、结案率等；

表示有字母或汉字的字段应使用字符型，如：姓名、身份证号、地址、备注等；

表示日期的字段应使用日期型，精确到"日"，如：开工日期、竣工日期等；

表示时间的字段应使用日期时间型，精确到"秒"，如：上报时间、结案时间等。

4. 字段长度：数据项的字节数，对字符型字段予以指定。

5. 约束/条件：数据项是否填写的标记，M表示必选，O表示可选，C表示符合条件时必选；需注意，应通过约束/条件明确每个数据项是否为必选、可选或条件必选，如：执法人员的姓名、身份证号为必选，学历为可选，执法证号为符合条件时必选（当"是否持证"字段为"是"时，此数据项为必选）等。

6. 说明：数据项附加描述信息。

（1）行政区划代码。行政区划代码应按该标准第4.6节的要求执行。

（2）标识码。标识码应由2个码段共20位数字或/和字母组成，依次为：9位行政区划代码、11位顺序码。城市运管服平台中，标识码应唯一。

（3）空间数据、坐标数据的坐标系。国家和省级平台空间数据、坐标数据项应使用2000国家大地坐标系，市级平台空间数据、坐标数据项使用的坐标系应与所在城市基础测绘的坐标系一致。

（4）数据存储及交换应按照该标准第4.10节的要求执行。

（5）应对数据进行质量检验和验收，并符合下列规定：

1）地理空间数据质量检验和验收应符合CJJ/T 103的规定。

2）城市信息模型数据质量检查和验收应符合城市信息模型数据加工相关标准的规定。

（6）数据宜在发生变化时及时进行更新。

（7）数据应符合真实性、完整性、准确性、一致性、现势性和可交换性要求。

六、国家平台数据

国家平台数据应包括业务指导、监督检查、监测分析、综合评价、省市级平台上报和外部汇聚等数据，如图2-4所示。

（一）业务指导数据

国家平台业务指导数据应包括政策法规数据、行业动态数据和经验交流数据，这些数据存储在国家平台业务指导系统数据子库中，由国家和省级主管部门在使用业务指导系统上传、审核和发布政策法规、行业动态、经验交流信息的过程中自动产生。

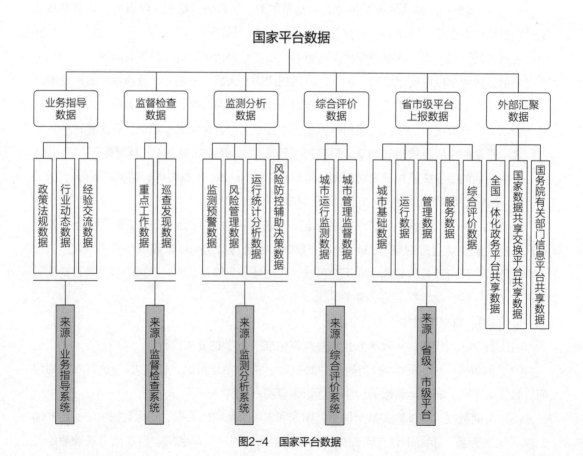

图2-4 国家平台数据

其中，业务指导数据文档的文件格式应为wps、pdf、docx或doc等，图片文件格式应为jpg或png等，其余具体数据项及数据分类代码要求请详见该标准表1～表5。

（二）监督检查数据

国家平台监督检查数据应包括重点工作数据和巡查发现数据，这些数据来自国家平台监督检查系统，由住房和城乡建设部在使用监督检查系统向省、市级平台派发、反馈重点工作任务，接收、督办各地巡查发现问题的过程中自动产生。其中，重点工作数据应包括重点工作和操作记录数据，主要数据项详见该标准表6～表7；巡查发现数据应包括巡查事项和巡查发现疑似问题数据，主要数据项详见该标准表8～表9。

国家平台监督检查数据需要通过数据交换系统在国家、省、市三级平台传输，以支撑重点工作任务和巡查发现问题的上传下达。

（三）监测分析数据

国家平台监测分析数据应包括风险管理数据、监测预警数据、风险防控数据和运行统计分析数据，这些数据来自国家平台监测分析系统，由住房和城乡建设部在使用监测分析系统对市级平台上报的运行监测数据进行处理和应用的过程中自动产生，存储在国家、省级平台中。

其中，监测分析数据的数据细分情况详见该标准表10；风险管理数据应包括风险隐患统计数据，应收集城市运行过程中各类隐患以及隐患处理闭环信息的风险隐患详情数据、危险源数据，主要数据项见该标准表11～表13；监测预警数据应包括预警明细数据和预警统计数据，后者应按时间、区域、告警类型、告警等级统计各地市、省份预警明细数据，主要数据项见该标准表14～表15；风险防控数据应主要收集城市运行中各行业相关预案、案例，形成知识库，对风险分析研判指导工作提供辅助支撑，预案数据以及由真实事件发生处置完成后形成的案例数据项见该标准表16；运行统计分析数据应包括省市巡查巡检类统计和报警处置类统计等数据，主要数据项见该标准表17～表18。

国家平台的监测分析数据以省、市级平台上报的运行监测数据为基础，省级平台产生的监测分析数据和市级平台产生的运行监测数据通过数据交换系统传输至国家平台。

（四）综合评价数据

国家平台综合评价数据应包括城市运行监测数据和城市管理监督数据，这些数据来自国家平台的综合评价系统，由住房和城乡建设部、参评城市在使用综合评价系统派发评价任务、采集评价数据、生成评价结果的过程中自动产生。

城市运行监测数据应包括市政设施类、房屋建筑类、交通设施类、人员密集区域类和群众获得感等数据，具体数据要求见本教材第二章第四节，并应包括城市运行监测批次、城市运行监测指标构成和城市运行监测指标结果等数据，其中城市运行监测批次、城市运行监测指标构成和城市运行监测指标结果等数据的主要数据项见该标准表19～表21。

城市管理监督数据应包括实地考察、平台上报、问卷调查、城市管理监督结果明细和城市管理监督成绩等数据，其中问卷调查数据还应包括城市管理满意度和城市人居环境满意度数据，具体城市管理监督数据各主要数据项见该标准表22～表26，问卷调查主要数据项见本教材第二章第五节。

省、市级平台产生的综合评价数据应通过数据交换系统传输至国家平台。

（五）省市级平台上报数据

省市级平台上报数据应包括城市基础数据、运行数据、管理数据、服务数据、综合评价数据，数据内容应符合该标准第7章的规定，并由省市级平台产生，通过数据交换系统传输至国家平台。

1. 城市基础数据

省市级平台上报的城市基础数据应包括评价点位、统计年鉴等数据，其中评价点位应符合该标准7.2.4的规定；统计年鉴数据的主要数据项应符合该标准表28的规定。

2. 运行数据

省市级平台上报的运行数据应包括预警统计、预警报警明细、巡检巡查、风险隐患、危险源、预案案例、事件等数据，其中，预警统计数据主要数据项应符合该标准表15、表18的规定；预警报警明细数据主要数据项应符合该标准表14、表35～表37、表39、表45的规定；巡检巡查主要数据项应符合该标准表17的规定；风险隐患主要数据项应符合该标准表11、表12、表46的规定；危险源主要数据项应符合该标准表13的规定；预案案例主要数据项应符合该标准表16的规定；事件主要数据项应符合该标准表47的规定。

省市级平台应提供预警报警事件数据相关联的实时监测数据查询检索服务，主要数据项应符合该标准表34、表38、表40～表44的规定。

3. 管理数据

省市级平台上报的管理数据应包括城市部件事件、市政公用、市容环卫、园林绿化和城市管理执法等统计类数据，以及城市管理执法行业类数据。其中，部件事件统计类数据主要数据项应符合该标准表49～表55的规定；市政公用统计类数据主要数据项应符合该标准表56～表60的规定；市容环卫统计类数据主要数据项应符合该标准表79的规定；园林绿化统计类数据主要数据项应符合该标准表88的规定；城市管理执法行业类数据和统计类数据主要数据项应符合该标准表89～表96的规定。

4. 服务数据

省市级平台上报的服务数据应包括公众诉求统计数据和便民便企服务事项数据，其中，公众诉求统计数据主要数据项应符合该标准表98的规定；便民便企服务事项数据主要数据项应符合该标准表99的规定。

5. 外部汇聚数据

国家平台外部汇聚数据包括全国一体化政务服务平台共享数据、国家数据共享交换平台共享数据、国务院有关部门信息平台共享的与城市运管服工作相关的数据等，这些数据由全国一体化政务服务平台、国家数据共享交换平台以及国务院有关部门业务系统产生,并通过数据交换系统共享至国家平台。

七、省级平台数据

省级平台数据应包括业务指导、监督检查、监测分析、综合评价、市级平台上报和外部汇聚等数据,如图2-5所示。

省级平台的数据内容与国家平台类似,其中,业务指导数据包括政策法规、行业动态和经验交流等数据,其中一部分是来自国家平台的共享数据,另一部分由省级平台自建的业务指导系统录入产生;监督检查数据包括重点工作、巡查发现等数据,其中一部分是国家平台下发的数据,另一部分由省级平台监督检查系统录入产生;监测分析数据包括监测预警、风险管理、运行统计分析、风险防控辅助决策等数据,由省级平台监测分析系统产生;综合评价数据包括本省各城市的综合评价结果等数据,由省级平台综合评价系统产生;市级平台上报数据包括市级平台推送至省级平台的城市基础、运行、管理、服务和综合评价等数据;外部汇聚数据包括从省级共享交换平台和省级相关部门信息平台所共享的与城市运管服工作相关的数据。省级平台所有数据的数据项内容与国家平台一致,见本教材第二章第二节"国家平台数据"。

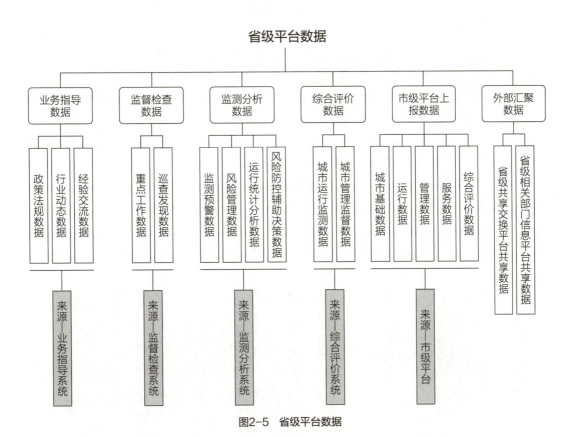

图2-5 省级平台数据

八、市级平台数据

市级平台数据应包括城市基础数据、运行数据、管理数据、服务数据和综合评价数据等，如图2-6所示，可根据本地实际拓展外部汇聚数据。

（一）城市基础数据

市级平台城市基础数据应包括地理空间数据、城市信息模型数据、评价点位数据、城市统计年鉴数据等。

其中，地理空间数据应包括地理空间框架、单元网格、评价网格、管理部件、地理编码等，数据应符合CJJ/T 103、GB/T 30428.1、GB/T 30428.2和GB/T 30428.3等的规定，应通过共享测绘部门相关数据或通过基础数据普查产生，并应符合《城市市政综合监管信息系统技术规范》（CJJ/T 106）的规定；城市信息模型数据可以从当地的CIM平台共享，但应符合城市信息模型数据加工相关标准的规定；评价点位数据应包括主次干道、背街小巷、商业步行街、公园、广场、农贸市场、公共厕所、火车站或长途汽车站、河流湖泊、便民摊点规划区、社区、主要交通路口12种类型，相关数据应通过基础数据普查产生，评价点位类型代码应符合该标准表26的规定，评价点位主要数据项应符合该标准表27的规定；城市统计年鉴基

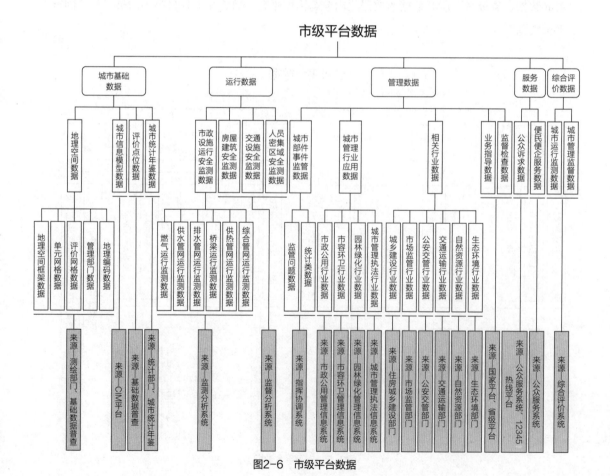

图2-6 市级平台数据

础数据可以从当地统计部门或官方发布的城市统计年鉴中获取，主要属性项应符合该标准表28的规定。

（二）运行数据

市级平台运行数据应包括市政设施运行监测、房屋建筑运行监测、交通设施运行监测和人员密集区域运行监测等数据。监测类基础数据应包括监测点位、监测设备、监测项阈值、设备实时监测、设备报警、报警分析和报警关联处置数据，各类设施及监测设备根据实际业务应以该标准表29～表37为基础，适当扩展数据项，满足业务需要。运行数据由市级平台运行监测系统产生，也可以通过与其他外部的城市安全运行监测系统共享获取。

1. 市政设施运行监测数据

市政设施运行监测数据应分为燃气类、供水类、排水类、供热类、管廊类、环卫类和其他类，应包括燃气运行监测、供水管网运行监测、排水管网运行监测、供热管网运行监测、综合管廊运行监测、环卫设施运行监测和其他设施运行监测等数据。各类运行监测数据均应包括监测设备数据、实时监测数据和设备报警数据。

（1）燃气运行监测数据

燃气运行监测对象应包括燃气管网相邻地下空间、窨井、燃气商业用户室内等燃气浓度。

监测设备数据应包括监测点位、监测设备和监测项阈值等数据，主要数据项见该标准表29、表32、表33。

实时监测数据主要监测地下窨井相邻空间浓度，应参照该标准表34配置数据，扩展温度和湿度两个字段，字段描述见该标准表38。

设备报警数据应包括地下窨井和户内报警数据，主要数据项见该标准表35、表39。

（2）供水管网运行监测数据

供水管网运行监测应包括供水管网的压力、流量、腐蚀等。运行监测数据应包括监测设备数据、实时监测数据和报警数据（管网漏失报警、管网腐蚀报警、管网压力报警）。

监测设备数据应包括监测点位、监测设备和监测项阈值等数据，主要数据项见该标准表29、表32和表33。

实时监测数据应包括漏失实时监测、流量实时监测、腐蚀实时监测、应力实时监测和压力实时监测。其中，流量实时监测、腐蚀实时监测、应力实时监测、压力实时监测数据主要数据项见该标准表34；漏失实时监测数据应在该标准表34的基础上扩展漏失状态、频宽、声强字段，描述见该标准表40。

报警数据应包括管网漏失报警、管网腐蚀报警和管网压力报警，主要数据项见该标准表35。

（3）排水管网运行监测数据

排水管网运行监测应包括排水管网的排水泵、泵站、气象、雨量、水库等的监测。

监测设备数据应包括监测点位、监测设备和监测项阈值等数据，主要数据项见该标准

表29、表32和表33。

实时监测数据应包括水位监测数据、液位监测数据、排水泵监测数据、泵站监测数据、河道测站监测数据和雨量监测数据等。其中，水位监测数据、液位监测数据参照该标准表34进行建设；排水泵监测数据应参照该标准表34建设，扩展当前持续时间内抽水总量、当前抽水功率等，描述见该标准表41；泵站监测数据参照该标准表34建设，扩展当前液位、当前开机台数等字段，描述见该标准表42；河道测站监测数据主要数据项见该标准表43。

报警数据主要包括排水泵报警数据、泵站报警数据、雨量站点报警数据、水库报警数据等，数据表参照该标准表35建设。

（4）供热管网运行监测数据

供热管网运行监测应包括供热管网的温度、压力等的监测。

监测设备数据应包括监测点位、监测设备和监测项阈值数据，主要数据项见该标准表29、表32和表33。

实时监测数据应包括温度监测数据和压力监测数据，数据表参照该标准表34建设。

报警数据应包括土壤温度报警数据、管道温度报警数据和压力报警数据，数据表参照该标准表35建设。

（5）综合管廊运行监测数据

综合管廊运行监测应包括对廊体结构、廊内气体、廊内管线等的监测。

监测设备数据应包括监测点位、监测设备和监测项阈值数据，主要数据项见该标准表29、表32和表33。

实时监测数据应包括廊体裂缝数据、廊体沉降数据、廊内气体浓度数据和廊内温度数据，数据表参照该标准表34建设。

报警数据应包括廊体裂缝报警数据、廊体沉降报警数据、廊内气体浓度报警数据和廊内温度报警数据，数据表参照该标准表35建设。

（6）环卫设施运行监测数据

环卫设施运行监测应包括对垃圾收集站、垃圾转运站、污水前端处理设施、污水净化处理设施、固体废弃物处理厂、环卫车辆清洁站、环卫车辆等的监测。

监测设备数据应包括监测点位、监测设备和监测项阈值数据，主要数据项见该标准表29、表32和表33。

实时监测数据包括空气质量数据、VOC气体监测数据、污水水质监测数据和环卫车辆定位调度数据，数据表参照该标准表34建设。

报警数据应包括空气质量报警数据、VOC气体报警数据、污水水质报警数据和车辆偏离报警数据等，数据表参照该标准表35建设。

2. 房屋建筑运行监测数据

房屋建筑运行监测数据中，监测设备数据应包括监测点位、监测设备和监测项阈值数据，主要数据项见该标准表29、表32、表33。

实时监测数据应包括倾斜数据、沉降数据、裂缝数据和震动数据，数据表参照该标准表34建设。

报警数据包括建筑倾斜报警数据、建筑沉降报警数据、建筑裂缝报警数据和震动报警数据，数据表参照该标准表35建设；电梯监测数据主要数据项见该标准表44；电梯轿厢报警数据主要数据项见该标准表45；户外广告（招牌）设施隐患数据可参照该标准表12建设。

3. 交通设施运行监测数据

交通设施运行监测数据包括城市道路塌陷风险运行监测数据和桥梁运行监测数据。

城市道路塌陷风险运行监测数据应包括地下空洞隐患、路面塌陷事故、道路病害隐患检测、道路地面塌陷监测、交通噪声监测、道路积水监测、道路超载监测等数据，参照该标准表29~表37进行建设。地下空洞隐患数据主要数据项应符合该标准表46的规定；路面塌陷事故数据主要数据项应符合该标准表47的规定。

桥梁运行监测数据应包括监测设备数据、实时监测数据和报警数据。监测设备数据应包括监测点位、监测设备和监测项阈值数据，主要数据项见该标准表29、表32、表33，并参照该标准表48扩展数据项；实时监测数据应包括动态挠度监测、吊杆力监测、风速实时、风向监测、加速度监测、静态监测等数据，数据表参照该标准表34建设；报警数据应包括挠度、加速度、位移、应变等，数据表参照该标准表35建设。

4. 人员密集区域运行监测数据

人员密集区域运行监测数据应包括人流密度监测报警、人员密集场所视频监测、人员密集场所消防安全监测、人员密集场所火灾监测预警和大型活动监测预警等数据。其中，人流密度监测报警数据、人员密集场所视频监测数据、人员密集场所火灾监测预警数据和大型活动监测预警数据含监测点位、监测设备、监测项阈值、实时监测和设备报警等数据，主要数据项见该标准表29、表32~表35；人员密集场所消防安全监测数据参照该标准表12建设。

（三）**管理数据**

市级平台管理数据应包括城市部件事件监管、城市管理行业应用、相关行业、业务指导和监督检查等数据。其中，城市部件事件监管数据、监督检查数据由市级平台指挥协调系统产生；行业应用数据由市级平台市政公用、市容环卫、园林绿化、城市管理执法等行业应用系统产生，也可以从其他外部的行业应用系统共享；相关行业数据从城乡建设、市场监管、公安交管、交通运输、自然资源、生态环境等相关部门的业务系统共享；业务指导数据一部分是来自国家平台和省级平台的共享数据，另一部分由市级平台自建的业务指导系统产生。

1. 城市部件事件监管数据

城市部件事件监管数据应包括城市管理信息系统运行的监管案件数据、统计类数据等。其中，监管案件数据应包括符合GB/T 30428.2规定的管理部件和事件监管类型数据；统计类数据应包括网格、部件、监督员、案件处置部门、案件来源、案件类别和案件状态等统计数据，主要数据项见该标准表49～表55。

2. 城市管理行业应用数据

城市管理行业应用数据应包括市政公用、市容环卫、园林绿化和城市管理执法等行业应用类、统计类数据。

（1）市政公用数据

市政公用数据应包括市政公用行业类数据和统计类数据。其中，市政公用行业类数据应包括道路、桥梁、隧道、供水、排水、供热、燃气、照明和管廊等建设和运行数据，主要数据项应符合GB/T 36625.5的规定；市政公用统计类数据应包括城市道路、桥梁、隧道、照明和管廊，城市供水，城市排水，城市燃气，城市供热等统计数据，主要数据项见该标准表56～表60。

（2）市容环卫数据

市容环卫数据应包括市容环卫行业类数据和统计类数据。其中，市容环卫行业类数据应包括城市容貌、环境卫生、建筑垃圾管理和户外广告（招牌）等数据，城市容貌数据应符合GB/T 30428.2的规定；环境卫生数据应包括垃圾收集设施、垃圾转运站、生活垃圾焚烧厂、生活垃圾卫生填埋场、厨余垃圾处理厂、粪便处理厂、公共厕所、清扫保洁路段、清扫保洁作业等数据，主要数据项见该标准表61～表69；建筑垃圾管理数据应包括建筑垃圾运输企业、车辆、司机、建筑工地、处理厂、建筑垃圾处置证、建筑垃圾运输记录、建筑垃圾运输违法处置等数据，主要数据项见该标准表70～表77；户外广告（招牌）主要数据项见该标准表78；市容环卫统计主要数据项见该标准表79。

（3）园林绿化数据

园林绿化数据应包括园林绿化行业类数据和统计类数据。其中，园林绿化行业类数据应包括公园绿地、防护绿地、广场用地、附属绿地、区域绿地、树木、古树名木和绿地附属设施等数据，具体主要数据项要求见该标准表80～表87；园林绿化统计主要数据项见该标准表88。

（4）城市管理执法数据

城市管理执法数据应包括城市管理执法行业类数据和统计类数据。其中，城市管理执法行业类数据应包括执法台账、机构、人员、车辆、案由和案件等数据，主要数据项要求见该标准表89～表94；城市管理执法统计类数据应包括城市管理执法队伍、住房保障领域执法案件处理等统计数据，主要数据项见该标准表95～表96。

3. 相关行业数据

相关行业数据宜包括城乡建设、市场监管、公安交管、交通运输、自然资源和生态环境等与城市运行管理服务评价指标体系相关的数据。

4. 业务指导数据

业务指导数据应包括国家平台、省级平台共享的和市级平台录入的数据，具体要求详见本教材第二章第二节第六点（一）。

5. 监督检查数据

监督检查数据应包括国家平台、省级平台下发的和市级平台录入的数据，具体要求详见本教材第二章第二节第六点（二）。

（四）服务数据

市级平台服务数据应包括公众诉求数据和便民便企服务数据，由市级平台公众服务系统产生或从12345热线平台共享。各城市可根据实际需求拓展或接入与公众服务相关的其他数据。其中，公众诉求数据应包括公众诉求问题数据、公众诉求统计数据等，主要数据项应符合该标准表97、表98的规定；便民便企服务事项主要数据项见该标准表99。

（五）综合评价数据

市级平台综合评价数据包括城市运行监测数据和城市管理监督数据，由市级平台综合评价系统产生。具体数据要求详见本教材第二章第二节第六点（四）。

第三节
城市运行管理服务平台建设指南（试行）

一、概述

鉴于城市运管服平台融合了新的理念和新的要求，通过建设指南指导地方正确理解和把握平台建设原则、工作要求，规范有序、节约集约地建设平台十分必要。

建设指南明确了国家、省、市三级平台以城市运行管理"一网统管"为目标，以坚持统筹集约高效、坚持科学稳步有序、坚持标准规范先行为建设原则，以搭建国家、省、市三级城市运管服平台架构体系为总体框架，以应用体系、数据体系、管理体系和基础环境建设为主要内容，提出了组织管理、实施步骤、方案评审、评估验收和运行维护等方面的工作要求。由于应用体系建设、数据体系建设和基础环境建设都已在本章技术标准解读和数据标准解读中作了说明，本节将重点围绕建设指南中省、市级城市运管服平台管理体系、项目管理的相关内容进行解读。

二、应用体系

国家、省、市三级城市运管服平台应用体系应以技术标准为指导进行建设，详细系统功能要求见本教材第二章第一节第五点。

三、数据体系

国家、省、市三级城市运管服平台数据体系应以数据标准为指导进行建设，详细数据体系建设要求见本教材第二章第二节。

四、管理体系

城市运管服平台管理体系建设为平台长效运行提供了重要的体制机制保障，下面重点介绍省级和市级管理体系的建设要求。

（一）省级管理体系建设要求

1. 省级组织体系

为实现对全省城市运行管理服务工作的业务指导、监督检查、监测分析和综合评价，省级住房和城乡建设（城市管理）主管部门应发挥省级城市管理协调议事机构的作用，统筹协调城市运管服平台建设运行中的重大事项，有序推进省级平台建设，加强运行和维护管理；明确省级城市运行管理服务监督工作牵头单位；配强专业技术团队负责省级平台日常运行维护工作，确保平台持续稳定运行。

2. 省级运行机制

为保障省级平台的长效运行，省级层面要结合各省实际，构建工作协同、数据填报、综合评价等运行机制。

一要建立健全上下联动、左右协同的工作机制，保障重点工作任务的上传下达，保障城市运行管理服务相关事项的横向及时联动，逐步实现跨部门、跨层级"统筹布置、按责转办、重点督办、限时反馈"的闭环管理。

二要按需建立"填报内容完整、数据格式统一、上报流程规范"的数据填报工作机制，以便根据城市管理行业监管和综合评价工作需要，在三级城市运管服平台尚未健全之前，保障省级平台、国家平台及时高效获取行业监管基础数据、城市运行监测数据、城市管理监督数据。

三要围绕"市政设施、房屋建筑、交通设施、人员密集区域、群众获得感"和"干净、整洁、有序、群众满意度"等核心指标，制定综合评价办法、评价指标动态调整办法，完善城市运行监测和城市管理监督标准，为科学规范开展综合评价工作奠定基础。各省可结合实际增加特色指标，创新评价方法。

（二）市级管理体系建设要求

1. 市级组织体系

为推动构建党委政府领导下的城市运行管理"一网统管"工作格局，切实发挥城市运管服平台指挥调度、统筹协调、高位监督等作用，市级、区级可依托原数字城管监督指挥中心、城市综合管理服务中心等机构建立城市运行管理服务指挥中心，加强城市运行管理服务队伍建设，切实做好平台建设、运行、管理、维护和综合评价等工作。

2. 市级运行机制

为保障市级平台的长效运行，市级层面要结合各市实际，构建综合协调、监督指挥、工作协同、综合评价等运行机制。

一是要建立综合协调机制。建立由城市政府主要负责同志牵头的城市管理工作协调机制,加强对城市运行管理服务工作的统筹协调、监督检查和考核奖惩。建立健全相关部门之间信息互通、资源共享、协调联动等工作机制。

二是要建立监督指挥机制。参照《数字化城市管理信息系统 第2部分:管理部件和事件》(GB/T 30428.2)规定,建立健全以问题发现、核查结案为核心内容的问题监督制度体系;参照《数字化城市管理信息系统 第8部分:立案、处置和结案》(GB/T 30428.8)规定,建立健全职责明晰、及时高效、结果满意的问题处置制度体系;参照《数字化城市管理信息系统 第4部分:绩效评价》(GB/T 30428.4)规定,建立健全城市运行管理服务绩效考核办法,以标准化的统计数据为依据,构建对各处置部门和单位的绩效考核制度体系,并将考核结果纳入经济社会发展综合评价体系和领导干部政绩考核体系,发挥考核的"指挥棒"作用。此外,基于各地已有的数字化城市管理模式所建立的监督指挥机制,以城市运行、管理、服务为主要内容,根据城市运行管理服务评价工作要求,拓展与"干净、整洁、有序"相关的城市管理监督对象以及与"市政设施、房屋建筑、交通设施、人员密集区域"相关的城市运行监测对象,并纳入"信息采集、案件建立、任务派遣、任务处理、处理反馈和核查结案"闭环管理流程,建立健全以问题发现、核查结案为核心内容的城市运管服问题监督、处置和绩效考核制度体系。

三是要建立工作协同机制。根据国家、省、市三级重点工作任务上传下达、监督指导的需要,应建立市级重点工作受理反馈机制,安排专人及时接收、落实并反馈国家平台、省级平台下达的工作任务;建立左右协同的协调机制,保障城市运行管理相关事项的横向及时联动。通过上下联动、左右协同,逐步实现跨部门、跨层级"统筹布置、按责转办、重点督办、限时反馈"的闭环管理。

四是要建立综合评价机制。围绕"市政设施、房屋建筑、交通设施、人员密集区域、群众获得感"和"干净、整洁、有序、群众满意度"等核心指标,定期开展城市运行管理服务自评价工作,并配合部、省住房和城乡建设(城市管理)主管部门做好第三方实地考察工作。可结合本地实际增加特色指标,比如与创城创卫工作结合扩充相关评价指标体系,将综合评价结果与本地实际相结合,提升综合评价结果的价值,同时依据本地实际状况,可以在平台上报、实地考察和问卷调查等方式的基础上,创新评价方法。

五、基础环境

国家、省、市三级城市运管服平台基础环境应以技术标准为指导进行建设。

各级平台应依照技术标准中"7 基础环境"章节的规定,搭建满足城市运管服平台运行需求的信息化基础环境,包括建设上下贯通、安全稳定的网络环境,高效、可扩展的软硬件环境和有效防护的安全环境等,并按照能够支持平台稳定高效运行3至5年的要求配置必要的设备。省级平台和市级平台的基础环境建设要求见本教材第二章第一节第八点。

六、项目管理

（一）组织管理

为推进各地城市运管服平台项目建设、运行和管理，省、市住房和城乡建设（城市管理）主管部门应建立健全平台建设协调推进机制，统筹协调平台建设运行中的重大事项，加强平台建设顶层设计，落实平台建设资金，建立相关工作机制，加强工作指导和监督检查，保障平台建设顺利推进。

应充分发挥专家队伍作用，吸纳城市运行管理各行业专家，在城市运管服平台的规划、建设、运维等各个阶段，给予应用技术和管理技术保障，保证城市运管服平台建设运行的科学性、合理性和可持续性，为平台建设提供智库支撑。

各地应组建与本地相适应的专职队伍，完善专业化的城市运行管理服务信息采集队伍、包括受理员、派遣员、值班长等在内的坐席队伍等运营保障力量，培养信息化组织管理和专业技术人才，逐步构建完善的人才队伍体系。

应加强对城市运管服平台相关标准和建设指南的宣贯培训，规范三级平台建设运行；在全国树立省级平台和市级平台建设样板，开展典型示范，发挥标杆引领作用。

（二）实施步骤

城市运管服平台在实施建设过程中应遵循以下步骤：

1. 落实本地区城市运管服平台建设主体责任，建立协调推进机制，明确责任分工，制定平台建设工作方案。
2. 组建城市运行管理服务监督（指挥）机构，建立指挥协调考核评价体系。
3. 制定项目总体方案，确定工作分工、进度安排和经费预算。
4. 编制城市运管服平台建设方案，经上级主管部门组织专家审查通过后，按照当地电子政务工程建设项目管理要求，开展平台立项和招投标工作。
5. 确定平台开发单位，开发系统功能，开展系统集成和联调，实现与各级平台互联互通。
6. 明确城市运行管理服务监督（指挥）机构职责，建立综合协调、工作协同、综合评价等管理制度。
7. 建设综合性城市运行管理服务数据库，开展系统网络配置，软硬件系统和设备采购、安装、调试，应用软件系统研发和实施等工作。
8. 编制各岗位人员的培训手册，开展平台操作培训。
9. 开展系统测试，系统试运行基本稳定后，组织平台验收。
10. 对城市运管服平台建设过程中的相关文档资料进行整理存档，投入运行。

（三）方案评审

省级平台、市级平台建设方案应严格按照技术标准、数据标准制定。省级平台、省会城市和计划单列市平台建设方案由住房和城乡建设部组织专家审查，也可委托省级住房和城乡建设（城市管理）主管部门组织专家审查；其他市级平台建设方案由省级住房和城乡建设（城市管理）主管部门组织审查。城市运管服平台建设方案经专家审查通过后方可组织实施。

（四）评估验收

省级平台、省会城市和计划单列市平台由住房和城乡建设部组织专家评估验收，也可委托省级住房和城乡建设（城市管理）主管部门组织专家评估验收；其他市级平台由省级住房和城乡建设（城市管理）主管部门组织验收。验收内容、验收方式、验收评分、验收结论等，严格按照技术标准中"8.2 平台验收"章节的规定执行。具体验收详细要求与评分细则请详见本教材第六章。

（五）运行维护

国家、省、市三级城市运管服平台应建立平台运行维护机制，做好平台的日常管理、运行保障、应急预案工作，具体要求见本教材第二章第一节第十点。

第四节 城市运行管理服务平台运行监测指标及评价标准

一、概述

为建立全面、系统、客观的城市运行监测指标体系，指导各地构建"横向到边、纵向到底"的城市运行管理服务工作体系，全面提升城市运行风险防控能力，推动城市治理体系和治理能力现代化，促进城市高质量发展，住房和城乡建设部坚持"全生命周期管理"理念，以城市运行"安全、高效、健康"为目标，统筹发展和安全，重点围绕市政设施、房屋建筑、交通设施、人员密集区域、群众获得感等层面，在与城市体检指标体系、国家安全发展示范城市评价指标、国家人居环境奖评选标准等指标体系充分衔接的基础上，建立了城市运行监测指标体系。

运行监测评价标准是评价城市运行监测水平的主要依据，其内容主要包括运行监测指标体系的结构、指标体系相关的术语、指标的定义、评价数据采集方式、指标数值计算方法、评分方法等。随着城市运行监测工作不断深入和城市运行信息化、智能化、智慧化水平的提高，监测指标的覆盖范围将进一步扩大。

运行监测评价标准旨在全面、精准发现城市安全运行工作中的短板和不足，及时采取有针对性的措施加以解决，以全面提升城市安全运行风险防控能力。该标准与建设指南、技术标准、数据标准、管理监督指标及评价标准等配套使用，用于指导开展城市运行管理服务综合评价工作。

二、范围

运行监测评价标准规定了城市运行监测指标的术语和定义、运行监测指标体系、运行监测指标分值及数据采集方法和评价方法等，并对评价对象做了规定，该标准适用于地级以上城市的城市运行监测及评价工作，县（县级市、区）级城市运行监测评价可参照执行。

三、规范性引用文件

在使用运行监测评价标准的过程中，应参照的标准文件有：

1. 运行监测评价标准中的"城市供水水质合格率"指标应按照《生活饮用水卫生标准》（GB 5749）进行计算和评分。

2. 运行监测评价标准中的"结构安全定期检测与监测制度建设完成率""结构定期检测完成率""结构监测覆盖率""城镇老旧房屋安全隐患排查及整改率""自建房安全隐患排查整改率"等指标应参照《建筑结构检测技术标准》（GB/T 50344）开展相关计算和评分。

3. 运行监测评价标准中的"道路交通安全设施设置达标率"指标应参照《城市道路交通设施设计规范》（GB 50688）和《城市道路交通标志和标线设置规范》（GB 51038）开展相关计算和评分。

4. 运行监测评价标准中的"城镇供热管网泄漏监测覆盖率"指标应参照《城镇供热直埋热水管道泄漏监测系统技术规程》（CJJ/T 254）开展相关计算和评分。

5. 运行监测评价标准中的"隧道定期检查完成覆盖率"指标应参照《城市轨道交通隧道结构养护技术标准》（CJJ/T 289）和《公路隧道养护技术规范》（JTG H12）开展相关计算和评分。

6. 运行监测评价标准规定运管服平台展示要求时，应符合技术标准要求。

7. 运行监测评价标准规定运管服平台数据采集要求时，应符合数据标准要求。

8. 运行监测评价标准开展实地考察类指标评价工作时，应符合管理监督评价标准要求。

四、术语和定义

该标准对城市运行监测、燃气管线相邻地下空间、重要公共建筑物、入河排口等专业术语作出了规范化的定义，同时，技术标准中所界定的术语和定义适用于该标准。

1. 城市运行监测：感知城市市政设施、房屋建筑、交通设施和人员密集区域等运行状态的活动。

2. 燃气管线相邻地下空间：地下燃气管线周边相邻区域，存在聚集泄漏燃气可能的地下空间。

3. 重要公共建筑：县级及以上公共建筑物中，人员密集的、公共安全等要求较高的场所及重要设施所在的公共建筑物的统称。

4. 入河排口：直接或者通过沟、渠、管道等设施向江河、湖泊排放雨水或经处理合格的污水的排放口。

五、总体要求

该标准规定了城市宜结合地方实际，定期开展城市运行监测自评价和第三方评价工作，同时明确了运行监测指标数据的采集方式。

（一）自评价

城市运行监测自评价工作由城市政府组织开展，每年上半年和下半年各一次，并分别上报评价结果至省级城市运管服平台和国家城市运管服平台。

（二）第三方评价

城市运行监测第三方评价工作由城市、省级和国家级主管部门根据工作需要组织开展，并分别上报评价结果至省级城市运管服平台和国家城市运管服平台。

（三）数据采集方式

城市运行监测指标数据的采集方式为实时监测、平台上报和实地考察。

六、运行监测指标体系

（一）指标设计原则

城市运行监测指标体系的设计遵循科学性、系统性和实用性的原则，紧扣城市运行"安全、高效、健康"的目标，从城市安全运行、城市高效运行、城市健康运行和增强群众获得感四个维度进行指标设计。在城市安全运行维度，通过设置城市设施设备运行监测覆盖率、运行监测设备联网在线率、隐患排查率等指标，体现城市运行风险的感知、预警、分析和处置情况；在城市高效运行维度，通过设置城市设备设施的完好率、服务供应时长、资源服务范围等指标，体现城市设施设备每年可正常使用的时间和运行效率；在城市健康运行维度，通过设置城市设备设施的故障发生比率、定期检测率、完好率等指标，体现城市设施设备每年正常保养维护情况；在群众获得感维度，通过设置社会治安状况、自然环境状况、应急庇护、生活服务、急救服务等方面的指标，体现群众对于整个城市安全运行工作的获得感情况。

运行监测指标体系的设计也考虑参考和纳入部分行业内相关的权威指标体系或标准，包括城市体检指标体系、国家安全发展示范城市评价指标和国家人居环境奖评选标准。同时，该标准体系也向国家其他重要指标体系推送该标准体系的相关指标，实现运行监测指标体系与国家其他重要指标体系同源数据的一致性，并提升运行监测指标体系的权威性和影响力。该标准体系参考和吸纳城市体检指标体系、国家安全发展示范城市评价细则和国家人居环境奖评选标准的情况如下。

1. 运行监测指标采纳吸收历年城市体检指标14项，覆盖供水、交通安全、应急避难、自然环境、生活服务、医疗救助、消防等领域，包括：城市公共供水管网漏损率、城市生活污水集中收集率、城市窨井盖完好率、城市市政消火栓完好率、消除严重影响生产生活秩序的易涝积水点数量比例、城市道路交通事故万车死亡率、城市常住人口平均单程通勤时间、空气质量优良天数比例、地表水达到或好于Ⅲ类水体比例、城市可渗透地面面积比例、人均避难场所有效避难面积、完整居住社区覆盖率、城市标准消防站及小型普通消防站覆盖率、城市二级及以上医院覆盖率。

2. 运行监测指标体系采纳吸收国家安全发展示范城市评价指标19项，包括：工商用户泄漏监测覆盖率、城市道路综合管廊配建率、城市市政消火栓完好率、建筑施工视频在线监控覆盖率、建筑起重机械监测覆盖率、户外广告设施安全隐患排查率、城镇老旧房屋安全隐患排查及整改率、道路交通安全设施设置达标率、城市道路交通事故万车死亡率、桥梁定期检测完成覆盖率、人员密集场所视频监控覆盖率、人员密集场所安全出口及疏散通道等设置达标率、大型群众性活动风险评估覆盖率、大客流监测预警覆盖率、年度火灾十万人口死亡率、年度亿元国内生产总值生产安全事故死亡率、人均避难场所有效避难面积、用户平均停电时间、市区消防员占常住人口比例。其中，城市市政消火栓完好率、城市道路交通事故万车死亡率、人均避难场所面积指标同时也是城市体检指标。

3. 运行监测指标体系采纳吸收国家人居环境奖评选标准中的2项指标，包括城市历史文化街区保护修缮率和城市环境噪声达标区覆盖率。

（二）指标体系构成

城市运行监测指标体系为三级结构，包括市政设施、房屋建筑、交通设施、人员密集区域和群众获得感5项一级指标，30项二级指标，79项三级指标。79项三级指标包括62项基础性指标和17项提高性指标。运行监测基础性指标满分为100分，其中市政设施30分、房屋建筑25分、交通设施15分、人员密集区域10分、群众获得感20分；提高性指标满分为20分，其中市政设施8分、房屋建筑11分、交通设施1分。

市政设施一级指标主要对城市市政设施及其相关的监测设施设备的安全运行状况进行评价，重点关注供水、排水、燃气、热力、综合管廊等方面，包括9个二级指标和19个三级指标，19个三级指标包括14个基础性指标和5个提高性指标；房屋建筑一级指标主要对城市建筑施工、重点建筑、房屋、电梯等方面的运行监测状况进行评价，重点关注建设工程、施工工地、玻璃幕墙、危房等方面，包括10个二级指标和28个三级指标，28个三级指标包括17个基础性指标和11个提高性指标；交通设施一级指标主要对城市交通的设施运行监测状况进行评价，重点关注道路、桥梁、轨道交通等，包括3个二级指标和8个三级指标，8个三级指标包括7个基础性指标和1个提高性指标；人员密集区域一级指标主要对人员密集场所涉及安全问题的防控和处置的相关设施、设备和体制机制进行评价，重点关注机场、车站、医院、学校、酒店、大型超市等方面，包括2个二级指标和4个三级指标，4个三级指标全部是基础性指标；群众获得感一级指标主要评价群众对城市整体安全运行状况的感受，重点关注社会治安状况、自然环境状况、应急庇护、生活服务、急救服务等方面，包括6个二级指标和20个三级指标，20个三级指标全部是基础性指标。具体的评价指标体系如表2-1所示。

城市运行监测指标体系 表2-1

一级指标	二级指标		三级指标	
	编号	名称	编号	名称
1. 市政设施	1-1	燃气管线	1-1-1	燃气管线相邻地下空间安全运行监测覆盖率
			1-1-2	☆燃气管线相邻地下空间安全运行在线监测率
			1-1-3	工商用户室内燃气泄漏在线监测覆盖率
			1-1-4	☆居民室内燃气泄漏在线监测覆盖率
			1-1-5	老化管道更新改造率
	1-2	供水管网	1-2-1	城市公共供水管网漏损率
			1-2-2	城市公共供水管网安全运行在线监测率
			1-2-3	供水管网服务压力合格率
			1-2-4	城市供水水质合格率
	1-3	排水管网	1-3-1	排水管网安全运行监测覆盖率
			1-3-2	☆排水管网安全运行在线监测率
			1-3-3	主要入河排口监测覆盖率
	1-4	城镇供热	1-4-1	☆城镇供热管网泄漏监测覆盖率
	1-5	综合管廊	1-5-1	☆综合管廊安全运行监测及运维覆盖率
	1-6	环卫设施	1-6-1	环卫设施安全隐患排查率
	1-7	生活污水处理设施	1-7-1	城市生活污水集中收集率
	1-8	城市公园	1-8-1	城市公园安全隐患排查及整治率
	1-9	其他市政设施	1-9-1	城市窨井盖完好率
			1-9-2	城市市政消火栓完好率
2. 房屋建筑	2-1	建筑施工	2-1-1	☆建筑施工视频在线监控覆盖率
			2-1-2	施工工地扬尘在线监测覆盖率
			2-1-3	☆建筑起重机械监测覆盖率
			2-1-4	☆深基坑、高支模监测覆盖率
			2-1-5	☆危大工程施工监测和安全巡查覆盖率
	2-2	重要公共建筑	2-2-1	结构安全定期检测与监测制度建设完成率
			2-2-2	结构定期检测完成率
			2-2-3	结构监测覆盖率
	2-3	老旧房屋	2-3-1	城镇老旧房屋安全隐患排查及整改率
			2-3-2	自建房安全隐患排查整改率
			2-3-3	老旧小区改造达标率
	2-4	建筑外立面附属设施	2-4-1	☆重要公共建筑外挂结构及附属设施安全隐患排查率
			2-4-2	重要公共建筑外墙保温层脱落风险监测率
			2-4-3	玻璃幕墙安全隐患排查率
			2-4-4	户外广告设施安全隐患排查率
			2-4-5	☆户外广告设施巡检监管信息化率

续表

一级指标	二级指标		三级指标	
	编号	名称	编号	名称
2. 房屋建筑	2-5	电梯	2-5-1	电梯实时在线监测覆盖率
			2-5-2	电梯困人故障发生比率
			2-5-3	☆电梯困人救援平均到达时间
	2-6	消防设施	2-6-1	☆消防联网监测覆盖率
			2-6-2	☆消防车道视频监控覆盖率
	2-7	房屋租住	2-7-1	群租案件处置率
			2-7-2	☆保障性租赁住房出租率
	2-8	历史建筑	2-8-1	历史建筑感知设备在线率
			2-8-2	历史建筑隐患排查及整治率
			2-8-3	城市历史文化街区保护修缮率
	2-9	违法建筑	2-9-1	违法建筑拆除率
	2-10	建筑节能	2-10-1	☆国家机关办公建筑及大型公共建筑能耗监测覆盖率
3. 交通设施	3-1	城市道路	3-1-1	城市道路塌陷隐患排查覆盖率
			3-1-2	城市道路易积水点监测覆盖率
			3-1-3	道路交通安全设施设置达标率
			3-1-4	城市常住人口平均单程通勤时间
	3-2	桥梁	3-2-1	桥梁定期检测完成覆盖率
			3-2-2	桥梁安全运行管理智能化水平
			3-2-3	桥梁安全运行监测覆盖率
	3-3	隧道	3-3-1	☆隧道定期检查完成覆盖率
4. 人员密集区域	4-1	人员密集场所	4-1-1	人员密集场所视频监控覆盖率
			4-1-2	人员密集场所安全出口、疏散通道等设置达标率
	4-2	大型活动	4-2-1	大型群众性活动风险评估覆盖率
			4-2-2	大客流监测预警覆盖率
5. 群众获得感	5-1	安全运行状况	5-1-1	年度火灾十万人口死亡率
			5-1-2	城市道路交通事故万车死亡率
			5-1-3	年度亿元国内生产总值生产安全事故死亡率
			5-1-4	年度"生命线"工程事故数
			5-1-5	年度房屋垮塌事故数
			5-1-6	年度高空坠物事故数
	5-2	社会治安状况	5-2-1	常住人口万人"八类"暴力案件数
	5-3	自然环境状况	5-3-1	空气质量优良天数比率
			5-3-2	城市环境噪声达标区覆盖率
			5-3-3	地表水达到或好于Ⅲ类水体比例
			5-3-4	城市可渗透地面面积比例

续表

一级指标	二级指标		三级指标	
	编号	名称	编号	名称
5.群众获得感	5-4	应急庇护	5-4-1	人均避难场所有效避难面积
	5-5	生活服务	5-5-1	用户平均停电时间
			5-5-2	完整居住社区覆盖率
	5-6	急救服务能力	5-6-1	120急救平均到达时间
			5-6-2	119救火平均到达时间
			5-6-3	城市标准消防站及小型普通消防站覆盖率
			5-6-4	市区消防员占常住人口比例
			5-6-5	城市二级及以上医院覆盖率
			5-6-6	每千人医生数、每千人护士数、每千人医疗机构床位数

注：☆为提高性指标。

七、指标数据采集方法

运行监测评价标准对指标的数据采集方法进行了定义，分别是实时监测、平台上报和实地考察，各项指标根据评价方法提供1～2种数据采集方法，并对三种数据采集方法的选择优化级进行了定义，即实时监测>实地考察>平台上报。

（一）实时监测

运行监测评价标准共设计了32个应采取实时监测方式进行数据采集的指标，这类指标数据应通过市级平台或已建的城市运行监测系统获取，并应及时更新至省级平台和国家平台。

标准中详细规定了城市运行监测指标体系中32个实时监测类指标在进行评价和打分前，应进行的数据准备工作，以及应在市级平台或已建的城市运行监测系统中呈现展示的内容。

（二）平台上报

运行监测评价标准共设计了49个可采取平台上报方式进行数据采集的指标，这类指标数据应从公开发布的统计数据和行业部门数据获取，并应于上半年末和下半年末分别上传至省级平台和国家平台。

标准中详细规定了城市运行监测指标体系中49个平台上报类指标在进行评价和打分前，应进行的数据准备工作。

（三）实地考察

运行监测评价标准共设计了24个可采取实地考察方式进行数据采集的指标，这类指标数据应通过对评价网格进行数据采集获得，评价网格内没有涵盖的评价要素，可随机抽取评价点位进行数据采集。其中，评价网格、评价点位抽取方法应参照管理监督指标及评价标准执行。

标准中详细规定了城市运行监测指标体系中24个实地考察类指标的实地考察要求，并对数据上传频率作了要求，即于上半年末和下半年末分别上传至省级平台和国家平台。

八、评价方法

城市宜结合地方实际，开展城市运行监测评价的自评价和第三方评价，应先根据指标数据采集方法的要求进行数据准备，并按照运行监测评价标准的"7.4～7.8"进行打分，再参照运行监测评价标准的附录A打分表进行计分的汇总，最终应提交打分表、评价报告及相关数据和资料。

城市运行监测自评价工作应每年开展两次，上半年和下半年各一次，结果可参照运行监测评价标准的附录B形成自评价报告。

城市运行监测第三方评价频次由城市、省级和国家级主管部门根据工作需要确定，结果可参照运行监测评价标准的附录C形成第三方评价报告。

城市运行监测评价是城市运管服平台综合评价的组成部分，应按照技术标准的规定建设综合评价系统，并依据运行监测评价标准的"6运行监测指标分值及数据采集方法"要求的平台分析展示要求进行功能设计及建设。

第五节
城市运行管理服务平台管理监督指标及评价标准

一、概述

管理监督评价标准是城市运管服平台标准体系的重要组成部分，以城市管理"干净、整洁、有序"为目标，构建以"干净、整洁、有序、群众满意度"为核心指标的城市管理监督指标体系，科学规范地指导各地开展城市管理监督工作，精准发现问题，督促整改问题，系统提升城市环境卫生、城市市容秩序、市政基础设施维护等管理服务水平。

该标准共分前言、引言、正文3部分。正文共分7章，包括范围、规范性引用文件、术语和定义、总体要求、管理监督指标体系、管理监督指标分值及数据采集方法、评价方法。本节将重点围绕数据标准中城市运管服平台数据体系相关内容进行解读。

二、范围

管理监督评价标准规定了城市管理监督评价的总体要求、管理监督指标体系、管理监督指标分值及数据采集方法和评价方法等内容。地级及以上城市和县（县级市、区）级城市的城市管理监督评价工作可参照执行。

三、规范性引用文件

在使用管理监督评价标准的过程中，应参照的标准文件有：

1. 城市运管服平台在开展评价网格划分和编码时，应符合《数字化城市管理信息系统 第1部分：单元网格》（GB/T 30428.1）的规定。

2. 城市管理监督指标在进行指标描述、指标数据采集方法、指标计算公式、指标评分方法设定时，应符合《城市容貌标准》（GB 50449）、《市容环卫工程项目规范》（GB 55013）、《数字化城市管理信息系统 第4部分：绩效评价》（GB/T 30428.4）、《城市公共厕所设计标准》（CJJ 14）、《城镇道路养护技术规范》（CJJ 36）、《城市道路照明设计标准》（CJJ 45）、《市容环境卫生术语标准》（CJJ/T 65）、《城市道路清扫保洁与质量评价标准》（CJJ/T 126）、《城市户外广告和招牌设施技术标准》（CJJ/T 149）的规定。

3. 城市运管服平台在开展综合评价系统功能和数据库规划设计与建设，数据交换共享时，应符合技术标准、数据标准和运行监测评价标准的规定。

四、术语和定义

技术标准界定的术语和定义适用于本标准。

五、总体要求

该标准规定了城市宜结合地方实际定期开展城市管理监督自评价和第三方评价工作，同时明确了管理监督指标数据的采集方式。

（一）自评价

城市管理监督自评价工作由城市政府组织开展，每年上半年和下半年各一次，并分别上报评价结果至省级城市运管服平台和国家城市运管服平台。

（二）第三方评价

城市管理监督第三方评价工作由城市、省级和国家级主管部门根据工作需要组织开展，并分别上报评价结果至省级城市运管服平台和国家城市运管服平台。

（三）数据采集方式

城市管理监督指标数据的采集方式为平台上报、实地考察和问卷调查。

六、管理监督指标体系

城市管理监督指标体系以城市管理"干净、整洁、有序"为目标，遵循全面、系统、客观的设计原则，构建三级结构的指标体系，包括干净、整洁、有序和群众满意度4项一级指标，23项二级指标，70项三级指标。其中，基础性指标62项，分值为100分，包括干净评价28分，整洁评价17分，有序评价31分，群众满意评价24分；提高性指标8项，分值为20分，包括整洁评价8分，有序评价9分，群众满意度评价3分。

管理监督评价标准从"干净、整洁、有序、群众满意"4个维度设置评价指标。其中，干净维度指标考察城市"环卫设施""垃圾处理能力""道路清扫保洁""建筑垃圾监管""市容环境卫生公众参与""现场评价（干净）"工作，包括二级指标6个，三级指标17个；整洁维度指标考察城市"绿地服务能力""道路养护""城市照明""街道景观效果""现场评价（整洁)"工作,包括二级指标5个,三级指标15个(3个提高性指标);有序维度指标考察城市"道路设施""社区公共服务设施""交通设施""交通能力与秩序""街区活力""现场评价(有序)"工作,包括二级指标6个,三级指标24个(4个提高性指标);群众满意维度指标考察城市"信息化水平""问题处置及诉求响应""志愿服务水平""组织保障""满意度""治理行动"工作,包括二级指标6个,三级指标14个(1个提高性指标);城市管理监督指标体系如表2-2所示。

城市管理监督指标体系　　　　　　　　　　　表2-2

一级指标	序号	二级指标	序号	三级指标
1. 干净	1-1	环卫设施	1-1-1	城市建成区公共厕所设置密度
	1-2	垃圾处理能力	1-2-1	生活垃圾分类覆盖率
			1-2-2	城市生活垃圾资源化利用率
			1-2-3	生活垃圾处理设计能力与清运量的比例
	1-3	道路清扫保洁	1-3-1	城市道路机械化清扫率
			1-3-2	道路清扫覆盖率
			1-3-3	各级道路巡回保洁时间
	1-4	建筑垃圾监管	1-4-1	建筑垃圾全流程监管达标率
			1-4-2	建筑垃圾资源化利用率
	1-5	市容环境卫生公众参与	1-5-1	城市门前责任区制度履约率
	1-6	现场评价(干净)	1-6-1	道路干净
			1-6-2	建(构)筑物立面干净
			1-6-3	公共场所干净
			1-6-4	水体干净
			1-6-5	施工工地及周边干净
			1-6-6	垃圾收集运输设备设施干净
			1-6-7	垃圾转运站干净
2. 整洁	2-1	绿地服务能力	2-1-1	城市建成区公园绿化活动场地服务半径覆盖率
			2-1-2	城市建成区绿地率
			2-1-3	城市建成区绿化覆盖率
			2-1-4	人均公园绿地面积
			2-1-5	城市林荫道路覆盖率
			2-1-6	10万人拥有综合公园个数
			2-1-7	城市古树名木及后备资源保护率
	2-2	道路养护	2-2-1	☆一等养护的城镇道路占比
	2-3	城市照明	2-3-1	道路照明亮灯率
			2-3-2	☆夜景照明舒适和谐度
	2-4	街道景观效果	2-4-1	☆城市建成区街道绿视率

续表

一级指标	序号	二级指标	序号	三级指标
2. 整洁	2-5	现场评价（整洁）	2-5-1	各类站亭设置规范
			2-5-2	绿化整洁
			2-5-3	广告设施和招牌整洁
			2-5-4	城市街道立杆、空中线路规整性
3. 有序	3-1	道路设施	3-1-1	城市建成区道路网密度
			3-1-2	城市建成区道路面积率
			3-1-3	☆城市建成区慢行道密度
			3-1-4	城市建成区公共空间无障碍设施完善度
	3-2	公共服务设施	3-2-1	人均体育场地面积
			3-2-2	万人城市文化建筑面积
			3-2-3	☆社区养老服务设施覆盖率
			3-2-4	社区便民商业服务设施覆盖率
			3-2-5	实施专业化物业服务的住宅小区占比
			3-2-6	城市建成区网格化管理覆盖率
	3-3	交通设施	3-3-1	城市建成区公交站点（或轨道交通站点）覆盖率
			3-3-2	每万人拥有公共汽（电）车
			3-3-3	停车位与小汽车保有量的比例
			3-3-4	人行道步行适宜性
	3-4	交通能力与秩序	3-4-1	☆城市建成区高峰期平均机动车速度
			3-4-2	道路交叉口机动车守法率
			3-4-3	非机动车、行人路口守法率
	3-5	街区活力	3-5-1	☆城市建成区人均信息点（POI）数
	3-6	现场评价（有序）	3-6-1	便民摊点规范性
			3-6-2	无乱搭乱建
			3-6-3	无沿街晾挂
			3-6-4	无乱泼乱倒
			3-6-5	无乱贴乱画
			3-6-6	无乱停乱放
4. 群众满意度	4-1	信息化水平	4-1-1	城市运行管理服务平台覆盖率
			4-1-2	城市信息模型（CIM）基础平台建设三维数据覆盖率
	4-2	问题处置及诉求响应	4-2-1	城市运行管理服务平台案件按期处置率
			4-2-2	群众诉求处置回访满意度
			4-2-3	网络舆情监测
	4-3	志愿服务水平	4-3-1	市民对志愿服务活动认同和支持率
			4-3-2	有志愿服务时间记录的志愿者人数占注册志愿者总人数的比例

续表

一级指标	序号	二级指标	序号	三级指标
4. 群众满意度	4-4	组织保障	4-4-1	规章制度制定情况
			4-4-2	统筹协调机制建立情况
			4-4-3	年度绩效考核开展情况
			4-4-4	财政预算经费保障情况
	4-5	满意度	4-5-1	城市管理满意度
			4-5-2	城市人居环境满意度
	4-6	治理行动	4-6-1	☆开展城市治理专项活动

注：☆为提高性指标。

七、管理监督指标分值及数据采集方法

（一）平台上报

平台上报指标数据以基于平台实时数据进行统计，或通过专项普查获取的统计数据为主，以行业部门数据、相关信息化系统数据为辅，宜采用大数据分析等方法对遥感影像、街景图片、信息点（POI）和视频监控等数据进行挖掘分析来获取指标数据，通过城市运管服平台上传至国家平台、省级平台。

平台上报指标的指标名称、指标描述、分值和采集方法在管理监督评价标准的表2评价指标及数据采集方法中有明确规定，可参照执行；平台上报指标进行数据采集的计算公式和评分方法在管理监督指标和评价标准的附录A中有明确规定，可参照执行。

（二）实地考察

实地考察时，应通过评价网格进行数据采集。实地考察的指标评分为各抽查评价网格中该项指标评分的平均值，当评价网格内没有涵盖12类评价点位时，应随机抽取评价点位获取指标数据。实地考察指标数据获取的评分方法应参照城市管理监督评价标准的附录C执行。评价点位测评内容参照管理监督评价标准的附录B执行。

各地开展实地考察工作时，需建立覆盖城市建成区的评价网格类型专题图层、评价网格专题图层和评价点位专题图层。其中，评价网格类型专题图层构建按照城市建成区的区域定位，划分为A类评价网格：城市核心区域、商业区、重点旅游景区及其他人流密集区域；B类评价网格：一般城区；C类评价网格：城乡接合部和集中连片的老城区。评价网格专题图层构建要以按照GB/T 30428.1规定划分的单元网格为基础，考虑地形特征、部件密度和管理便利等因素，集成若干单元网格为一个评价网格，评价网格面积以1平方公里为基准，最小网格不小于0.5平方公里，最大网格原则上不大于3平方公里。评价网格标识码由12位数字组成，依次为6位县级及县级以上行政区划代码、3位街道（镇、乡）代码和3位评价网格顺序码，如山东省青岛市市南区中山路街道一个评价网格标识码表示为：370202001001。每个评价网格的基本属性数据包括评价网格标识码、评价网格面积、评价网格类型、初始划分日

期、变更日期和备注等。评价点位专题图层的构建按照主次干道、背街小巷、商业步行街、公园、广场、农贸市场、公共厕所、火车站或长途汽车站、河流湖泊、便民摊点规划区、社区和主要交通路口共12种类型开展城市普查。

评价网格抽取应叠加评价网格专题图层和评价网格类型专题图层，在A、B和C类区域分别随机抽取评价网格，获取位置信息。一类城市（城市建成区面积为500平方公里以上）应从A、B、C三类区域分别随机抽取3个、2个、3个评价网格，共采样8个评价网格；二类城市（城市建成区面积为200～500平方公里）应从A、B、C三类区域分别抽取2个、2个、2个评价网格，共采样6个评价网格；三类城市（城市建成区面积为200平方公里以内）应从A、B、C三类区域分别抽取2个、1个、2个评价网格，共采样5个评价网格。

（三）问卷调查

群众满意度调查应采用线上线下相结合的方式进行。有效问卷数量按照城市类型划分，一类城市、二类城市和三类城市应分别不少于城市上年末常住人口数的0.1‰、0.5‰和1‰，其中线下问卷数量不少于问卷总数的30%，问卷调查表及评分方法参照管理监督评价标准的附录D执行。

八、评价方法

城市管理监督评价是城市运管服平台综合评价的组成部分，应按照技术标准的规定建设综合评价系统，包括评价指标管理、评价任务管理、实地考察和评价结果生成等功能模块。

城市管理监督指标评价计分应按照基础性指标和提高性指标分别评分汇总。其中，基础性指标总分为100分，分值分配为干净28分、整洁17分、有序31分和群众满意度24分；提高性指标总分为20分，分值分配为整洁8分、有序9分和群众满意度3分。

城市宜结合地方实际，开展城市自评价和第三方评价。其中，城市自评价应按照管理监督评价标准的附录A、附录C和附录D.1等的要求，提交相关数据和资料，按照管理监督评价标准的附录E的要求形成城市管理监督自评价报告；城市自评价每年开展两次，上半年和下半年各一次。第三方评价应按照管理监督评价标准的附录C和附录D.1的要求，提交相关数据和资料，按照管理监督评价标准的附录F形成城市管理监督第三方评价报告。

第六节
数字化城市管理信息系统国家标准简述

城市运管服平台是在数字城管和综管服平台基础上逐步发展的。建设过程中，除执行技术标准和数据标准外，还涉及指挥协调系统建设，须按照已发布的《数字化城市管理信息系统》国家标准进行规范化建设。《数字化城市管理信息系统》各部分国家标准概述如下：

1.《数字化城市管理信息系统 第1部分：单元网格》（GB/T 30428.1—2013）

该标准给出了单元网格划分应遵循的9项原则，包括法定基础、属地管理、地理布局、面积适当、现状管理、方便管理、负载均衡、无缝拼接和相对稳定。规定了单元网格标识码由15位数字组成，其编码规则如图2-7所示，这一编码规则保证了每一个单元网格在全国范围内均有一个唯一的标识码。

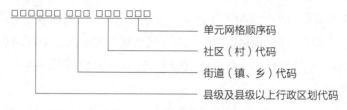

图2-7 单元网格编码规则

2.《数字化城市管理信息系统 第2部分：管理部件和事件》（GB/T 30428.2—2013）

该标准将数字化城市管理对象按照部件和事件进行大类和小类划分，其中：部件分为5大类，事件分为6大类，各大类再细分为若干小类。部件和事件的分类代码由10位数字组成，依次为：6位县级及县级以上行政区划代码、2位大类代码、2位小类代码，其编码规则如图2-8所示。该标准还规定每个部件均赋予全国唯一标识码，其结构为：部件分类代码（10位）+顺序代码（6位）。

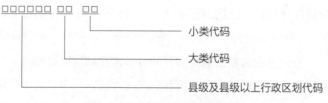

图2-8 部件和事件分类编码规则

该标准允许各个城市依据实际情况对部件和事件小类进行扩展，同时给出了扩展原则和方法。在运管服平台建设中，可以考虑根据城市运行管理服务评价工作要求，将与"干净、整洁、有序"相关的城市管理监督对象以及与"市政设施、房屋建筑、交通设施、人员密集区域"相关的城市运行监测对象纳入扩展类进行管理。

3.《数字化城市管理信息系统 第3部分：地理编码》（GB/T 30428.3—2016）

该标准规定了地理编码的编制规则。所谓地理编码，是指建立地址或地点描述与地理坐标之间的空间对应关系，用于除地理坐标外，按照地名或地址的文字描述，实现快速空间定位。地理编码的核心问题是将基本地点名称类型分为区域、地片、区片、街（巷）、门（楼）牌和兴趣点等，并建立各类基本地点名称与坐标的联系。为此，规定了各类基本地点名称定位描述的分段规则和组合规则，以便将地点名称描述规范化。由于基础地理信息框架数据中地名和地点数据相对稀少，不能满足部件、事件快速空间定位的要求，需要专门采集地点数据。为保证采集数据的质量，该标准规定了地点数据采集区域类别的划分，以及不同区域数据采集密度和精度要求。

4.《数字化城市管理信息系统 第4部分：绩效评价》（GB/T 30428.4—2016）

该标准将绩效评价分为区域评价、部门评价和岗位评价3种对象类型，不同评价分别采用不同的评价指标，每项指标又采用不同的分值和权重。评价指标包括基本指标26项和比率指标16项，前者给出了指标说明，后者给出了计算公式。评价按一定周期进行，评价周期分为日评价、周评价、月评价、季评价、半年评价、年评价等。还可以根据需要自行确定评价周期，如旬评价或不定期评价等。该标准强调绩效评价的实施主体应为政府授权的数字城管监督中心或其他部门，确保评价的权威性、可靠性、公正性、准确性和及时性。同一城市采用的评价方法宜保持一致，要求将评价结果纳入政府行政效能监察考核体系，成为政府对评价对象绩效考核的组成部分，以保证数字城管系统能够长效运行。另外，各城市根据需要，可通过专业调查机构或采用随机抽样方式对数字城管运行效果进行外部评价。

5.《数字化城市管理信息系统 第5部分：监管信息采集设备》（GB/T 30428.5—2017）

如何选择（城管通）和开发应用软件的依据。该标准从硬件角度要求采用智能手机，应运行智能终端通用的操作系统，随机存储器（RAM）不应小于1GB，只读随机存储器（ROM）不应小于8GB，显示屏尺寸不应小于10.16cm，按键寿命应符合YD/T 1539的规定，单块电池连续使用时间不应低于4小时，应具有全球卫星导航定位功能，宜支持北斗导航定位等。应用软件应具备采集、上报、查询、配置、安全等功能，宜具有指挥、处置、公众服务、执法、督办和评价等扩展功能。

6.《数字化城市管理信息系统 第6部分：验收》（GB/T 30428.6—2017）

数字城管系统如何进行验收准备和实施验收工作的依据。该标准给出了一个新的术语"组织模式 organization mode"，其定义为"根据城市管理需求建立的一种数字化城市管理监督与指挥的组织架构"。该标准对数字城管行业标准CJJ/T 106—2010的相应规定做了调整，明确各城市可选择的组织模式有如下3种：一级监督，一级指挥；一级监督，两级指挥；两级监督，两级指挥。该标准明确规定了验收时必须全部满足且一票否决的7项基本条件，并将验收分为预验收和正式验收两个阶段；具体规定了5项验收内容，即管理模式、地理空间数据、应用系统、运行效果和文档资料。该标准的附录列出了应用系统9个基本子系统功能、详细的验收指标和评分表内容、系统建设和运行文档目录，并给出了验收结论示例。

7.《数字化城市管理信息系统 第7部分：监管信息采集》（GB/T 30428.7—2017）

选用什么方式、如何进行监管信息采集的依据。该标准将信息采集队伍组织方式分为监督中心自行组建、授权某个单位和委托信息采集公司3种。无论采用何种方式，监督中心均应赋予并明确信息采集责任单位的权限、责任和义务。该标准对采集人员即监督员定额核算、巡查频度、巡查时速设定和巡查时间制定都做了可量化的规定，并强调考核合格才能上岗。该标准还给出了巡查、信息上报、信息核实、案件核查和专项普查5种工作流程，以规范信息采集业务。该标准要求制定责任单位质量评价、监督员评价等制度，侧重对监督员的配置、到岗情况、上报信息的数量和质量等进行检查，并规定了对责任单位和监督员考核的内容和要求。

8.《数字化城市管理信息系统 第8部分：立案、处置和结案》（GB/T 30428.8—2020）

监管案件从立案到结案每一个工作节点如何进行操作和完成时限的依据。该标准将每一工序的工作时限和侧重每一个小类案件的处置时限，均按时间长短分为A、B、C三种（即最短、一般和最长工作时限），供各个城市根据自身条件进行选择。该标准分别规定了立案要求、处置要求、结案要求和专业部门要求，强调应编制相应的城市管理监督指挥手册，内容包括立案条件、结案条件、每个小类案件的工作时限和负责的专业部门等。该标准的附录规定了每个部件和事件小类的立案条件、处置时限和结案条件，作为制定城市管理监督指挥手册的依据，并给出了示例。

第七节 其他相关标准名录

城市运管服平台建设过程中，除执行技术标准和数据标准外，涉及市政公用、市容环卫、园林绿化、城管执法等城市管理行业系统，以及燃气、供水、排水、供热、桥梁等城市运行监测专项系统时，也须按照各行业已发布的国家标准或行业标准进行规范化建设，同时还有一些信息化及信息安全标准，具体相关标准如表2-3～表2-5所示。

城市管理行业应用系统相关标准　　表2-3

序号	标准名称	标准号	范围
市政公用相关标准			
1	《城市地下综合管廊运行维护及安全技术标准》	GB 51354—2019	本标准适用于城市地下综合管廊本体、附属设施及入廊管线的运行、维护和安全管理
2	《城镇燃气分类和基本特性》	GB/T 13611—2018	本标准规定了城镇燃气的分类原则、特性指标计算方法、类别和特性指标要求、城镇燃气试验气以及城镇燃气燃烧器具试验气测试压力
3	《城镇供水服务》	GB/T 32063—2015	本标准规定了城镇供水服务的术语和定义、总则、要求（水质、水压、新装、抄表收费、售后、信息、设施和人员、投诉处理、应急、二次供水）及服务质量评价等
4	《城镇供热服务》	GB/T 33833—2017	本标准规定了城镇供热服务的术语和定义、总则、供热质量、运行与维护、业务与信息、文明施工、保险与理赔及服务质量评价
5	《城市排水防涝设施数据采集与维护技术规范》	GB/T 51187—2016	本标准适用于城市排水防涝设施的数据采集、录入、校核、维护与使用

续表

序号	标准名称	标准号	范围
6	《城镇道路养护技术规范》	CJJ 36—2016	本标准适用于竣工验收后交付使用的城镇道路的养护
7	《城市桥梁养护技术标准》	CJJ 99—2017	本标准适用于已竣工验收后的桥梁养护工作
8	《天然气管道运行规范》	SY/T 5922—2012	本标准规定了输送净化天然气管道的气质要求、试运投产、运行管理和维护方面的技术要求
市容环卫相关标准			
9	《生活垃圾焚烧污染控制标准》	GB 18485—2014	本标准规定了生活垃圾焚烧厂的选址要求、技术要求、入炉废物要求、运行要求、排放控制要求、监测要求、实施与监督等内容
10	《生活垃圾卫生填埋处理技术规范》	GB 50869—2013	本标准适用于新建、改建、扩建生活垃圾卫生填埋处理工程项目的选址、设计、施工、验收和作业管理
11	《生活垃圾卫生填埋场环境监测技术要求》	GB/T 18772—2017	本标准规定了生活垃圾卫生填埋场大气污染物监测、填埋气体监测、渗沥液监测、外排水监测、地下水监测、地表水监测、填埋堆体渗沥液水位监测、场界环境噪声监测、填埋物监测、苍蝇密度监测、封场后监测的内容和方法
12	《生活垃圾分类标志》	GB/T 19095—2019	本标准规定了生活垃圾分类标志类别构成、大类用图形符号、大类标志的设计、小类用图形符号、小类标志的设计以及生活垃圾分类标志的设置
13	《生活垃圾填埋场稳定化场地利用技术要求》	GB/T 25179—2010	本标准规定了生活垃圾填埋场稳定化场地利用的要求和监测
14	《城市环境卫生设施规划标准》	GB/T 50337—2018	本标准适用于各层次城市规划中环境卫生设施规划的编制,以及区域重大环境卫生设施布局
15	《公共建筑标识系统技术规范》	GB/T 51223—2017	本标准适用于公共建筑标识系统的新建、改建和扩建,包括其规划布局、设计、制作、安装、监测、验收和维护保养等
16	《环境卫生设施设置标准》	CJJ 27—2012	本标准适用于城乡环境卫生设施的设置
17	《餐厨垃圾处理技术规范》	CJJ 184—2012	本标准适用于新建、扩建、改建餐厨垃圾收集和处理工程项目的设计、施工和验收
18	《建筑垃圾处理技术标准》	CJJ/T 134—2019	本标准适用于建筑垃圾的收集运输与转运调配、资源化利用、堆埋、填埋处置等的规划、建设和运行管理
19	《城市户外广告和招牌设施技术标准》	CJJ/T 149—2021	本标准规定了城市户外广告设施巡查监管信息系统的状态标识分类、系统总体框架结构、数据结构、系统模块与功能要求、巡检监管设备的功能及要求等
园林绿化相关标准			
20	《公园服务基本要求》	GB/T 38584—2020	本标准规定了公园服务的总体原则、一般要求、分类、评估要求
21	《城市绿地分类标准》	CJJ/T 85—2017	本标准适用于绿地的规划、设计、建设、管理和统计等工作
22	《城市园林绿化监督管理信息系统工程技术标准》	CJJ/T 302—2019	本标准适用于城市园林绿化主管部门监管信息系统的建设和管理
23	《古树名木生长与环境监测技术规程》	LY/T 2970—2018	本标准规定了古树名木生长与环境监测的准备、布点、频次、时间、内容、记录和成果等方面的技术要求

续表

序号	标准名称	标准号	范围
24	《古树名木管护技术规程》	LY/T 3073—2018	本标准规定了古树名木养护技术、管理措施方面的技术要求
城管执法相关标准			
25	《行政执法综合管理监督信息系统数据元和代码集》	SF/T 0052—2019	本标准规定了行政执法综合管理监督信息系统相关的数据元描述方法、组织机构类数据元、人员类数据元、事项清单类数据元、执法行为类数据元和代码集
综合信息类标准			
26	《城市信息模型基础平台技术标准》	CJJ/T 315—2022	本标准规定了城市信息模型基础平台建设、管理和运行维护的技术要求
27	《房屋建筑统一编码与基本属性数据标准》	JGJ/T 496—2022	本标准统一了房屋建筑编码及其基本属性数据项的技术要求,为基于数字化的房屋建筑全生命周期管理和相应信息系统开发应用提供支撑

城市运行监测系统相关标准　　　　表2-4

序号	标准名称	标准号	范围
1	《建筑设计防火规范》	GB 50016—2014	本规范规定了厂房、仓库、堆场、储罐、民用建筑、城市交通隧道,以及建筑构造、消防救援、消防设施等的防火设计要求,在附录中明确了建筑高度、层数、防火间距的计算方法
2	《城市消防远程监控系统技术规范》	GB 50440—2007	本规范适用于远程监控系统的设计、施工、验收及运行维护
3	《燃气工程项目规范》	GB 55009—2021	本规范适用于城镇燃气设施的建设、运行维护和使用
4	《民用建筑供暖通风与空气调节设计规范》	GB 50736—2012	本规范适用于新建、改建和扩建的民用建筑的供暖、通风与空气调节设计,不适用于有特殊用途、特殊净化与防护要求的建筑物以及临时性建筑物的设计
5	《城市给水工程项目规范》	GB 55026—2022	本规范为政府监管城市给水工程建设和运行,节约资源提供技术依据
6	《城乡排水工程项目规范》	GB 55027—2022	本规范是城乡排水工程规划、建设、运行管理等过程技术和管理的基本要求
7	《城镇供水管网漏损控制及评定标准》	CJJ 92—2016	本标准适用于城镇供水管网的漏损分析、控制及评定
8	《城镇供水管网运行、维护及安全技术规程》	CJJ 207—2013	本规程适用于城镇供水管网、总表后的埋地管网、自备水源的供水管网和农村集中式供水管网的运行、维护及安全技术管理
9	《城镇供热监测与调控系统技术规程》	CJJ/T 241—2016	本规程适用于城镇供热监测与调控系统的设计、施工、调试、验收和运行维护
10	《城镇供热直埋热水管道泄漏监测系统技术规程》	CJJ/T 254—2016	本规程适用于高密度聚乙烯外护管聚氨酯泡沫塑料预制直埋热水管道泄漏监测系统的设计、施工、调试、验收、运行与维护
11	《城市轨道交通隧道结构养护技术标准》	CJJ/T 289—2018	本标准适用于城市轨道交通隧道结构的养护
12	《公路隧道养护技术规范》	JTG H12—2015	本规范适用于钻爆法山岭公路隧道的养护工作
13	《建筑工程施工现场视频监控技术规范》	JGJ/T 292—2012	本规范适用于建筑工程施工现场视频监控系统的设计、安装、验收及维护保养

续表

序号	标准名称	标准号	范围
14	《国家公路网重点桥梁和隧道监测评价规程》	T/CECS G E41—04—2019	本规程适用于交通运输部组织实施的年度国家重点桥隧技术状况监测工作,省级交通主管部门组织的辖区内省级桥隧监测可参照执行
15	《城镇排水管网在线监测技术规程》	T/CECS 869—2021	本规程适用于已建、新建和改建城镇排水管网在线监测系统的设计、实施、维护、管理和数据分析与应用
16	《综合管廊运维数据规程》	DB34/T 3750—2020	本规程适用于安徽省综合管廊新建、改建、扩建工程的相关数据管理
17	《城市生命线工程安全运行监测技术标准》	DB34/T 4021—2021	本标准适用于城市生命线工程安全运行监测的工程建设、机制建立和系统运行及维护管理
18	《综合管廊信息模型应用技术规程》	DB34/T 5074—2017	本规程适用于安徽省城市地下综合管廊工程设计、施工、运营维护等全生命周期内信息模型的建立、应用和管理

电子政务系统相关标准　　　　　表2-5

序号	标准名称	标准号	范围
1	《计算机软件文档编制规范》	GB/T 8567—2006	本规范原则上适用于所有类型的软件产品的开发过程和管理过程
2	《计算机信息系统 安全保护等级划分准则》	GB/T 17859—1999	本标准适用于计算机信息系统安全保护技术能力等级的划分。计算机信息系统安全保护能力随着安全保护等级的提高逐渐增强
3	《电子政务业务流程设计方法 通用规范》	GB/T 19487—2004	本规范适用于描述电子政务系统建设中可程序化的业务流程;本标准也适用于其他信息化系统在业务分析、业务设计和需求定义阶段的业务建模与需求建模,这些信息化系统包括军事信息化、企业信息与城市信息化等各种应用系统;本标准同时适用于各种管理规范文件的可视化规模
4	《信息安全技术 信息系统安全管理要求》	GB/T 20269—2006	本标准适用于按等级化要求进行的信息系统的管理
5	《信息安全技术 网络基础安全技术要求》	GB/T 20270—2006	本标准适用于按等级化要求进行的网络系统的设计和实现,对按等级化要求进行的网络系统安全的测试和管理可参照使用
6	《信息安全技术 信息系统通用安全技术要求》	GB/T 20271—2006	本标准适用于按等级化要求进行的安全信息系统的设计和实现,对按等级化要求进行的信息系统安全的测试和管理可参照使用
7	《信息安全技术 操作系统安全技术要求》	GB/T 20272—2019	本标准适用于操作系统安全性的研发、测试、维护和评价
8	《信息安全技术 数据库管理系统安全技术要求》	GB/T 20273—2019	本标准适用于按等级化要求进行的安全数据库管理系统的设计和实现,对按等级化要求进行的数据库管理系统安全的测试和管理可参照使用
9	《政务信息资源目录体系 第1部分:总体框架》	GB/T 21063.1—2007	本部分适用于政务信息资源目录体系的规划和设计
10	《政务信息资源目录体系 第2部分:技术要求》	GB/T 21063.2—2007	本部分适用于规划和建立政务信息资源目录内容服务系统
11	《政务信息资源目录体系 第3部分:核心数据》	GB/T 21063.3—2007	本部分适用于政务信息资源目录的编目、建库、发布和查询

续表

序号	标准名称	标准号	范围
12	《政务信息资源目录体系 第4部分：政务信息资源分类》	GB/T 21063.4—2007	本部分为建立政务信息资源目录提供分类依据
13	《政务信息资源目录体系 第6部分：技术管理要求》	GB/T 21063.6—2007	本部分适用于政务信息资源目录体系的建设和管理工作
14	《信息安全技术 网络安全等级保护基本要求》	GB/T 22239—2019	本标准适用于指导分等级的非涉密对象的安全建设和监督管理
15	《信息安全技术 网络安全等级保护定级指南》	GB/T 22240—2020	本标准规定了信息技术安全等级保护的定级方法，为信息系统安全等级保护的定级工作提供指导
16	《信息安全技术 网络安全等级保护安全设计技术要求》	GB/T 25070—2019	本标准规定了网络安全等级保护第一级到第四级等级保护对象的安全设计技术要求
17	《信息安全技术 网络安全等级保护测评要求》	GB/T 28448—2019	本标准规定了网络安全等级保护测评要求

第二篇
系统开发与建设 2

按照国家、省、市三级城市运管服平台基本定位要求，为了实现国家、省、市三级平台互联互通、数据同步、业务协同的工作目标，建立国家、省、市三级协同的工作体系，构建党委政府领导下的"一网统管"工作格局，彰显"实战中管用、基层干部爱用、群众感到受用"的价值取向，有必要对城市运管服平台技术方案编制、可行性研究报告、初步设计方案作出基本规定，指导地方更加科学、规范、高效地建设城市运管服平台，最大限度发挥运管服平台使用效果。

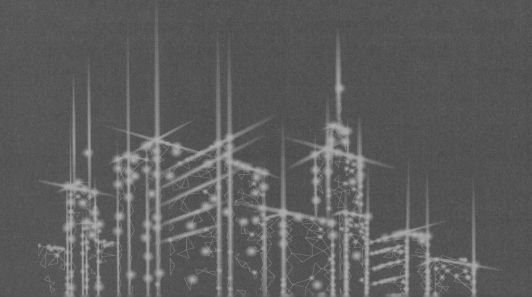

第三章 城市运行管理服务平台技术方案编制

《城市运行管理服务平台建设技术方案》（以下简称"技术方案"）对于明确平台定位、厘清管理边界、确定建设内容，以及立项申报、方案评审、财政评审、招标投标等工作推进具有十分重要的作用。考虑到各地工作进度不一，已经编制完成项目建议书、可行性研究报告、初步设计方案的省和城市，可以将项目建议书、可行性研究报告、初步设计方案等同于城市运管服平台技术方案，按照《住房和城乡建设部城市管理监督局关于印发贯彻落实城市运行管理服务平台系列文件标准实施方案的通知》（建司局函督〔2022〕132号）要求，按规定流程报送部或省级城市管理主管部门审核。

第一节 综述

技术方案作为平台建设的前置环节，编制前，首先要总结梳理建设单位及相关部门的城市管理工作现状、信息化工作基础以及主要需求等内容，通过对平台建设的主要内容、技术路线、资金预算及建设周期等内容进行全方位的分析论证，确保平台建设顺利落地落实。

各地在编写技术方案时，要以《中华人民共和国国民经济和社会发展第十四个五年规划和2035年远景目标纲要》、中发37号文件、《国务院办公厅关于印发国家政务信息化项目建设管理办法的通知》（国办发〔2019〕57号）、《"十四五"推进国家政务信息化规划》（发改高技〔2021〕1898号）等文件和技术标准、数据标准、建设指南等标准规范为主要依据，在满足"规定动作"基础上，还要紧密结合本省、本市实际拓展建设内容，完善"自选动作"，因地制宜开发本地特色应用场景，真正打造"实战中管用、基层干部爱用、群众感到受用"的城市运管服平台。

第二节 技术方案编制依据

城市运管服平台技术方案的编制依据应包括政策依据、标准依据、技术依据和概（预）算编制依据等。

一、政策依据

目前在国家、部委层面已出台多项与城市运管服平台建设相关的政策，各省市在城市运管服平台建设过程中，也出台了不少地方政策，这些都应作为城市运管服平台技术方案编制的政策依据。国家、部委层面政策依据详见第一章相关内容。

二、技术依据

2005年，住房和城乡建设部发布了城市市政综合监管信息系统系列行业标准，自2013年起，又逐步将其升级为数字化城市管理信息系统国家标准。2019年起，在城市市政综合监管信息系统系列行业标准、数字化城市管理信息系统国家标准的基础上，住房和城乡建设部总结全国各地经验，又发布了城市综管服平台、城市运管服平台相关标准。除此之外，我国还发布了计算机信息系统、电子政务、信息安全技术、政务信息资源目录体系等多部政务信息化项目技术标准，这些都应作为城市运管服平台技术方案编制的技术依据。具体技术依据详见第二章。

三、概（预）算编制依据

除了政策依据和技术依据，在编制城市运管服平台项目建设投资概（预）算时，也应遵循以下文件依据：

1.《建设工程监理与相关服务收费管理规定》（发改价格〔2007〕670号）。

2.《国家发展改革委关于进一步放开建设项目专业服务价格的通知》（发改价格〔2015〕299号）。

3.《建设项目前期工作咨询收费暂行规定》（计价格〔1999〕1283号）。

4.《工程勘察设计收费管理规定》（计价格〔2002〕10号）。

5.《招标代理服务收费管理暂行办法》（计价格〔2002〕1980号）。

6.《基本建设项目建设成本管理规定》（财建〔2016〕504号）。

7.《电子建设工程概（预）算编制办法及计价依据》《电子建设工程预算定额》（工信厅规〔2015〕77号）。

8.《信息通信建设工程预算定额、工程费用定额及工程概预算编制规程》（工信部通信〔2016〕451号）。

9.《中关村信息安全测评联盟等级测评项目收费指导意见》（信安联〔2016〕5号）。

10.《信息通信建设工程费用定额》及《信息通信建设工程概预算编制规程》（2017年版）。

11.《建设项目经济评价方法与参数》（中国计划出版社 第三版）。

第三节
技术方案编制要点

按照建设指南、技术标准要求，城市运管服平台建设内容分为管理体系、应用体系、数据体系和运行环境，当编制城市运管服平台的技术方案时，可按照以下方式将城市运管服平台规定的建设内容与可行性研究报告、初步设计方案中的相关章节进行对应。

1. 管理体系建设内容应对应可行性研究报告或初步设计方案中的标准规范建设、组织机构建设、平台运行机制建设等章节内容。

2. 应用体系建设内容应对应可行性研究报告或初步设计方案中的应用支撑平台建设、应用系统建设等章节内容。

3. 数据体系建设内容应对应可行性研究报告或初步设计方案中的信息资源规划和数据库建设、信息资源共享建设等章节内容。

4. 基础环境建设内容应对应可行性研究报告或初步设计方案中的数据处理和存储系统建设、终端系统建设、网络系统建设、安全系统建设、备份系统建设、运行维护系统建设、其他系统建设、机房及配套工程建设等章节内容。

在此基础上，技术方案的编制依据、建设目标与定位、现状调研与需求分析、建设方案、投资概算等重点方面的编制思路应分别进行分析。

第四节
现状调研和需求分析

在编写城市运管服平台建设技术方案时，现状调研工作至关重要。在城市运管服平台建设指南中，明确提出要基于城市信息化原有的信息系统进行整合、利用、扩充和扩展，实现"一网统管"的目标。现状调研主要包括：

一、平台用户调研

在城市运管服平台建设之初，要明确平台的用户主体。城市运管服平台的用户可分为系统服务用户和系统对接用户。

系统服务用户涉及面较广，通常包括运管服平台的运行管理机构，市政公用、市容环卫、园林绿化等行业应用的管养单位和监管部门，城市管理执法机构和监督机构、社会公众等。系统服务用户的使用需求通常包括：查看和上传城市运行管理服务相关法律法规、政策制度、体制机制建设情况、行业动态、队伍建设、典型经验等信息；接收上级平台布置的工作任务，按照工作要求和完成时限反馈落实情况；布置重点工作给下级城市管理部门，明确工作任务要求和时限，并对工作进度、完成质量及巡查发现的重点问题进行督办；对城市部件事件监管问题开展日常的信息采集、案卷建立、任务派遣、处置、核查、结案归档、考核等闭环管理；向群众提供城市管理相关咨询、建议、投诉、查询、资讯等公众服务；受理全市城市管理相关公众诉求信息，并对公众诉求进行协调处理和回复，对相关部门的诉求处理情况进行跟踪督办；开展市政公用、市容环卫、园林绿化等日常管理工作和城市管理执法活动；开展城市运行安全风险隐患管理和监测预警；制定评价任务，并通过数据对接、平台上报、实地考察、问卷调查等方式获取评价相关数据，掌握地方城市运行监测和城市管理监督的情况；基于平台汇聚的城市运行管理服务相关数据，分析城市运行管理服务状况，形成工作趋势分析、运行报告，为领导科学决策提供支撑等。

系统对接用户主要指需要与城市运管服平台实现数据对接、业务交换的外部应用系统。系统对接用户的使用需求通常指通过数据交换、数据汇聚系统实现业务数据的交换共享。

二、政务目标调研

在城市运管服平台建设前，需针对用户政务目标进行详细调研，具体包括体制改革需求、政务职能需求、业务管理需求、技术发展需求等。

（一）体制改革需求

中发37号文件明确提出："城市管理的主要职责是市政管理、环境管理、交通管理、应急管理和城市规划实施管理等。具体实施范围包括：市政公用设施运行管理、市容环境卫生管理、园林绿化管理等方面的全部工作；市、县政府依法确定的，与城市管理密切相关、需要纳入统一管理的公共空间秩序管理、违法建设治理、环境保护管理、交通管理、应急管理等方面的部分工作"；"按照精简统一效能的原则，住房和城乡建设部会同中央编办指导地方整合归并省级执法队伍，推进市县两级政府城市管理领域大部门制改革，整合市政公用、市容环卫、园林绿化、城市管理执法等城市管理相关职能，实现管理执法机构综合设置"。

因此，城市运管服平台建设应充分考虑中央提出的城市执法体制改革要求，推动市政公用、市容环卫、园林绿化、城市管理执法等行业应用系统整合，实现各行业应用系统与数据融通，助力城市执法体制改革落地见效。

（二）政务职能需求

城市运管服平台建设应充分考虑用户单位的政务职能需求。目前，各省住房和城乡建设主管部门职能职责相对统一，但是各市级城市管理部门在职能职责设置方面仍存在较大差异。考虑到既要构建党委政府领导下的"一网统管"工作格局，又要彰显"实战中管用、基层干部爱用、群众感到受用"的价值取向，因此在技术方案编制过程中，城市运管服平台既要考虑项目建设牵头单位的职能职责，又要结合本地实际，详细梳理城市运行管理服务相关职能部门和单位的职能职责，尽可能做到既符合政务职能需求，又能更好发挥城市运管服平台的作用。

（三）业务管理需求

城市运管服平台建设应结合用户单位当前业务管理的需求，能够通过平台功能为用户解决当前业务中存在的管理粗放、效率低下等问题，以实现城市管理工作的科学化、精细化、智能化。

在省级平台建设过程中，应围绕全省城市运行管理服务工作的统筹协调、监督指导、综合评价和分析决策等业务管理需求开展平台功能设计。比如：支撑全省城市运行管理服务数据的汇聚与交换共享；重点工作任务的上传下达和跟踪督办；各地城市运行管理服务水平的综合评价；基于全省城市运行管理服务数据的统计分析与决策支持等。

在市级平台建设过程中，应围绕全市城市运行管理服务工作的统筹协调、指挥调度、监督考核、监测预警、分析研判和综合评价等业务管理需求开展平台功能设计。比如：支撑全市城市运行管理服务工作的统筹协调和指挥调度；国家平台、省级平台部署重点工作的接收和反馈；城市管理问题的巡查发现、立案派遣、处置结案、考核评价；公众诉求的受理、分派、跟踪督办与回访；市政公用、市容环卫、园林绿化、城市管理执法等城市管理行业的综合管理和监督考核；燃气、供水、排水、防汛、道桥等城市生命线工程风险防控和监测预警；本市与下辖区县城市运行管理服务水平的综合评价；基于全市城市运行管理服务数据的统计分析与决策支持等。

（四）技术发展需求

城市运管服平台建设需要适应当前新技术发展，积极采用云计算、大数据、物联网、移动互联网、人工智能等新技术为平台赋能，支撑日常工作高效开展。比如：通过App、热线、小程序等方式，拓宽公众投诉渠道，提高公众城市管理参与度，进一步推动解决老百姓身边的城市管理问题；利用数字化、移动办公技术，建立健全城市管理问题联动调度指挥体系，实现问题快速发现、高效协同、联动处置、核查结案和长效考核评价；利用物联感知技术，拓展城市管理问题发现来源，实现对城市末梢管理对象的全天候、全时段监控，逐步实现对城市重点区域、重要路段、重要市政基础设施、风险隐患点位的在线监测和预警预报；利用大数据技术，不断融合城市运行管理服务相关数据，经过数据清洗、整理、加工等，挖掘数据价值，为部门监管和政府决策提供依据等。

三、信息化现状调研

信息化现状调研是对现有的与城市运行管理服务相关的信息化系统的建设和使用情况进行调研，调研的主要内容应包括：系统运行的体制机制现状、业务系统现状、数据资源现状、支撑平台现状、基础环境现状、系统对接现状等方面。

（一）体制机制现状

在城市运管服平台建设过程中，需要明确平台建设和运维的牵头单位和实施管理机构，组建平台日常运行管理的使用单位和使用队伍，配套建立保障平台运行的工作机制和管理制度。因此，在开展体制机制现状调研时，要对建设单位以及相关部门与城市运管服平台业务功能相关的现有体制机制情况开展调研，包括涉及督查督办、指挥协调、公众服务、考核评价、市政公用管理、市容环卫管理、园林绿化管理、城市管理执法、数据管理与应用等业务的主要运行机构、专业队伍、业务流程、配套运行制度等，应覆盖到所有与本项目计划建设的系统相关的体制机制。

（二）业务系统现状

城市运管服平台建设应充分整合现有业务系统已形成的建设成果，尽量在现有业务系统基础上升级拓展，避免重复建设。因此，在开展业务系统现状调研时，要对建设单位以及相关部门与城市运管服平台相关的现有业务系统建设运行现状开展调研，包括拟利旧（整合接入）、升级、重构、对接的所有信息系统的建设和运行情况，如数字化城市管理、考核评价、公众服务、市政公用、市容环卫、园林绿化、城市管理执法、城市生命线工程等业务系统。应调研清楚这些系统由谁管理、谁使用、谁维护、有哪些功能、有哪些数据以及运行环境等。

（三）数据资源现状

城市运管服平台建设应整合各类与城市运行管理服务相关的数据，为开展综合评价、决策建议提供支撑。因此，开展数据资源现状调研时，要对建设单位以及相关部门与城市运行管理服务相关的现有数据资源现状开展调研，包括地理信息、城市统计年鉴、城市部件事件监管、公众诉求、市政公用、市容环卫、园林绿化、城市管理执法、城市生命线工程等数据。应调研清楚这些数据是如何产生的（系统生成、人工生成等），数据的格式（数据库、电子档案、纸质档案等），数据的敏感性（可否公开、部门间无条件共享、有条件共享、不允许共享等），以及这些数据都是如何管理的。

（四）支撑平台现状

城市运管服平台建设应充分依托现有信息化支撑平台开展建设，避免重复建设，方便后期统一管理、维护和升级。因此，在开展支撑平台现状调研时，要对城市运管服平台建设可以依托的支撑平台建设运行现状开展调研，包括部门内部的数据汇聚与交换平台、统一门户与用户认证系统，以及部门内外部的地理信息平台、视频监控平台、物联网监测平台等。应调研清楚这些支撑平台的管理部门、平台功能、能够提供给城市运管服平台的支撑服务、服务调用方式等。

（五）基础环境现状

1. 软件基础环境现状：要充分了解支撑原有信息系统所使用的各基础软件系统的情况，这些基础软件系统包括：数据库管理软件、应用中间件、GIS软件、服务器操作系统、桌面操作系统、防病毒软件等。调研的内容主要包括系统软件的名称、厂家、版本、使用期限，是与其他系统共享基础软件，还是系统独立使用等信息，尤其要关注是否有国产化的要求。

2. 硬件基础环境现状：包括是否有独立的机房、服务器的分类及数量、存储设备的状况、系统安全保护情况、系统运行机构办公环境情况，包括是否有多人使用的大厅、会议室、显示大屏参数、桌面终端型号、台数、使用的年限、移动终端、视频点位、物联网感知设备等，尤其要关注是否有国产化的要求。

3. 网络环境现状：包括用户单位的互联网、政务外网、专网、内部局域网等。

4. 云平台及灾备中心现状：云平台比较特殊，既包含硬件基础环境，又包含软件基础环境，对于云平台的分析应包括用户单位与云平台之间的网络链路、云平台支持的网络环境、可提供的虚拟服务器配置和存储配置、可提供的软件基础环境、可提供的网络和安全服务、目前用户单位已申请到的云平台资源等。

（六）系统对接现状

按照城市运管服平台与相关部门开展数据资源共享，以及地方政府对政务信息化项目的规划、建设、管理相关要求，城市运管服平台需要与地方政府信息平台和其他部门相关系统进行对接。因此，在开展系统对接现状调研时，应调研外部系统之间已形成的数据共享和业务对接情况，包括政务服务热线（12345）平台、政务服务平台、政务数据资源共享平台、互联网+监管平台，以及住建、自然资源、生态环境、市场监管、公安交管、水务、文旅、食药监等其他部门的相关业务系统等。应调研清楚建设单位现有信息系统与这些外部系统对接的现状和计划，以及对接内容、对接方式、安全要求等。

四、业务量、信息量分析预测与资源建设

（一）业务量分析内容

系统使用对象包括系统管理用户、服务对象、对接用户等；系统使用需求：全面分析平台各类使用对象情况，预测相应的用户数和并发数，得出业务量分析结果。需要注意区分系统的覆盖用户、注册用户、峰值用户，避免估算得到的用户数量及峰值用户数量过大，导致服务器、存储等资源计算量过大，造成资源浪费。

（二）信息量分析内容

信息量分析内容包括分析依据和分析内容。分析依据：依据业务量分析结果，将各类用户业务需求按照数据处理、数据存储、数据传输方面的需求进行整合梳理；分析内容：包括数据处理量、存储量、传输流量等方面的分析预测。系统数据处理量的计算可以使用基于经验获得的原型系统运行结果的经验法，或使用简化过的服务器TPCC值计算模型；系统数据存储量的计算需要区分结构化数据与非结构化数据，并且考虑数据存储的时间；系统数据传输流量的计算需充分考虑系统的峰值使用情况，并做好冗余或快速扩展的准备。

（三）资源建设内容

资源建设内容包括建设依据和建设内容。建设依据：依据信息量分析得出的处理量、存储量、传输流量等方面的分析预测；建设内容：包括数据处理能力（各类服务器及云资源）规划、数据存储能力（存储及数据库设计）、网络系统建设等内容。

第五节
项目投资概（预）算

城市运管服平台作为政务信息化建设项目，在编制项目投资概（预）算时，除了数据体系建设、应用体系建设、基础环境建设所需的工程建设费用之外，还包括工程建设其他费用、预备费和运维费。

一、工程建设费

根据城市运管服平台实际建设内容，工程建设费应包括：地理空间数据建设、应用软件开发（含数据库和系统对接）、支撑软件采购、硬件设备采购、场地建设、系统集成等建设费用。

二、工程建设其他费

根据政务信息化项目管理规定，城市运管服平台工程建设其他费应包括：建设单位管理费、设计费、监理费、测评费（第三方软件测试、信息系统安全等级保护测评、商用密码应用安全性评估、风险评估）、审计费（工程结算审计、财务决算审计）、招标代理费等。

三、预备费

为应对城市运管服平台建设过程中因设计缺项、政策调整、业务变化等造成的建设内容变更的情况（主要是调整和新增），在编制项目投资概（预）算时可考虑一部分预备费用。预备费通常可按照工程建设费和工程建设其他费之和的3%计取。

四、运行维护费用

为保障城市运管服平台建成后能够长效运行，还应考虑平台建成后（或质保期结束后）每年的运行维护费用。运行维护费用主要包括：应用软件运维、硬件运维、网络租赁、第三方服务采购、地理空间数据更新等费用。

在编制城市运管服平台概（预）算时应特别注意概（预）算项目是否与建设内容匹配，应避免出现建设内容或概（预）算缺漏项的情况。

第四章 可行性研究报告及初步设计方案编制

第一节 综述

《国务院办公厅关于印发国家政务信息化项目建设管理办法的通知》（国办发〔2019〕57号）明确要求，国家发展改革委审批或者核报国务院审批的政务信息化项目，以及其他有关部门按照项目审批管理的政务信息化项目，原则上包括编报项目建议书、可行性研究报告、初步设计方案等环节。对于已经纳入国家政务信息化建设规划的项目，可以直接编报可行性研究报告。

2021年12月发布的《"十四五"国家信息化规划》提出，要"完善城市信息模型平台和运行管理服务平台"，并将城市运管服平台有关建设内容纳入《"十四五"推进国家政务信息化规划》。因此，各地在建设城市运管服平台时，可直接编报可行性研究报告作为项目立项的技术方案，并在立项完成后，按照立项部门要求编制初步设计方案，从而进一步深化设计内容。

第二节 编制原则

一、立足职能，合理规划建设需求

项目建设内容的规划设计要围绕城市运行管理服务工作职能，紧密结合政府治理体系与治理能力现代化对城市运行管理服务工作的要求，聚焦人民群众"急难愁盼"问题，把满足人民对美好生活的向往作为项目建设的出发点和落脚点，聚焦主责主业，突出重点，稳步推进，促进城市运行管理服务能力提升，推动城市安全和可持续发展。从职能职责出发，以实用管用好用为导向，项目建设单位应当清晰梳理现有业务流程，明确信息化赋能业务的环节，解决履职过程中的难点痛点，扎实推进政务信息化建设与应用，强化工程项目绩效导向，切实提高工程建设效能和投入产出比，从而让信息化建设出成果、出效益、出亮点。

二、注重协同，深入推动共建共享

项目建设内容的规划设计必须严格遵循国家、住房和城乡建设部以及省市人民政府对城市运行管理服务工作的相关规定，结合信息化发展、数字化政府建设的思路，建设内容要充分考虑与上级住房和城乡建设（城市管理）部门、城市管理其他相关部门，如自然资源、公共安全、生态环境等业务条线部门之间的关系，按照国家政务信息化规划中统筹建设协同治理大系统，构建共建共治共享的协同共治体系的要求，在方案中要贯彻好数据共享、业务协同的相关理念，深入分析能够业务协同的环节内容，编制数据交换共享的信息资源目录，以信息化建设助推业务之间的协同联动，提升城市运行管理服务能力。

三、梳理基础，有效统筹建设内容

项目建设内容的规划设计必须充分利用已有的网络基础、业务系统和信息资源，加强整合，促进互联互通、信息共享，以使有限的资源发挥最大效益。充分结合建设单位在"十二五""十三五"期间的建设基础以及建设单位所在地方政务云等建设基础，特别是注重基础运行环境利旧与软件复用性分析，开展集约建设，避免重复建设。同时要做好建设内容的统筹衔接，遵循顶层设计与迭代建设相结合，"小步快跑，快速迭代"的思路，强化项目规划—设计—建设实施之间的协调，建立健全部门内部工程统筹、业务衔接、资源共享、运行保障的一体化工作机制，避免多个项目同时规划、同时申报、同时建设，对建设单位造成实施压力。

四、务实估算，高效利用建设投资

项目建设内容的规划设计必须合理规划估算投资，根据明确的建设需求和建设内容详细估算，充分考虑项目建设基础，务实匡算项目投资，物尽其用，合理投资，在充分合理统筹未来发展需求的基础上，避免过多的建设内容资金预留，对于需求暂不明确的建设内容统筹，在后续建设过程中，避免投资浪费，后续资金执行率低。

第三节
编制过程

可行性研究报告及初步设计的编制工作包含需求调研梳理、确定业务功能和性能要求、估算资源消耗、系统功能和性能需求分析、梳理现状差距、编制主要内容、计算投资、形成草案稿和征求意见形成上报稿等主要阶段。

一、需求调研梳理

充分调研城市运行管理服务中管理人员与社会大众、企事业单位等的管理服务对象的业务要求，结合在业务过程中的实际情况，提出建设需求。根据需求的内容，组织内部研讨，梳理需求的优先级与重要程度，将需求迫切且流程清晰的部分作为项目建设的主要内容。

二、确定业务功能与性能要求

根据梳理确定的需求，分析相应的业务流程，绘制业务流程图。根据业务流程图设计业务功能，组合业务功能，划分所需的业务系统、业务子系统等内容，根据业务情况确定相应的业务量，并针对业务功能提出相应的性能要求。

三、估算资源消耗

业务功能与业务流程确定后，根据业务逻辑，估算项目的数据处理量、存储量、传输流量的分析过程和测算结果，并分别提出这些数据量的现值和3～5年的预测值。

四、系统功能和性能需求分析

结合业务逻辑和信息数据量，对信息系统的功能需求、应用部署模式和性能需求进行详细分析，并对系统的处理能力、存储能力和传输能力进行总量分析，从而提出系统能力的总量指标和应用系统的总体功能。

五、梳理现状差距

详细梳理项目建设单位此前经上级单位批复的信息化项目，分析当前信息系统的装备状况，包括处理、存储、传输能力的设备存量情况和差距；分析信息化应用现状和应用系统功能现状及差距；确定信息系统装备的处理、存储、传输能力的增量指标；分析应用系统的功能增量。

六、编制主要内容

根据上一步确定的功能增量，分别从信息系统的硬件设备购置、软件设备购置以及应用开发的角度，确定本期项目的建设内容，主要包括应用支撑平台、应用系统、数据处理与存储系统、网络系统、安全系统的建设内容。如果采用租云或利用政务云的方式，则可以简化硬件设备购置部分。

七、计算投资

根据项目所处的阶段，计算项目所需的投资。在项目框架方案或需求分析阶段，采用粗略的项目匡算，按照不同的应用系统、基础环境等几个方面给出投资估算。在项目可行性研究报告阶段，则根据具体开发的工作量，设备购置的台套数等进一步细化投资估算。在项目初步设计阶段，则根据细化核实的设备数量及应用系统开发量确认投资概算。

八、形成草案稿

在编制完成项目主要内容、确定投资之后，进一步完善方案所需的组织实施、风险分析等方面，形成草案稿。

九、征求意见形成上报稿

为保证方案与实际业务需求、系统需求之间的符合性，向相关人员和有关专家征求意见，积极听取建议，根据整理的反馈意见进行研讨，对反馈的意见进行处理，给出是否采纳意见并说明理由；在此基础上对文本进行修改完善，形成上报稿。

第四节
可行性研究报告编制提纲

一、项目概况

总体介绍项目情况，应当包括如下内容：

项目名称：工程项目的全称及简称。

项目建设单位及负责人、项目责任人：介绍项目建设单位（含参建单位），项目实施机构名称，项目建设单位负责人和项目责任人的姓名和职务。

可研报告编制单位：列明承担可行性研究报告编制工作的单位名称。

可研报告编制依据：列举城市运管服平台建设所依据的重要法规、文件、资料名称、文号、发布日期等，包括中央和国务院的有关文件精神、国家政务信息化工程建设规划、经确定的框架方案、项目审批部门对项目建议书的批复等，并将其中必要的部分全文附后，作为报告的附件。

项目建设目标、规模、内容、建设期：简述城市运管服平台的建设目标、建设规模、建设内容和建设周期；建设目标需用可考核、可量化的指标进行刻画，不仅要反映信息系统的发展水平，更要反映对履职能力的支撑水平，还要特别突出项目建成后对建设单位治理体系和治理能力现代化的促进作用。

建设目标可参考：开展对城市运行管理服务状况的数据汇聚、综合评价、统筹协调、业务指导，能够实时汇聚超X%的运行管理信息，初步实现城市运行管理的重大事件信息实时上报，推动城市运行应急处置向事前预防预警转变，城市管理向城市治理转变；提高城市治理相关决策的科学性和精准性，促进城市治理体系和治理能力现代化，增强人民群众的获得感、幸福感、安全感。

项目总投资及资金来源：简述项目总投资及资金构成，省市总投资一般来源于地方财政。

经济与社会效益：简述项目实施后产生的经济效益和社会效益。经济效益可以从提升智慧城市建设效率、降低城市风险防控成本等方面描述；社会效益可以从提升城市有效管理、保障城市安全运行、提升城市管理精细化程度等方面描述。

相对框架方案、项目建议书批复的调整情况：如果前期批复了框架方案、项目建议书，简述可研报告中相对于已确定的框架方案、项目建议书批复的调整内容；省市项目立项过程中如无框架方案或建议书可不写该章节。

主要结论与建议篇幅：简述项目主要结论；对于需要国家、有关部门解决的问题以及本部门需要进一步落实的工作，可以提出相关建议。

二、项目建设单位概况

1．项目建设单位与职能：描述项目建设单位概况，包括单位的性质、组织机构、主要职能和相关工作。

2．项目实施机构与职责：描述项目实施机构概况，包括机构名称、主要职责等。

3．项目实施机构人员配置：描述项目实施机构的人员配备情况，包括项目负责人主持类似项目的经历，管理人员数量、基本情况及承担类似项目的经历，技术人员数量、基本情况及承担类似项目的经历等；提出项目建设和运行维护的技术力量和人员配置。

三、需求分析和项目建设的必要性

1．与政务职能相关的社会问题和目标分析：详细分析与政务职能相关的社会问题及产生问题的根源，提出业务目标和信息化建设目标。例如从加强城市管理工作效能、促进城市运行管理服务能力提升、推动城市安全和可持续发展等方面提出目标。

2．业务功能、流程和业务量分析：详细分析与职能相关的各项业务功能、业务流程、业务处理量等业务逻辑。业务功能与业务流程对照城市运管服平台建设的相关要求，从运行监测、预警报警和管理监督等方面提出。

3．信息量分析与预测：根据业务逻辑分析，明确提出项目的数据处理量、存储量、传输流量的分析过程和测算结果，并分别提出这些数据量的现值和3~5年的预测值；明确提出在本系统中进行数据更新的用户规模，并将该指标作为项目验收的考核内容。

4．系统功能和性能需求分析：结合业务逻辑分析和信息数据量分析，详细分析信息系统的功能需求、应用部署模式和性能需求；并对系统的处理能力、存储能力和传输能力进行总量分析，提出系统能力的总量指标和应用系统的总体功能。

5．信息资源共享需求分析：分析本部门对其他部门的信息资源需求和信息使用用途，分析本部门能够向其他部门提供的信息资源的内容以及共享类型。

6．社会化服务资源匹配度分析：针对本部门建设需求，详细分析是否有相匹配的社会化服务资源可供利用，如运营商和互联网企业建设的云服务资源、视频会议资源、大数据计算分析资源、区块链服务资源等，鼓励采用购买社会化服务资源的方式开展项目建设，以节约建设投资、加快建设进度、避免浪费资源。

7. 信息系统装备和应用现状与差距：详细梳理本单位此前经上级单位批复的信息化项目，详细分析项目建设单位当前信息系统的装备状况，包括处理、存储、传输能力的设备存量情况和差距；分析信息化应用现状和应用系统功能现状及差距；提供现状系统、设施列表（区分资金来源按照附表格式分别详细列出现有软硬件设备清单），并提出信息系统装备的处理、存储、传输能力的增量指标，分析应用系统的功能增量。

8. 项目建设的必要性：结合实现业务应用目标和信息化系统建设目标，分析项目建设的意义和必要性。

四、总体建设方案

1. 建设原则和策略：阐述项目建设原则，提出项目建设策略。

2. 总体目标：根据前述需求分析，提出项目建设的总体目标，包括业务目标、工程建设目标、建设规模和效益目标等；并用可考核、可量化的指标对目标进行刻画。

3. 总体建设任务：结合项目总体目标和城市运管服平台现状，提出项目总体建设任务。

4. 总体设计方案：通过文字和图表描述城市运管服平台的整体框架，区分出已建系统及功能和新增系统及功能，应包括如下内容：

（1）绘制系统总体架构图：绘制四（五）层两翼的系统总体框架图，并标明已建情况和未建情况，以及与外部系统的关联。

（2）绘制网络拓扑图：绘制各个网络的拓扑图，如果采用已有政务云的方式应当予以标明。

（3）系统软硬件物理布置图：结合设备部署，绘制出系统软硬件的物理布置图，明确应用系统的部署位置。

5. 本项目与相关项目或系统的关系：通过文字和图表等方式描述本项目与本单位或其他单位相关项目或系统的关系，并重点说明涉及的相关单位意见，做好项目间的统筹协调，明确避免重复建设的具体方案。

6. 利用政务信息化现有基础设施资源情况：根据《关于进一步加强电子政务网络建设和应用工作的通知》（发改高技〔2012〕1986号），需要明确在电子政务外网或电子政务内网上部署的业务应用，结合国家、地方人民政府在电子政务内网和电子政务外网平台建设的实际情况和支撑能力，研究确定具体的业务应用的部署方案。此外还应考虑确定本项目系统与省级一体化政务服务平台、"互联网+监管"系统以及政务服务平台等相关政务信息化现有基础设施资源的衔接需求和实现方案。

7. 利用社会化服务资源情况：通过文字和图表等方式详细描述本项目中利用社会化服务资源开展建设的具体情况，包括技术路线、解决方案、系统架构、资源配备、服务保障等。

8. 主要技术路线或方案比选：对可研报告中建设内容可采用的多种技术路线或者可选择的多种建设方案进行比选，分析各方案的优劣，确定本项目中选择的技术路线和建设方案。

五、标准规范建设方案

详述需要制定的地方技术标准和管理规范，以及在项目建设中需要遵从的国家政务信息化标准规范和相关行业标准规范，并提出工作量和费用测算依据。

城市运管服平台的建设应执行本教材第二章中所列举的相关标准，并在此基础上结合省市特色制定相应标准。

六、信息（数据）资源规划和数据库建设方案

制定信息（数据）资源规划，详述数据库结构、数据库建设内容、数据量测算、技术特征以及数据库软件、服务器要求和参考选型。

城市运管服平台方面可结合数据标准中对省级平台数据、市级平台数据的要求，对应完成自身信息资源的规划和具体的数据库建设。

七、应用支撑平台和应用系统建设方案

详述应用支撑系统（含中间件等）的结构、技术特征、主要软硬件设备选型。

详述应用系统的结构（细化到各子系统和功能模块）、功能说明、技术特征、工作量测算。

八、基础运行环境方案

基础运行环境方案一般包括网络系统、数据处理和存储系统、安全系统等方面的内容。在实际中，省市建设一般可以直接依托本地的政务云开展建设，因此本部分可以简述相关条件和资源要求。

九、主要软硬件选型原则和详细软硬件配置清单

根据上述建设内容，明确提出软硬件设备配置原则和系统配置软硬件设备清单，按照各个系统分别列表。

十、可研报告相对框架方案、项目建议书批复变更调整情况的详细说明

详述可研报告中对于确定的框架方案和项目建议书批复调整的内容及主要原因和调整依据。

十一、安全可靠情况说明

项目建设单位应当采用安全可靠的软硬件产品。在项目报批阶段，要对产品的安全可靠情况进行说明。项目软硬件产品的安全可靠情况是项目验收的重要内容。

如果采用政务云的方式可以不描述此节。

十二、密码应用情况说明

项目建设单位应在已设计的安全防护措施基础上，按照国家《商用密码应用安全性评估管理办法（试行）》（国密局〔2017〕138号）要求，依据《信息安全技术 信息系统密码应用基本要求》（GB/T 39786—2021）进行商用密码应用阐述，落实国家密码管理有关法律法规和标准规范的要求，同步规划、同步建设、同步运行密码保障系统并定期进行评估。项目密码应用和安全审查情况是项目验收的重要内容。

如果采用政务云的方式可以不描述此节。

十三、信息资源共享分析

按照《国家政务信息化项目建设管理办法》（国办发〔2019〕57号）第十一条"可行性研究报告、初步设计方案应当包括信息资源共享分析篇（章）。咨询评估单位的评估报告应当包括对信息资源共享分析篇（章）的评估意见。"项目建设单位应当编制信息资源目录，建立信息共享长效机制和共享信息使用情况反馈机制，确保信息资源共享，不得将应当普遍共享的数据仅向特定企业、社会组织开放。

信息资源目录是审批政务信息化项目的必备条件。信息资源共享的范围、程度以及网络安全情况是确定项目建设投资、运行维护经费和验收的重要依据。

该章节应包括如下内容：

1. 信息系统整合共享情况说明：详述本部门信息系统整合共享情况，以及落实集约共享的相关要求情况。

2. 信息资源共享需求：详述本部门对其他部门的信息资源需求以及信息使用用途，详述本部门能够向其他部门提供的信息资源以及共享类型，详细分析共享的信息资源内容、共享属性、开放属性和更新周期等。

3. 信息资源共享目录：按照《国务院关于印发政务信息资源共享管理暂行办法的通知》（国发〔2016〕51号）有关要求，根据《政务信息资源目录编制指南（试行）》（发改高技〔2017〕1272号）的"附录2 政务信息资源目录（模板）"，编制信息资源目录。参考示例如表4-1所示。

4. 信息资源共享机制和共享协议：详述本部门与相关部门之间的信息共享长效机制和共享信息使用情况反馈机制，签署数据共享协议（需盖正式公章）。

信息资源目录参考示例　　　　　　　　　　表4-1

信息资源名称	信息项名称	共享属性		开放属性	
		共享类型	共享条件/不予共享依据	是否向社会开放	开放条件
市政公用管理数据	行政区划名称	有条件共享	政府部门间共享	否	—
	综合生产能力	有条件共享	政府部门间共享	否	—
	地下水综合生产能力	有条件共享	政府部门间共享	否	—
	供水管道长度	有条件共享	政府部门间共享	否	—
	建成区供水管道长度	有条件共享	政府部门间共享	否	—
	供水总量	有条件共享	政府部门间共享	否	—
	……	有条件共享	政府部门间共享	否	—
城市管理执法监督数据	执法领域	有条件共享	政府部门间共享	否	—
	受理举报数	有条件共享	政府部门间共享	否	—
	立案数	有条件共享	政府部门间共享	否	—
	结案数	有条件共享	政府部门间共享	否	—
	……	有条件共享	政府部门间共享	否	—
……	……	……	……	……	……

5. 信息资源共享建设方案：详述本项目涉及的信息资源共享的具体建设方案，包括信息资源共享的数据库、应用系统、应用支撑、配套软硬件等方面的建设方案，详述信息资源共享的网络安全保障建设方案。

十四、项目招标方案

1. 招标范围：根据项目建设内容，提出建设项目涉及的各单项工程、软硬件设备及服务（工程设计、系统集成、工程监理等）的具体招标范围。

2. 招标方式：通过文字和列表描述项目的各单项工程、软硬件设备及服务等招标内容所采取的招标采购方式，涉及公开招标、邀请招标、询价采购、竞争性谈判、单一来源采购等方式。

3. 招标组织形式：提出各项招标内容所采取的组织形式，涉及委托招标、自行组织招标、直接政府采购等。

十五、项目组织机构

1. 领导和管理机构：描述和绘制项目建设单位的组织建设和管理体系，明确领导和各级职责，确保项目的有效实施。

2. 项目实施机构：描述项目具体实施单位的机构设置和相关职责，明确项目实施和管理的分工和责任。

3．运行维护机构：提出系统运行维护的方式和相关运维方案。

十六、项目实施进度

1．项目建设期：提出项目建设期和建设各阶段的划分。
2．实施进度计划：描述项目实施进程安排，绘制项目实施进度表。

十七、投资估算和资金来源

1．投资估算的有关说明：说明各项建设内容的测算依据和取费标准，如：设备关税、软件开发费的测算标准、系统集成费费率、培训费测算标准、前期工作费费率、设计费费率、招标费费率、监理费费率、项目管理费费率、预备费费率等。
2．项目总投资估算：列出投资估算表。
3．资金来源与落实情况：明确项目投资的资金来源和落实情况，例如中央投资、项目单位自筹资金、社会资金筹集等。
4．资金使用计划：提出分年度资金使用计划。
5．项目运行维护经费估算：结合系统运行方案，对系统建成后的年运行经费进行估算。

十八、效益与评价指标分析

1．经济效益分析：分别描述项目的直接经济效益和间接经济效益，尽可能用量化指标描述。
2．社会效益分析：分析项目对国民经济和社会发展产生的促进作用。
3．项目评价指标分析：项目评价指标分析应当参考《关于开展国家电子政务工程项目绩效评价工作的意见》（发改高技〔2015〕200号）中提出的国家电子政务工程绩效评价基本指标的要求，包括项目建设对提升政务效能方面的贡献度、项目对信息化的推动作用、项目的可持续发展能力与信息系统各种能力的保障和利用水平等方面。

十九、项目风险与风险管理

1．风险识别和分析：识别和分析项目的政策风险（如政策变化、政务体制变化等）、系统风险（如技术变化、系统设计、系统成熟度等）和操作风险（如管理等）。
2．风险对策和管理：提出应对风险的对策和风险管理措施。

二十、附表1：硬件设备和软件购置清单

项目软硬件配置清单：软硬件配置清单参照本表要求列出，同时附在报告的技术方案中和附表中，便于与项目总投资估算表进行对应。如果采用政务云，则仅需列出资源需求。参考示例如表4-2所示。

硬件设备和软件购置清单　　　　　　　　　　表4-2

序号	设备及软件名称	主要性能指标	参考品牌及型号	所属系统及部署位置	单价	数量	总价	说明
	总计：							
一	硬件设备							
（一）	网络设备							
1								
	小计							
（二）	服务器设备							
1	服务器							
	小计							
（三）	存储设备							
1								
	小计							
（四）	安全设备							
1								
	小计							
（五）	其他设备							
1								
	小计							
二	软件							
（一）	系统软件							
1	操作系统							
2	中间件							
3	工具软件							
4	数据库软件							
	小计							
（二）	应用软件							
1								
	小计							
（三）	安全软件							
1								
	小计							
三	标准规范							
1								
	小计							

二十一、附表 2：应用系统定制开发工作量核算表

应用系统定制开发工作量核算参照本表要求列出，同时附在报告的技术方案中和附表中，便于与项目总投资估算表进行对应。参考示例如表4-3所示。

应用系统定制开发工作量核算表　　　　　　　表4-3

序号	应用系统名称	工作量核算（人·月数）				单价（万元）	总价（万元）
		需求分析和建模	程序开发	软件测试	应用推广		
一	应用系统一						
（一）	子系统1						
1	功能模块1						
2	功能模块2						
	小计						
二	应用系统二						
（一）	子系统1						
1	功能模块1						
2	功能模块2						
	小计						
	总计						

二十二、附表 3：招标基本情况表

项目招标范围、方式、组织形式等参照本表要求列出，并同时附在报告的相应章节中和附表中。参考示例如表4-4所示。

招标基本情况表　　　　　　　表4-4

内容	招标范围		招标组织形式		招标方式		不采用招标方式	招标估算金额（万元）	备注
	全部招标	部分招标	自行招标	委托招标	公开招标	邀请招标			
勘察									
设计									
监理									
建筑工程									
安装工程									
主要设备（特殊设备）									特殊设备包括特殊的服务器设备、操作系统、数据库软件、应用中间件等，应根据国家有关要求招标

续表

内容	招标范围		招标组织形式		招标方式		不采用招标方式	招标估算金额（万元）	备注
	全部招标	部分招标	自行招标	委托招标	公开招标	邀请招标			
主要设备（常规设备）									
重要材料									
其他									

情况说明：该项目总投资 xxx 万元，其中 xxx 万元属于招标范围，包括 xxx。这些内容全部招标，招标形式全部采用委托招标，招标方式全部采用公开招标。项目总投资中的 xxx 万元不采用招标方式，包括 xxx。这些内容不招标的原因分别是……

项目单位（盖章）：
xxxx 年 xx 月 xx 日

说明：
1. 勘察，是指针对政务信息化项目的工程勘察服务，若有此项服务则表格中予以保留，否则就删除此项内容。
2. 设计，是指针对政务信息化项目的工程设计服务。对工程项目中信息化软硬件设备采购、应用系统开发部分，设计指的是初步设计；对建筑工程和安装工程部分，设计包括初步设计和施工图设计两个阶段。
3. 监理，是指针对政务信息化项目的工程监理服务。
4. 建筑工程，是指政务信息化项目中涉及房屋建筑及其附属设施的建造、装修装饰等方面的施工工作，若有此项内容则表格中予以保留，否则就删除此项内容。
5. 安装工程，是指政务信息化项目中涉及房屋建筑及其附属设施的配套线路、管道、设备的安装工作，若有此项内容则表格中予以保留，否则就删除此项内容。
6. 主要设备，是指政务信息化项目中信息化硬件设备、系统软件、安全软件的采购、应用系统的定制开发以及系统集成等实施工作，若有此项内容则表格中予以保留，否则就删除此项内容。该项分为特殊设备和常规设备，特殊设备包括特殊的服务器设备、操作系统、数据库软件、应用中间件等，应根据国家有关要求邀请招标；其余设备为常规设备，应公开招标。
7. 重要材料，是指政务信息化项目中的非常规软硬件设备等特殊建设内容涉及的重要材料，若有此项内容则表格中予以保留，否则就删除此项内容。
8. 其他，是指政务信息化项目中的建设管理、前期工作、招标投标、培训、标准规范编制、信息安全风险评估、建设期通信线路、云服务、机房的租用、绩效评价等内容，以及预备费涉及的工作，根据项目实际情况确定所包含的内容。
9. 根据《招标投标法》《政府采购法》以及《必须招标的工程项目规定》等相关规定，提出各项内容的招标范围、招标组织形式、招标方式的申请。其中：
（1）建设管理费为建设单位管理该项目的相关费用，由项目单位直接支配，无需招标。
（2）招标投标费（即招标代理服务费）为建设单位委托招标代理机构开展招标工作的费用，可不招标。
（3）前期工作费包括框架方案编制费、项目建议书编制费和可行性研究报告编制费等，因项目招标基本情况表随同可研报告一并上报，此时已经通过直接委托或招标等方式确定了可研报告编制单位，在招标基本情况表中根据可研报告编制单位的实际确定方式填写。对于前期工作费是否需要进行招标，由于前期工作属于服务，故可参照《招标投标法》《政府采购法》以及《必须招标的工程项目规定》等相关规定中对服务招标限额的要求，确定采购方式。
（4）预备费在可研报告阶段尚不明确最终用途，待使用预备费开展的建设内容确定后，应按照《招标投标法》《政府采购法》以及《必须招标的工程项目规定》等相关规定，选择合规的采购方式。
（5）其余各项内容，若其投资估算达到了必须招标的限额，应进行招标，原则上招标范围为全部招标，招标形式全部采用委托招标，招标方式全部采用公开招标，如招标范围、招标形式、招标方式未采用上述方式，则需要详细说明原因。

二十三、附表 4：项目总投资估算表

参照本表详细列出项目总投资和各主要建设内容相对应的投资（云服务所需经费纳入其他工程费用）。参考示例如表4-5所示。

项目总投资估算表 表4-5

序号		费用名称	投资估算金额				合计	说明
			分项目1	分项目2	分项目3	合计		
		总计：						
一		工程费						
（一）		建筑工程费（租用政务云一般不涉及）						
（二）		硬件设备购置费						
	1	网络设备						
	2	服务器设备						
	3	存储设备						
	4	安全设备						
	5	其他设备						
		小计：						
（三）		软件购置费						
	1	系统软件						
	2	安全软件						
	3	应用软件定制开发（含信息资源建设费）						
		小计：						
（四）		系统集成费						
二		其他工程费用						
	1	建设管理费						
	2	前期工作费						
	3	设计费						
	4	工程监理费						
	5	招标投标费						
	6	培训费						
	7	标准规范费						
	8	信息安全风险评估费						
	9	建设期通信线路费						
	10	建设期云服务费						
	11	建设期机房租用费						
	12	其他						
		小计：						
三		项目预备费						
		小计：						

二十四、附表 5：系统运行维护费估算表

结合系统运行维护方案，参照本表对系统建成后的每年运行维护经费进行估算（云服务所需运维经费纳入运行维护费）。参考示例如表4-6所示。

系统运行维护费估算表　　　　　　　　　　　　　　表4-6

序号	费用名称	费用估算（万元/年）
	合计	
1	通信线路租费	
2	云服务费	
3	机房租赁费	
4	设备维护费	
5	软件维护费	
6	相关数据运营服务费	
7	其他费用	

二十五、附表 6：现有硬件设备和软件清单

硬件设备和软件清单，参考示例如表4-7所示。

现有硬件设备和软件清单　　　　　　　　　　　　　　表4-7

序号	设备及软件名称	性能指标	品牌型号	部署位置	数量	购置年份	是否利旧
	总计：						
一	硬件设备						
（一）	网络设备						
1							
（二）	服务器设备						
1	服务器						
（三）	存储设备						
1							
（四）	安全设备						
1							
（五）	其他设备						
1							
二	软件						
（一）	系统软件						

续表

序号	设备及软件名称	性能指标	品牌型号	部署位置	数量	购置年份	是否利旧
1	操作系统						
2	中间件						
3	工具软件						
4	数据库软件						
（二）	应用软件						
1							
（三）	安全软件						
1							
三	标准规范						
1							

第五节　初步设计方案编制提纲

项目初步设计工作的任务主要依据项目审批部门对项目可行性研究报告的批复等文件，在可行性研究基础上，本着客观、公正、科学的原则，进一步明确并细化项目需求、建设原则、建设目标、建设内容、实施方案、投资概算、风险及效益分析等内容。

一、项目概况

项目概况应包括如下内容：

1．项目名称：介绍建设项目的全称及简称，应与项目可行性研究报告名称一致。

2．项目建设单位及负责人、项目责任人：参照可研报告。

3．初设及概算编制单位：列明承担初步设计报告编制工作的单位名称。

4．初设及概算编制依据：参照可研报告的相关要求，增加项目审批部门对项目建议书和可研报告的批复等文件。

5．项目建设目标、规模、内容、建设期：参照可研报告及批复文件。

6．总投资及资金来源：引述概算总投资及其构成，资金来源。

7．效益及风险：参照可研报告。

8．相对可研报告批复的调整情况：引述初步设计报告相对项目审批部门对可研报告批复进行变更调整主要内容的结果。

9．主要结论与建议篇幅：对项目初步设计报告质量进行简单评价以及为使项目顺利建设需要落实或补充的环境条件等建议。

二、项目建设单位概况

参照可研报告对应章节要求。

三、需求分析

1. 政务业务目标需求分析结论：如果与可研报告一致可以直接引述；如果有变化，对变化部分论述变化内容及其理由。

2. 系统功能指标：列出系统功能量化指标分析结论（需明确"应用部署模式"）。

3. 系统性能指标：列出系统性能量化指标分析结论。

4. 信息量指标：列出量化指标（明确提出在本系统中进行数据更新的用户规模，并将该指标作为项目验收的考核内容）。

5. 信息资源共享指标：列出与相关单位的信息资源共享量化指标。

6. 社会化服务资源匹配度指标：列出与本项目建设相关的社会化服务资源匹配情况指标。

7. 信息系统装备和应用现状：如果与可研报告一致，可以直接引述；如果有变化，对变化部分论述变化内容及其理由。

四、总体建设方案

1. 总体设计原则：阐述项目建设原则，并与本期项目设计方案一致。

2. 总体目标：如果与可研报告一致可以直接引述；如果有变化，对变化部分论述变化内容及其理由。

3. 总体建设任务：如果与可研报告一致可以直接引述；如果有变化，对变化部分论述变化内容及其理由。

4. 系统总体结构和逻辑结构：用文字、图、表等方式表示，要用文字、符号或颜色显著标明本期与总体的界线和相互关系。

5. 本项目与相关项目或系统的关系：通过文字和图表等方式描述本项目与本单位或其他单位相关项目或系统的关系。

6. 利用国家政务信息化现有基础设施资源情况：如果与可研报告一致，可以直接引述；如果有变化，对变化部分论述变化内容及其理由。

7. 利用社会化服务资源情况：如果与可研报告一致，可以直接引述；如果有变化，对变化部分论述变化内容及其理由。

五、标准规范建设方案

在批复的可研报告中所确定的技术方案基础上进一步细化内容，量化数量，其各自边界要明确，内在逻辑联系要清晰。

六、信息资源规划和数据库建设方案

在可研报告的基础上进一步细化数据库具体库表结构与建设内容。

七、应用支撑平台和应用系统建设方案

在批复的可研报告中所确定的技术方案基础上进一步细化内容，量化数量。

八、基础运行环境方案

在批复的可研报告中所确定的技术方案基础上进一步细化核实设备数量、部署位置等内容。

省市直接依托本地的政务云开展建设的可以简述相关条件和资源要求。

九、系统配置及软硬件选型原则

如果与可研报告一致，可以直接引述；如果有变化，对变化部分论述变化内容及其理由。

十、系统软硬件配置清单

如果与可研报告一致，可以直接引述；如果有变化，对变化部分论述变化内容及其理由。

十一、系统软硬件物理部署方案

结合设备部署，绘制出系统软硬件的物理布置图，要区分出利旧设备和新增设备；应用系统应明确部署的网络与设备，如购置硬件设备应明确具体的部署机房机架编号。

十二、安全可靠情况说明

如果与可研报告一致，可以直接引述；如果有变化，对变化部分论述变化内容及其理由。

十三、密码应用情况说明

如果与可研报告一致，可以直接引述；如果有变化，对变化部分论述变化内容及其理由。

十四、信息资源共享分析

对信息系统整合共享推进落实情况进行说明，在批复可行性研究报告所确定的信息资源共享技术方案基础上，明确信息资源共享机制落实情况，进一步细化信息资源共享内容、信息资源目录，进一步细化和量化信息资源共享的技术方案，明确各方边界。

十五、项目建设与运行管理

1. 领导和管理机构：针对项目建设过程中的项目领导人和管理机构详细方案。

2. 项目实施机构：直接进行项目建设机构详细组织结构、职责、管理制度等。

3. 运行维护机构：运行维护主体的比选及确定。

4. 核准的项目招标方案：若与可研报告批复相比没有变化，可直接引述；若有变化，则需要说明变化内容及其理由。

5. 项目进度、质量、资金管理方案：描述进度计划结果、影响质量的主要因素及保证质量的措施、影响资金安全和效益的因素及其对策。

6. 相关管理制度：指为保证项目顺利建设并实现其预计目标需要的管理制度体系。

十六、项目实施进度

在可研报告批复的基础上进一步分析影响进度的各种因素，阐述制定进度计划的方法和过程。区分关键节点，绘制出项目实施进度计划详表和网络图。

十七、初步设计概算

初步设计概算在可研报告投资估算的基础上进一步细化得出。

1. 编制说明：包括概算编制的原则和依据；设备、软件的价格获取方式和确认途径；各种取费依据和标准等，并评价其合理性。

2. 初步设计投资概算书：对投资概算总表中设备购置费内各分项及商业软件部分要提供"项目软硬件配置清单"，包括名称、参考型号、主要参数、数量、单价、部署地点等详细信息，数量要等于各系统相同设备的数量之和；应用系统定制开发部分要提供"应用系统定制开发工作量核算表"，细化到软件工程的功能模块深度，并区分部分开发或全新开发的功能模块，对每个模块计算需求分析和建模、程序开发、软件测试、应用推广等分项的开发工作量；培训费表包括培训内容、课时、费用标准、单位数、人员、合价等内容；所有概算表要提供可编辑的电子版本，所有相关数据需建立计算公式，分表与总表建立链接。对分项目或分地建设的项目在总表中以不同列分项目1、2或地点1、2表示。

3. 资金筹措及投资计划：依据审批文件和项目进度实施计划合理安排投资计划，并以表格说明。

十八、附表1：硬件设备和软件购置清单

项目软硬件配置清单参考可研附表1。

十九、附表2：应用系统定制开发工作量核算表

应用系统定制开发工作量核算参照可研附表2。

二十、附表 3：项目总投资概算表

参照可研附表4详细列出项目总投资和各主要建设内容相对应的投资（云服务所需经费纳入其他工程费用）。

二十一、附表 4：现有硬件设备和软件清单

参考可研报告中的附表6现有硬件设备和软件设备清单表。

第五章 城市运行管理服务平台建设要点

按照城市运管服平台顶层设计，省级平台和国家平台的功能定位基本一致，"观全域、重指导、强监督"，是统筹协调、指挥监督重大事项的监督平台，除对全省城市运行管理服务工作开展业务指导、监督检查、监测预警、分析研判和综合评价，满足省级平台"规定动作"外，可以结合本省实际开发其他业务应用系统。市级平台"抓统筹、重实战、强考核"，是统筹协调城市管理及相关部门"高效处置一件事"的一线作战平台。因此，二者建设要点各有侧重。本章分别论述了省级平台和市级平台的建设要点，便于各地在建设过程中把握参考。

第一节 省级城市运行管理服务平台建设要点

一、省级平台的主要功能

省级平台主要是监督平台，纵向与国家平台和市级平台互联互通，横向共享省级有关部门城市运行管理服务相关数据，整合对接省级住房和城乡建设（城市管理）部门其他相关信息系统，汇聚全省城市运行管理服务数据资源，对全省城市运行管理服务工作开展业务指导、监督检查、监测预警、分析研判和综合评价。

二、应用体系建设

（一）基本要求

省级平台应建设业务指导、监督检查、监测分析、综合评价和决策建议5个应用系统，以及数据交换、数据汇聚和应用维护3个后台支撑系统。各省份可结合本地区实际，拓展建设其他应用系统，开发智能化应用场景。省级平台系统功能应符合技术标准中"4.2 省级平台"章节的规定。各系统概述如下：

1. 业务指导系统。建设政策法规、行业动态、经验交流、行政处罚等功能模块，汇聚城市运行管理服务相关法律法规、政策制度、体制机制建设情况、行业动态、队伍建设、典型经验、行政处罚决定信息等。由国家平台统一开发建设，省、市级平台可通过国家平台分配的单点登录账号和使用权限共用该系统。如省级平台自行建设业务指导系统，则应通过数据交换系统将业务指导数据共享至国家平台。

2. 监督检查系统。按照"统筹布置、按责转办、重点督办、限时反馈"的闭环工作机制，将重点工作布置给地方城市管理部门，明确工作任务要求和时限，并对工作进度、完成质量以及巡查发现的重点问题进行督办。该系统具备重点工作任务督办、联网监督、巡查发现、数据填报等功能。

3. 监测分析系统。围绕市政设施、房屋建筑、交通设施、人员密集区域等领域，汇聚城市运行监测数据，掌握城市运行状况，分析评估城市运行风险。该系统具备风险管理、监测预警、风险防控、运行统计分析等功能。

4. 综合评价系统。根据综合评价工作要求，通过实时监测、平台上报、实地考察、问卷调查等方式获取相关数据，并采用大数据分析、卫星遥感等方法，对城市运行监测和城市管理监督工作开展综合评价。该系统具备评价指标管理、评价任务管理、实地考察评价、评价结果生成及综合分析等功能。

5. 决策建议系统。汇聚业务指导、监督检查、监测分析和综合评价等数据，以及与城市运行管理工作相关的其他数据，通过大数据分析和常规软件工具等，进行数据挖掘、捕捉、处理，形成工作趋势分析、工作报告和决策建议等，为完善政策法规、部署工作任务、上报工作建议提供基础数据支撑。

6. 数据交换系统。横向共享有关部门城市运行管理服务相关数据，纵向与上下级城市运管服平台开展数据交换，从下级平台获取、向上级平台推送相关数据。该系统具备接入平台配置、接口服务发布、接口服务订阅、接口状态监控和数据交换等功能。

7. 数据汇聚系统。根据城市运行管理服务工作要求，汇聚业务指导、监督检查、监测分析、综合评价数据，市级平台上报数据和外部汇聚数据等在内的数据，对各类数据进行清洗、校验、抽取、融合，形成综合性城市运行管理服务数据库。该系统具备数据获取、数据清洗、数据融合、数据资源编目等功能。

8. 应用维护系统。根据系统应用维护管理需要，对组织机构、人员权限、业务流程、工作表单、功能参数等事项进行日常管理和维护。该系统具备机构配置、人员配置、权限配置、流程配置、表单配置、统计配置和系统配置等功能。

（二）建设要点

省级平台应用体系建设过程中，应充分结合全省城市运行管理服务工作重点和实际情况，突出本省特色，确保发挥省级平台建设实效。

1. 要强化跨层级工作协同联动。省级平台应依托监督检查系统实现各业务处室（单位）向市、县相关部门（单位）线上部署工作，建立线上部署、跟踪督办、落实反馈、统计考核的闭环模式，推动部、省、市、县纵向工作的协同联动。

2. 要强化综合评价工作。省级平台应在国家平台明确的城市运行监测指标体系和城市管理监督指标体系的基础上，拓展本省特色指标，丰富综合评价指标体系。依托综合评价系统，以平台上报、实时监测、实地考察、问卷调查等方式采集评价数据，自动生成评价结果。同时，省级住房和城乡建设（城市管理）主管部门宜通过政府专报、官方网站、主流媒体等形式，向地方政府及有关部门和社会公众公布评价结果。

3. 要打造可视化专题场景应用。省级平台宜根据各业务处室（单位）工作重点，对汇聚的各类数据有针对性地统计分析，并依托决策建议系统打造可视化专题场景应用。决策建议系统建设过程中，牵头单位应组织相关业务处室（单位）参与需求调研、深化设计、系统测试等环节，确保每个专题场景应用都能辅助业务处室（单位）开展工作。

4. 要构建统一用户体系。省级平台宜依托应用维护系统建立平台统一门户和统一用户体系。

5. 要强化信息安全保障。省级平台应用体系宜符合信创要求，并应开展信息安全等级保护测评、商用密码应用安全性评估。

三、数据体系建设

（一）基本要求

省级平台应建立包括业务指导、监督检查、监测分析、综合评价数据，市级平台上报数据和外部汇聚数据在内的综合性城市运行管理服务数据库。各省可根据实际需求拓展数据库内容。

省级平台的数据内容应符合数据标准中"6 省级平台数据"章节的规定。

（二）建设要点

省级平台数据体系应围绕全省城市运行管理服务重点工作，结合全省城市运行管理服务信息化发展水平务实开展建设，确保数据"汇以致用"。

1. 要制定符合本省实际的数据标准。应参照数据标准，制定全省统一的数据交换共享规范，明确各数据库表的字段名称、字段类型、字段长度、值域范围、是否可选等关键信息，确保省级平台数据汇聚的规范性。

2. 要从多渠道汇聚关键数据。对于省级平台必须汇聚的重要数据，宜依托省级平台建设在线填报、批量导入等功能，向各城市分配使用权限，通过市级平台向省级平台"在线报送"的方式拓宽数据获取渠道。同时宜将汇聚到的数据形成电子台账和统计报表，按权限向城市开放使用。

3. 要涵盖国家平台要求的数据内容。省级平台数据汇聚的范围应不少于国家平台规定的数据汇聚内容，并应与国家平台数据汇聚保持步调一致。对于尚无法通过对接方式汇聚的数据，可通过在线报送、批量导入的方式确保数据汇聚的最基本要求。

四、管理体系建设

（一）基本要求

省级平台管理体系应包括组织体系建设和运行机制建设。

1. 组织体系建设

加强组织体系建设,构建"横向到边、纵向到底"的工作体系,推动国家、省、市三级城市运管服平台协同高效运转。

省级住房和城乡建设(城市管理)主管部门应发挥省级城市管理协调议事机构的作用,统筹协调城市运管服平台建设运行中的重大事项,有序推进省级平台建设、运行和维护;明确省级城市运行管理服务监督工作牵头单位,建立省级城市运行管理服务监督中心;配强专业技术团队负责省级平台日常运行维护工作,确保平台持续稳定运行。

2. 运行机制建设

(1)工作协同机制。省级住房和城乡建设(城市管理)主管部门应建立上下联动的工作机制,保障重点工作任务的上传下达;建立左右协同的协调机制,保障城市运行管理服务相关事项的横向及时联动,逐步实现跨部门、跨层级"统筹布置、按责转办、重点督办、限时反馈"的闭环管理。

(2)数据填报机制。根据城市管理行业监管和综合评价工作需要,在三级城市运管服平台尚未健全之前,为了保障省级平台、国家平台及时高效获取行业监管基础数据、城市运行监测数据、城市管理监督数据,应建立"填报内容完整、数据格式统一、上报流程规范"的数据填报工作机制。

(3)综合评价机制。围绕"市政设施、房屋建筑、交通设施、人员密集区域、群众获得感"和"干净、整洁、有序、群众满意度"等核心指标,应制定综合评价办法、评价指标动态调整办法,完善城市运行监测和城市管理监督标准,为科学规范开展综合评价工作奠定基础。各省可结合实际增加特色指标,创新评价方法。

(二)建设要点

省级平台管理体系建设是运管服平台的重要内容之一,是平台落地的基础和保障,应立足统筹全省城市运行管理服务工作的角度,建立健全体制机制。

1. 要强化组织保障。省级平台可通过成立领导小组等形式,加强对全省城市运行管理服务工作的指导监督、统筹协调、监测分析、分析研判和综合评价等。领导小组宜由厅主要负责同志任组长。领导小组下设办公室,由厅分管领导或牵头处室负责人任办公室主任。

2. 要制定制度文件。省级平台应配套建立省级城市运管服平台运行管理办法、全省城市运行管理服务监督考核办法、全省城市运行管理服务综合评价办法等制度文件,为部、省、市、县跨层级工作协同和综合评价等工作提供制度保障。

3. 要建立专家智库。省级平台宜通过吸纳省内外、各市县城市运行管理领域专家以及社会各界优秀人才力量组建专家团队,研究制定本省城市运管服平台相关标准规范,开展业务培训,审核把关技术方案,参与平台验收等工作,指导全省平台规范化建设工作。

4. 要明确技术团队。省级平台应明确专业技术团队负责省级平台日常运行维护工作,确保平台持续稳定运行。

五、基础环境建设

（一）基本要求

省级平台应依照技术标准中"7 基础环境"章节的规定，搭建满足城市运管服平台运行需求的信息化基础环境，包括建设上下贯通、安全稳定的网络环境，高效、可扩展的软硬件环境和有效防护的安全环境等，并按照能够支持平台稳定高效运行3~5年的要求配置必要的设备。

各省应结合本地实际，根据统筹、集约、高效的原则，充分利用已有信息化基础资源，按照实际业务需要，适度增加必要的硬件设备和软件系统，同时要为省级城市运行管理服务监督中心配备必要的行政办公和指挥场所。

（二）建设要点

1. 要充分共享本省信息化基础设施。省级平台基础环境应依托省电子政务云平台、省电子政务外网和省级主管部门已建成的机房、网络、安全、多媒体厅（会议室）等信息化资源，构建支撑省级平台运行的基础环境。

2. 要充分考虑系统的冗余度。在省级平台基础环境建设过程中，应根据平台的业务量、信息量、性能要求、安全要求等，合理规划服务器、存储、网络、安全等基础环境资源，并按照能够支持平台稳定高效运行3~5年的要求配置必要的设备。

3. 要强化信息安全。省级平台基础环境应满足不低于国家信息安全等级保护制度（二级）的相关要求，宜符合信创要求。

第二节
市级城市运行管理服务平台建设要点

一、市级平台的主要功能

市级平台主要是操作平台，以网格化管理为基础，综合利用城市综合管理服务系统、城市基础设施安全运行监测系统等建设成果，对接城市信息模型（CIM）基础平台，纵向联通国家平台、省级平台以及县（市、区）平台，横向整合对接市级相关部门信息系统，汇聚全市城市运行管理服务数据资源，聚焦重点领域和突出问题，开发智能化应用场景，实现对全市城市运行管理服务工作的统筹协调、指挥调度、监督考核、监测预警、分析研判和综合评价，推动城市运行管理"一网统管"。

二、应用体系建设

（一）基本要求

市级平台应用体系包括业务指导、指挥协调、行业应用、公众服务、运行监测、综合评价和决策建议7个应用系统，以及数据交换、数据汇聚和应用维护3个后台支撑系统。各地应以城市运行管理"一网统管"为目标,综合考虑本市经济发展、人口数量、城市特点等因素,结合城市实际需要,拓展应用系统,丰富应用场景。市级平台的系统功能应符合技术标准中"4.3 市级平台"章节的规定。各系统概述如下:

1. 业务指导系统。市级平台可共用国家平台业务指导系统,通过国家平台统一分配账号使用权限,将国家平台业务指导系统以单点登录的方式集成到市级平台。如市级平台自行建设业务指导系统,则应通过数据交换系统将业务指导数据共享至国家平台或省级平台。

2. 指挥协调系统。市级平台的核心系统。依据现行《城市市政综合监管信息系统技术规范》(CJJ/T 106),建设监管数据无线采集、监督中心受理、协同工作、监督指挥、绩效评价(《城市市政综合监管信息系统技术规范》中的综合评价子系统)、地理编码、基础数据资源管理等子系统,实现城市运行管理问题"发现、立案、派单、核查、处置、结案"的闭环管理,并具备接收、办理和反馈国家平台和省级平台监督检查系统布置的重点工作任务的功能。根据综合评价工作要求,应将与城市运行管理服务相关的管理对象按照《数字化城市管理信息系统 第2部分:管理部件和事件》(GB/T 30428.2)规定的规则和编码要求,列入部件和事件扩展类别。增加主次干道、背街小巷、商业步行街、公园、广场、农贸市场、公共厕所、火车站或长途汽车站、河流湖泊、便民摊点规划区、社区、主要交通路口等实地考察样本所涉及的相关专题图层,并纳入基础数据资源管理子系统进行统一管理维护。

3. 行业应用系统。围绕城市管理主要职责,建设市政公用、市容环卫、园林绿化和城市管理执法等行业应用系统,满足城市管理部门行业监管工作需要。现有的城市管理行业应用系统应统一集成整合到市级平台。

4. 公众服务系统。为市民提供精准精细精致服务的重要窗口,包括热线服务、公众服务号和公众类应用程序(App)等,具备通过指挥协调系统对公众诉求进行派单、处置、核查和结案的功能,以及对服务结果及服务满意度进行调查回访的功能。

5. 运行监测系统。聚焦市政设施、房屋建筑、交通设施和人员密集区域等领域,对防洪排涝、燃气安全、路面塌陷、管网漏损、桥梁坍塌等开展运行监测,对城市运行风险进行识别、评估、管理、监测、预警、处置,实现城市运行全生命周期监测管理。该系统包括监测信息管理、风险管理、监测报警、预测预警、巡检巡查、风险防控、决策支持、隐患上报与突发事件推送等子系统。各地宜结合地方实际,按需扩展运行监测领域和范围。

6. 综合评价系统。根据评价工作要求,通过实时监测、平台上报、实地考察、问卷调查等方式获取相关数据,并采用大数据分析、卫星遥感等方法,对城市运行监测和城市管理监督工作开展综合评价。该系统具备评价指标管理、评价任务管理、实地考察评价、评价结果生成及综合分析等功能。各地宜结合地方实际,将综合评价工作向行政区域内区县、街道延伸。

7. 决策建议系统。基于综合性城市运行管理服务数据库,开展分析研判,提炼工作成果,为城市人民政府及相关部门动态掌握城市运行管理服务态势、及时做出处置响应、部署相关工作、开展专项行动、制定相关政策等提供决策建议。可根据城市实际需求拓展其他专题。

8. 数据交换系统。市级平台从指挥协调、行业应用、公众服务、运行监测、综合评价等系统，以及其他外部系统采集城市基础数据，运行、管理、服务和综合评价等数据，通过数据交换系统向国家平台、省级平台共享。数据交换系统包括接入平台配置、接口服务发布、接口服务订阅、接口状态监控和数据交换等功能模块。

9. 数据汇聚系统。根据城市运行管理服务工作需要，汇聚城市基础数据，运行、管理、服务和综合评价等数据，对各类数据进行清洗、校验、抽取、融合，形成市级综合性城市运行管理服务数据库。该系统包括数据获取、数据清洗、数据融合、数据资源编目等功能模块。

10. 应用维护系统。根据系统运维管理需要，对组织机构、人员权限、业务流程、工作表单、功能参数等事项进行日常管理和维护。该系统具备机构配置、人员配置、权限配置、流程配置、表单配置、统计配置和系统配置等功能。

（二）建设要点

市级平台应用体系建设过程中，应充分结合全市城市运行管理服务工作重点和实际情况，突出本市特色，确保发挥市级平台建设实效。

1. 要确保问题及时发现与高效处置。市级平台应依托指挥协调系统建立问题采集、受理立案、问题派遣、核查结案的闭环管理模式，并根据职责清单接入相关专业部门，加强各部门之间横向工作协同，实现城市运行管理问题第一时间发现、第一时间处置。同时，市级平台要实时接收国家平台、省级平台部署的重点工作任务，并及时反馈工作任务落实情况。

2. 要提升精细化管理水平。市级平台应通过接入或新建的方式，建设市政公用、市容环卫、园林绿化、城市管理执法等行业的专业应用系统，提升城市管理工作精细化水平。市级平台宜聚焦重点领域和突出问题，如围绕餐饮油烟、户外广告、建筑渣土运输、扬尘噪声、违法建设、门前三包等突出问题治理打造专项应用场景，助力城市管理高发频发和群众"急难愁盼"问题的精准防控和源头治理。

3. 要提升城市风险防控能力。市级平台应通过接入或新建的方式，建设综合管网、燃气、排水、供水、热力、桥梁等相关专项系统，汇聚全市城市基础设施运行相关数据，对全市综合管网、燃气、排水、供水、热力、桥梁等城市基础设施的风险隐患排查与整治、风险防控预案与资源、监测报警、突发事件等状况进行在线监测、分析评估和预警发布，全面掌握全市城市运行安全态势，及时指挥协调相关部门对风险隐患进行处置。

4. 要高效响应群众诉求。市级平台应通过接入或整合12345政务服务热线、城市管理微信公众号（小程序、App）等方式，建立公众服务系统，拓宽服务渠道，丰富服务内容，提升服务效率，向公众提供诉求上报、信息发布、问卷调查、信息查询、通知提醒、宣传科普等便民服务功能，提升人民群众的获得感、幸福感和安全感。

5. 要强化综合评价工作。市级平台应在国家平台明确的城市运行监测指标体系和城市管理监督指标体系基础上，拓展本市特色指标，丰富综合评价指标体系。依托综合评价系统，以平台上报、实时监测、实地考察、问卷调查等方式采集评价数据，自动生成评价结果。同时，市级城市管理主管部门宜通过政府专报、官方网站、主流媒体等形式，向县（市、区）政府及有关部门和社会公众公布评价结果。综合评价工作应以县（市、区）、市直相关部门、专业单位等为对象。

6. 要打造可视化专题场景应用。市级平台宜从"宏观看态势、中观看指标、微观看治理"的维度，系统性地对汇聚的各类数据进行统计分析，并依托决策建议系统打造可视化专题场景应用。决策建议系统建设过程中，市级平台建设牵头单位应组织城市运行管理服务相关委、局、办参与需求调研、深化设计、系统测试等环节，确保每个专题场景应用都能辅助相关委、局、办开展工作。

7. 要构建统一用户体系。市级平台宜依托应用维护系统建立平台统一门户和统一用户体系。

8. 要强化信息安全。市级平台应用体系宜符合信创要求，并应开展信息安全等级保护测评、商用密码应用安全性评估。

三、数据体系建设

（一）基本要求

市级平台应建立包括城市基础数据，城市运行、管理、服务和综合评价等数据在内的综合性城市运行管理服务数据库。可结合实际，以需求为导向，在上述数据库内容基础上，按照"一网统管"要求，汇聚共享住房和城乡建设领域其他数据、相关部门数据，不断丰富扩大数据库内容，切实发挥数据库支撑作用。

市级平台数据内容应符合数据标准中"7 市级平台数据"章节的规定。

（二）建设要点

市级平台数据体系宜根据本市已有城市运行管理服务信息系统建设情况，最大限度汇聚系统产生的各类业务数据，确保数据"应收尽收"。

1. 要制定符合本市实际的数据标准。应在满足数据标准要求的基础上，制定符合本市实际的市级平台数据标准，指导市级综合性城市运管服数据库建设。市级平台数据标准应满足数据标准的最低要求。

2. 要夯实基础数据建设。市级平台应根据业务系统功能需求，配套建立所需的基础数据，并建立相应的更新机制，确保基础数据的现势性。

3. 要整合已有数据资源。市级平台数据体系建设应合理利用现有可复用数据资源，避免重复建设。针对重构、升级的业务系统，应对原系统中的核心数据进行完整迁移。

4. 要加强数据交换共享。市级平台宜充分利用本市政务信息资源交换共享平台获取其他部门的城市运行管理服务相关数据,并向其他部门共享市级平台运行产生的相关数据。

5. 要涵盖国家平台、省级平台要求的数据内容。市级平台数据体系可根据本地城市运管服平台建设情况逐步建设完善,但应与国家平台、省级平台数据汇聚工作保持同步,确保满足国家平台、省级平台数据对接的要求。对于尚未建设相关信息系统的数据,可通过建立电子台账的形式保障关键数据的归集与管理。

四、管理体系建设

(一)基本要求

市级平台管理体系应包括组织体系建设和运行机制建设。

1. 组织体系建设

为推动构建党委政府领导下的"一网统管"工作格局,切实发挥城市运管服平台指挥调度、统筹协调、高位监督等作用,市级、区级应明确城市运行管理服务指挥工作牵头部门,建立市级城市运行管理服务指挥中心,加强城市运行管理服务指挥队伍建设,切实做好平台建设、运行、管理、维护和综合评价等工作。

2. 运行机制建设

(1)综合协调机制

贯彻落实中发37号文件要求,建立城市政府主要负责同志牵头的城市管理工作协调机制,加强对城市运行管理服务工作的统筹协调、监督检查和考核奖惩。建立健全相关部门之间信息互通、资源共享、协调联动等工作机制。

(2)监督指挥机制

监督制度建设。参照《数字化城市管理信息系统 第2部分:管理部件和事件》(GB/T 30428.2)规定,建立健全以问题发现、核查结案为核心内容的问题监督制度体系。

处置制度建设。参照《数字化城市管理信息系统 第8部分:立案、处置和结案》(GB/T 30428.8)规定,建立健全职责明晰、及时高效、结果满意的问题处置制度体系。

考核制度建设。参照《数字化城市管理信息系统 第4部分:绩效评价》(GB/T 30428.4)规定,建立健全城市运行管理服务绩效考核办法,以标准化的统计数据为依据,构建对各处置部门和单位的绩效考核制度体系。推动将考核结果纳入经济社会发展综合评价体系和领导干部政绩考核体系,发挥考核的"指挥棒"作用。

(3)工作协同机制

根据国家、省、市三级重点工作任务上传下达、监督指导的需要,应建立市级重点工作受理反馈机制,安排专人及时接收、落实并反馈国家平台、省级平台下达的工作任务;建立左右协同的协调机制,保障城市运行管理相关事项的横向及时联动。通过上下联动、左右协同,逐步实现跨部门、跨层级"统筹布置、按责转办、重点督办、限时反馈"的闭环管理。

（4）综合评价机制

围绕"市政设施、房屋建筑、交通设施、人员密集区域、群众获得感"和"干净、整洁、有序、群众满意度"等核心指标，定期开展城市运行管理服务自评价工作，并配合住房和城乡建设部、省住房和城乡建设（城市管理）主管部门做好第三方实地考察工作。可结合本地实际增加特色指标，创新评价方法。

（二）建设要点

市级平台管理体系建设应立足统筹全市城市运行管理服务工作的角度，建立健全体制机制。

1. 要强化组织保障。市级平台可依托数字化城市管理中心、城市安全运行监测中心等现有机构和队伍，建立城市运行管理服务指挥中心，负责平台建设、运行、管理、维护和综合评价等工作。该中心可以隶属城市人民政府，也可以在城市管理协调机制下设，与城市管理主管部门合署办公。城市运行管理服务指挥中心的职能职责宜包括：负责对各部门（单位）城市运行管理工作任务进行分解，组织、指导、协调各专业部门做好城市管理工作；负责组织对各部门（单位）城市运行管理工作的督导考核，评比通报；负责协调解决跨系统、跨区域、跨部门之间的有关城市运行管理工作的突出问题；负责推动城市运管服平台的运行、管理和维护，协调各部门（单位）完善城市运行管理基础数据库，牵头实施城市运行管理问题的信息采集和指挥调度，对有关单位开展的城市运行管理工作进行跟踪督办和绩效评价等。

2. 要制定制度文件。市级平台应配套建立城市运管服平台运行管理办法、城市运行管理服务事项分类与权责清单、城市运管服平台监督指挥手册、城市运行管理服务监督考核办法、城市安全运行风险监测预警联动响应办法、城市运行管理服务综合评价办法等制度文件，为城市运行管理服务问题巡查处置、上级部署工作落实反馈、城市安全运行风险监测、城市运行管理服务评价等工作提供制度保障。

3. 要明确技术团队。市级平台应组建专业技术团队负责市级平台日常运行维护工作，确保平台持续稳定运行。

五、基础环境建设

（一）基本要求

应符合技术标准中"7 基础环境"章节的规定，同时应根据市级平台的功能、并发量、数据量等情况，合理规划服务器、存储和网络等基础环境资源，并按照能够支持市级平台稳定高效运行3~5年的要求配置必要的设备。

各市应结合本地实际，按照统筹、集约、高效的原则，为市级城市运行管理服务指挥中心配备必要的行政办公和指挥场所。

（二）建设要点

1. 要充分共享本市信息化基础设施。市级平台基础环境应依托市电子政务云平台、市电子政务外网和市级主管部门已建成的机房、网络、安全、多媒体厅（会议室）等信息化资源，构建支撑市级平台运行的基础环境。

2. 要充分考虑系统的冗余度。在市级平台建设过程中，应根据平台的业务量、信息量、性能要求、安全要求等，合理规划服务器、存储、网络、安全等基础环境资源，并按照能够支持平台稳定高效运行3～5年的要求配置必要的设备。

3. 要强化信息安全。市级平台基础环境应满足不低于国家信息安全等级保护制度（二级）的相关要求，宜符合信创要求。

第六章 城市运行管理服务平台验收

按照技术标准、数据标准和建设指南等相关标准规范的要求，结合城市运管服平台验收工作实际需要，本章节在梳理总结平台验收评分相关内容的基础上，对技术标准中的省级平台验收评分表和市级平台验收评分表的二级指标进行细化完善，以此指导各省（自治区、直辖市）、城市开展城市运管服平台验收工作。城市运管服平台验收指标细化完善以遵循现有验收指标的结构和定义为原则，按照拓展"分解指标"项、增加"分解指标解释"项、提供分解指标"评分依据"项、设置分解指标"得分"项的细化方法，提高省级平台验收评分表和市级平台验收评分表的便利性和普适性。本章节的主要内容包括平台验收的基本条件、程序与方式、主要内容和指标与评分，以及细化完善后的省、市两级平台验收评分表等内容。

第一节 省级城市运行管理服务平台验收

一、省级平台验收基本条件

按照技术标准的规定，省级平台验收应满足下列基本条件。

1. 平台建设应符合技术标准第3章～第7章的规定。
2. 应建立城市运行管理服务长效机制。
3. 应制定监督、指挥、处置和考核等制度。
4. 平台应连续安全稳定试运行超过3个月。

二、省级平台验收程序与方式

省级平台验收应符合下列规定：

1. 组织相关专业的专家组成专家组进行验收，专家组成员不宜少于7人。
2. 验收程序应包括总体情况介绍、平台演示、文档查阅、实地考察、平台数据随机抽查和专家质询等。
3. 应按技术标准中附录C的规定逐一对照检查，并应按技术标准中附录D规定的验收评分标准进行逐项打分，其中省级平台验收评分表参照表6-3执行，形成验收意见。
4. 验收意见可参照技术标准附录E的示例。

三、省级平台验收主要内容

省级平台验收主要包括管理模式、数据建设、应用系统、运行效果、文档资料等内容。

（一）管理体系建设应符合下列规定：

1. 省级应建立城市运行管理服务监督中心。
2. 省级应根据综合评价系统要求，开展城市运行监测和城市管理监督评价工作。

（二）数据体系建设应符合下列规定：

1. 构建规范的数据管理机制，包括数据标准、数据目录、数据责任、数据汇聚和共享、数据安全等。
2. 数据应进行全周期管理，包括采集、存储、整合、呈现与使用、分析与应用、归档和销毁。
3. 省级城市运行管理服务数据库应包括业务指导、监督检查、监测分析、市级平台上报、综合评价和外部汇聚等数据；数据内容应符合现行行业标准数据标准的规定。
4. 数据应保证真实性、完整性、准确性、一致性、现势性和可交换性。

（三）应用系统建设应符合下列规定：

1. 建立平台运行环境，具备网络、服务器、存储及备份设备、安全设备等，并具备安装操作系统和数据库管理系统等软件。
2. 省级平台应建设业务指导、监督检查、监测分析、综合评价、决策建议、数据交换、数据汇聚和应用维护等系统；省级平台可共用国家平台的业务指导系统。
3. 应具有安全保障功能。
4. 应进行平台软件测试，软件测试应符合现行行业标准《建设领域应用软件测评工作通用规范》（CJJ/T 116）的相关规定。
5. 应提供应用系统相关的平台设计和开发文档，其中包括需求分析报告、总体设计书、详细设计书、用户手册、维护手册和测试报告等。

（四）运行效果应符合下列规定：

1. 运行范围应覆盖城市建成区范围。
2. 将城市运行管理服务相关部门和责任主体纳入平台，并满足城市运行管理服务工作要求。
3. 平台应处于正常运行状态。

（五）文档资料应符合下列规定：

1. 平台建设和运行的文档目录应符合表6-1的规定。
2. 电子文档和纸质文档的内容应系统、完整，并应符合现行国家标准《计算机软件文档编制规范》（GB/T 8567）的规定。
3. 文档资料应字迹清晰、图表整洁、手续完备。
4. 文档资料尺寸规格宜为A4幅面，图纸宜采用标准图幅。

平台建设和运行的文档目录　　　　　表6-1

序号	文档分类	文档内容
1	管理模式文档	城市运行管理服务评价相关文件（政府文件）
2		城市运行管理服务监督处置制度性相关文件（政府文件）
3		城市运行管理服务考核制度性相关文件（政府文件）
4		引用的现行国家标准、行业标准和地方标准清单
5	建设过程文档	城市运行管理服务平台项目立项申请与批复
6		项目建设实施方案及专家论证意见
7		招标投标及合同文件
8		工作场地设计与建设文档
9		设备、软件到货验收文档
10		网络、安全、服务器等平台集成建设文档
11		平台集成测试报告
12		城市运行管理服务数据库建库技术总结报告
13		应用系统需求分析报告
14		应用系统总体设计方案
15		应用系统详细设计方案
16		应用系统用户手册
17		应用系统维护手册
18		应用系统测试报告
19		项目建设监理报告
20	总结文档	项目建设竣工报告、自检意见
21		项目建设总结报告
22		试运行情况报告，运行效果、月度分析报告

四、省级平台验收指标与评分

1．验收指标分为一级指标和二级指标。验收综合得分满分为100分。

2．一级指标包括管理模式、数据建设、应用系统、运行效果和文档资料五部分，其权重见表6-2。

一级指标权重　　　　　表6-2

一级指标	权重
管理模式	20%
数据建设	15%
应用系统	35%
运行效果	25%
文档资料	5%

3．省级平台验收评分应符合表6-3的规定。

省级平台验收评分表

表6-3

序号	一级指标	二级指标	指标描述	分解指标	分解指标解释	评分依据	得分
1	管理模式（20分）	机构建设（10分）	建立城市运行管理服务监督中心，并承担相应的管理职责（5分）	城市运行管理服务监督中心	设立履行城市运行管理服务监督职责的组织机构	批准机构设置和职责范围的相关文件（政府文件）	2
				履行城市运行管理相关职责	运行监测职责	城市运行监测文件	1
					管理监督职责	城市管理服务监督、处置、检查相关文件（政府文件）	1
					综合评价职责	城市综合评价相关文件（政府文件）	1
				监督检查	具备重点工作任务督办功能，包括接收国家平台派发的重点工作任务，派发重点工作任务至市级平台	符合CJJ/T 312—2021中4.2.2的规定	0.5
				监测分析	包括收集数据、风险监测、风险分发到责任主体、风险报告到上级部门等管理环节	符合CJJ/T 312—2021中4.2.3的规定	0.5
2			组织体系和模式与城市运行管理服务需求一致，并建立健全的内部管理制度（5分）	综合评价	包括制定评价标准、采集数据、计算分析等环节	符合CJJ/T 312—2021中4.1.4的规定	1
				建立城市运行管理服务制度	运行监测管理制度	符合《城市运行监测指标及评价标准》（政府文件）	0.5
					监督检查管理制度	符合《城市运行管理服务平台监督管理指标及评价标准》（政府文件）	0.5
					综合评价管理制度	城市运行监测相关文件（政府文件）	0.5
3		制度建设（10分）	建立并执行有效的业务指导、监督检查、监测预警和分析研判制度，形成城市运行管理服务长效机制（5分）	建立城市运行管理服务制度	业务指导制度	城市管理服务监督、处置、考核相关文件（政府文件）	0.5
					监督检查制度	城市综合评价相关文件（政府文件）	1
					监测预警制度	业务指导相关文件（政府文件）	1
					分析研判制度	监督检查相关文件（政府文件）	1.5
						监测预警相关文件（政府文件）	1.5
						分析研判相关文件（政府文件）	1

续表

序号	一级指标	二级指标	指标描述	分解指标	分解指标解释	评分依据	得分
4	管理模式（20分）	制度建设（10分）	建立并执行综合评价制度，综合评价的结果纳入政府效能目标管理（5分）	建立并执行综合评价制度	综合评价制度	城市综合评价相关文件（政府文件）	2
				运行监测成绩纳入政府效能管理		城市运行监测相关文件（政府文件）	1
				监督检查成绩纳入政府效能管理		城市管理服务监督、处置、考核相关文件（政府文件）	1
				综合评价结果纳入政府效能目标管理		城市综合评价相关文件（政府文件）	1
5	数据建设（15分）	城市运行管理服务数据（15分）	建立符合现行行业标准《城市运行管理服务平台 数据标准》（CJ/T545）规定的城市运行管理服务数据库（10分）	业务指导数据	应包括政策法规、行业动态、经验交流等数据	符合CJ/T 545—2021中6.2的规定	1
				监督检查数据	应包括重点工作和巡查发现等数据	符合CJ/T 545—2021中6.3的规定	2
				监测分析数据	应包括风险管理、监测预警、风险防控和运行统计分析等数据	符合CJ/T 545—2021中6.4的规定	2
				综合评价数据	应包括城市运行监测和城市管理监督等数据	符合CJ/T 545—2021中6.5的规定	2
				市级平台上报数据	城市基础数据，运行、管理、服务和综合评价等数据	符合CJ/T 545—2021中6.6的规定	2
				外部汇聚数据	省级数据共享交换平台和省级相关部门信息平台共享的城市运行管理服务相关数据	符合CJ/T 545—2021中6.7的规定	1
6			数据的现势性（3分）	监测分析数据	监测分析数据（日/月/年）	现场调阅系统数据	1
				监督检查数据	监督检查数据（日/月/年）		1
				综合评价数据	综合评价数据（半年/年）		1
7			数据存储使用的安全保密要求和措施符合国家相关规定（2分）	—	—	符合CJ/T 312—2021中3的规定	2

续表

序号	一级指标	二级指标	指标描述	分解指标	分解指标解释	评分依据	得分
8		运行环境（5分）	硬、软件系统建设符合CJJ/T 312—2021第7章的规定（2分）	—	—	符合CJJ/T 312—2021中7的规定	2
9			网络环境应具有开放性、可扩充性、可靠性和安全性的特点，并建立网络管理制度和网络运行保障支持体系（1分）	—	—	符合CJJ/T 312—2021中7的规定	1
10			建立灵活的备份和恢复系统，具有集中化的备份策略管理及备份任务监督功能，重要数据采取异地备份（1分）	—	—	符合CJJ/T 312—2021中7的规定	1
11			建立安全访问机制，确保系统安全和数据安全（1分）	—	—	符合CJJ/T 312—2021中7的规定	1
12	应用系统（35分）	功能和性能（25分）	功能和性能符合CJJ/T 312第4章的规定（20分）	业务指导系统	业务指导系统应包括政策法规、行业动态和经验交流等功能模块	符合CJJ/T 312—2021中4.1.4的规定	2
				监督检查系统	监督检查系统应包括重点工作任务督办、联网监督、巡查发现和数据填报等功能模块，应构建"统筹布置、责转办、重点督办、限时反馈"的闭环工作流程机制	符合CJJ/T 312—2021中4.1.4和4.2.2的规定	3
				监测分析系统	监测分析系统应包括风险管理、监测预警、风险防控和运行统计分析等功能模块	符合CJJ/T 312—2021中4.1.4的规定	3
				综合评价系统	综合评价系统应包括评价指标管理、评价任务管理、实地考察、评价结果生成等功能模块	符合CJJ/T 312—2021中4.1.4的规定	3

续表

序号	一级指标	二级指标	指标描述	分解指标	分解指标解释	评分依据	得分
12	应用系统（35分）	功能和性能（25分）	功能和性能符合CJJ/T 312第4章的规定（20分）	决策建议系统	决策建议系统应具备基于汇聚的业务指标、监督数据，提供城市运行管理服务指标数据统计、趋势分析、工作报告和政策建议等功能	符合CJJ/T 312—2021中4.2.5的规定	3
				数据交换系统	数据交换系统应实现与国家平台、省级平台互联互通，横向与市相关部门信息共享	符合CJJ/T 312—2021中4.1.4的规定	2
				数据汇聚系统	数据汇聚系统汇聚的数据应符合现行行业标准《城市运行管理服务平台数据标准》（CJJ/T 545）的规定，应包括数据获取、数据清洗、数据融合、数据资源编目等功能模块	符合CJJ/T 312—2021中4.1.4的规定	2
				应用维护系统	应用维护系统应具备管理维护日常运营维护功能	符合CJJ/T 312—2021中4.1.4的规定	2
13		运行维护（5分）	通过国家认可的第三方软件测试（5分）	第三方软件测试	—	符合CJJ/T 116—2014的规定	5
14			制订合理有效的运行维护管理制度（2分）	运行维护管理制度	—	符合CJJ/T 312—2021中9平台运行维护的规定	2
15			配备系统管理员，或由专门机构或公司托管，监测系统运行状况、数据库状况、数据备份情况等（3分）	监测系统运行状况、数据库状况、数据备份情况	—	符合CJJ/T 312—2021中9平台运行维护的规定	3
16	运行效果（25分）	城市覆盖率（10分）	本省城市全部接入省级平台（10分）	—	—	现场系统查阅	10
17		综合评价（5分）	按照规定进行综合评价（5分）	—	运行监测评价	实现实时监测的对象覆盖率达70%及以上，得1分；否则不得分	1
						实时监测类指标中的覆盖率类指标得分达15分及以上的，得0.5分；否则不得分	0.5

续表

序号	一级指标	二级指标	指标描述	分解指标	分解指标解释	评分依据	得分
17	运行效果(25分)	综合评价(5分)	按照规定进行综合评价(5分)	—	运行监测评价	实时监测类指标中的在线率指标得分达8分及以上的,得0.5分;否则不得分	0.5
						运行监测类的事件处置率达100%的,得1分;达80%及以上的,得0.5分;否则不得分	0.5
					管理监督评价。验收方(第三方)随机抽查城市12类评价点位的各一个点位,并独立现场采集数据	取得现场采集数据自动生成的综合评价成绩得分 综合评价成绩达60分得0.5分;达70分得1分;达80%及以上的,得1.5分	2.5
18		现场考察(10分)	现场系业务化运行演示流程顺畅,操作熟练(5分)	—	—	现场综合评判	5
19			数据完整、正确、具有现势性(3分)	—	—	现场调阅系统数据	3
20			能提供完整的工作情况记录(2分)	—	—	现场系统查询	2
21	文档资料(5分)	管理模式文档(2分)	城市运行管理服务体制机制创新相关文件(政府文件)	运行监测管理制度	—	城市运行监测相关文件(政府文件)	0.5
22			城市运行管理服务业务指导、监督检查、分析等制度相关文件(政府文件)	监督检查管理制度	—	城市管理服务监督、处置、考核相关文件(政府文件)	0.5
23			城市运行管理服务综合评价制度相关文件(政府文件)	综合评价管理制度	—	城市综合评价相关文件(政府文件)	0.5
24			引用的现行国家标准、行业标准、地方标准等	引用标准	—	引用标准	0.5
25		建设过程文档(2分)	城市运行管理服务平台立项申请与批复	—	—	查阅文档	2

续表

序号	一级指标	二级指标	指标描述	分解指标	分解指标解释	评分依据	得分
26	文档资料（5分）	建设过程文档（2分）	项目建设实施方案及论证专家评审意见	—		查阅文档	2
27			系统集成相关文档资料，包括招标文件、投标文件、合同、场地机房设计和建设文档、设备和软件到货验收文档、系统集成（含网络、安全、服务器、数据库、中间件等）建设文档、系统集成测试报告等	—			
28			应用软件需求分析报告、总体设计书、详细设计书、用户手册、维护手册、测试报告等	—			
29			对系统软件测试、网络及机房硬件环境等方面有专项验收，并附正式的测试（检测）报告	—			
30			系统集成项目监理方案、实施文档和验收文档	—			
31		总结文档（1分）	项目建设竣工报告（含自检意见）	—		查阅文档	1
			项目建设总结报告	—			
			平台运行报告	—			

评分说明：
1. 综合得分满分分值为100分。
2. 评分表中各栏目中的分值累计扣完为止。
3. 涉及的文档资料编写日期以验收日期前3个月为准。

验收专家组组长签名：　　　　　　　　　　　评分日期：

综合得分：

第二节
市级城市运行管理服务平台验收

一、市级平台验收基本条件

按照技术标准的规定，市级平台验收应满足下列基本条件：

1. 平台建设应符合技术标准中第3章～第7章的规定。
2. 应建立城市运行管理服务长效机制。
3. 应制定监督、指挥、处置和考核等制度。
4. 平台应连续安全稳定试运行超过3个月。

二、市级平台验收程序与方式

市级平台验收应符合下列规定：

1. 组织相关专业的专家组成专家组进行验收，专家组成员不宜少于7人。
2. 验收程序应包括总体情况介绍、平台演示、文档查阅、实地考察、平台数据随机抽查和专家质询等。
3. 应按技术标准中附录C的规定逐一对照检查，并应按技术标准中附录D规定的验收评分标准进行逐项打分，其中市级平台验收评分表参照表6-6执行，形成验收意见。
4. 验收意见可参照技术标准附录E的示例。

三、市级平台验收主要内容

市级平台验收的主要内容包括管理模式、数据建设、应用系统、运行效果、文档资料等。

（一）管理体系建设应符合下列规定：

1. 市级应建立城市运行管理服务指挥中心。
2. 市级应制定城市运行管理服务指挥手册、城市运行管理服务绩效考核办法等文件。
3. 市级平台应建立包含信息收集、案件建立、任务派遣、任务处置、处置反馈和核查结案等在内的闭环业务流程。

（二）数据体系建设应符合下列规定：

1. 构建规范的数据管理机制，包括数据标准、数据目录、数据责任、数据汇聚和共享、数据安全等。
2. 数据应进行全周期管理，包括采集、存储、整合、呈现与使用、分析与应用、归档和销毁。
3. 市级城市运行管理服务数据库应包括城市基础数据，运行、管理、服务、综合评价和外部汇聚等数据；数据内容应符合现行行业标准数据标准的规定。

4. 数据应保证真实性、完整性、准确性、一致性、现势性和可交换性。

（三）应用系统建设应符合下列规定：

1. 建立平台运行环境，具备网络、服务器、存储及备份设备、安全设备等，并具备安装操作系统和数据库管理系统等软件。

2. 市级平台应建设业务指导、指挥协调、行业应用、公众服务、运行监测、综合评价、决策建议、数据交换、数据汇聚和应用维护等系统；市级平台可共用国家平台的业务指导系统。

3. 应具有安全保障功能。

4. 应进行平台软件测试，软件测试应符合现行行业标准《建设领域应用软件测评工作通用规范》（CJJ/T 116）的相关规定。

5. 应提供应用系统相关的平台设计和开发文档，其中包括需求分析报告、总体设计书、详细设计书、用户手册、维护手册和测试报告等。

（四）运行效果应符合下列规定：

1. 运行范围应覆盖城市建成区范围。

2. 将城市运行管理服务相关部门和责任主体纳入平台，并满足城市运行管理服务工作要求。

3. 平台应处于正常运行状态。

4. 市级平台的绩效评价应符合现行国家标准《数字化城市管理信息系统 第4部分：绩效评价》（GB/T 30428.4）的规定。

（五）文档资料应符合下列规定：

1. 平台建设和运行的文档目录应符合表6-4的规定。

平台建设和运行的文档目录　　　　　表6-4

序号	文档分类	文档内容
1	管理模式文档	城市运行管理服务评价相关文件（政府文件）
2		城市运行管理服务监督处置制度性相关文件（政府文件）
3		城市运行管理服务考核制度性相关文件（政府文件）
4		引用的现行国家标准、行业标准和地方标准清单
5	建设过程文档	城市运行管理服务平台项目立项申请与批复
6		项目建设实施方案及专家论证意见
7		招标投标及合同文件
8		工作场地设计与建设文档
9		设备、软件到货验收文档

续表

序号	文档分类	文档内容
10	建设过程文档	网络、安全、服务器等平台集成建设文档
11		平台集成测试报告
12		部件、地理编码数据普查技术方案
13		部件、地理编码数据普查监理报告
14		部件、地理编码数据普查验收报告
15		城市运行管理服务数据库建库技术总结报告
16		应用系统需求分析报告
17		应用系统总体设计方案
18		应用系统详细设计方案
19		应用系统用户手册
20		应用系统维护手册
21		应用系统测试报告
22		项目建设监理报告
23	总结文档	项目建设竣工报告、自检意见
24		项目建设总结报告
25		试运行情况报告，运行效果、月度分析报告

2．电子文档和纸质文档的内容应系统、完整，并应符合现行国家标准《计算机软件文档编制规范》（GB/T 8567）的规定。

3．文档资料应字迹清晰、图表整洁、手续完备。

4．文档资料尺寸规格宜为A4幅面，图纸宜采用标准图幅。

四、市级平台验收指标与评分

1．验收指标分为一级指标和二级指标。验收综合得分满分为100分。

2．一级指标包括管理模式、数据建设、应用系统、运行效果和文档资料五部分，其权重见表6-5。

一级指标权重　　　　表6-5

一级指标	权重
管理模式	20%
数据建设	15%
应用系统	35%
运行效果	25%
文档资料	5%

3．市级平台验收评分应符合表6-6的规定。

表6-6

市级平台验收评分表

序号	一级指标	二级指标	指标描述	分解指标	分解指标解释	评分依据	得分
1	管理模式（20分）	机构建设（10分）	建立城市运行管理服务指挥中心，并承担相应的管理职责（4分）	城市运行管理服务指挥中心	设立履行城市运行管理服务指挥职责的组织机构	批准机构设置和职责范围的相关文件（政府文件）	1
				承担城市运行管理职责	运行监测职责	城市运行监测相关文件（政府文件）	1
					指挥协调职责	城市管理服务监督、处置、考核相关文件（政府文件）	1
					考核评价职责	城市考核评价相关文件（政府文件）	1
2			组织体系和模式与城市运行管理服务需求一致（2分）	指挥协调模式	包括信息收集、案件建立、任务派遣、任务处理、处理反馈、核查结案和绩效考核等闭环管理环节	符合CJJ/T 312—2021中4.3的规定	0.5
				运行监测模式	包括收集数据、发现责任主体、风险监测、风险报告到上级部门等管理环节	符合CJJ/T 312—2021中4.3的规定	0.5
				考核评价模式	包括公开标准、采集数据、计算排名、排名公告等管理环节	符合《城市运行监测指标及评价标准》	1
3			建立较健全的内部管理机制和制度，保障城市运行管理服务平台有效运行（2分）	建立城市运行管理服务制度	运行监测管理制度	符合《城市运行管理服务平台运行监督管理指标及评价标准》	0.5
					指挥协调管理制度	城市管理服务监督、处置、考核相关文件（政府文件）	0.5
					考核评价管理制度	考核评价相关文件（政府文件）	1
4			平台接入城市管理服务热线12319，或对接12345政务服务等热线（2分）	接入城市管理服务热线12319	纳入指挥协调模式	城市管理服务监督、处置、考核相关文件（政府文件）	1
				接入12345政务服务热线	纳入移交转办模式	市12345政务服务热线管理制度	1

续表

序号	一级指标	二级指标	指标描述	分解指标	分解指标解释	评分依据	得分
5	管理模式（20分）	制度建设（10分）	建立并执行有效的监督、指挥、处置和考核制度，形成城市运行管理服务长效机制（5分）	运行监测管理制度	运行监测管理制度	城市运行监测相关文件（政府文件）	1.5
				指挥协调管理制度	指挥协调管理制度	城市管理服务监督、处置、考核相关文件（政府文件）	1.5
				综合评价管理制度	综合评价管理制度	考核评价相关文件（政府文件）	2
6			综合评价的结果纳入政府效能目标管理（3分）	城市运管服评价结果纳入政府效能目标管理	运行监测成绩纳入政府效能管理	城市运行监测相关文件（政府文件）	1
					指挥协调成绩纳入政府效能管理	城市管理服务监督、处置、考核相关文件（政府文件）	1
					考核评价成绩纳入政府效能管理	考核评价相关文件（政府文件）	1
7			建立相应的绩效评价内部管理制度（2分）		城市指挥协调管理制度	符合GB/T 30428.4—2016中7.5岗位评价、附录D的规定	2
8	数据建设（15分）	城市运行管理服务数据（15分）	建立符合现行行业标准《城市运行管理服务平台数据标准》CJ/T 545—规定的城市运行管理服务数据库（10分）	基础数据库	城市基础数据应包括地理空间、城市信息模型、评价点位数据和统计年鉴等基础数据	符合CJ/T 545—2021中7.2的规定	2
				运行数据库	运行数据应包括市政设施运行监测、房屋建筑运行监测、交通设施运行监测和人员密集区域运行监测等数据	符合CJ/T 545—2021中7.3的规定	2
				管理数据库	管理数据应包括城市部件事件监管、城市管理行业应用、业务指导和监督检查等数据	符合CJ/T 545—2021中7.4的规定	2
				服务数据库	服务数据应包括公众诉求数据和便民便企服务事项数据，各城市可根据实际需求，拓展或接入与公众服务相关的其他数据	符合CJ/T 545—2021中7.5的规定	2
				评价数据库	综合评价数据应包括城市管理监督数据和城市运行监测数据	符合CJ/T 545—2021中7.6的规定	2

续表

序号	一级指标	二级指标	指标描述	分项指标	分解指标解释	评分依据	得分
9	数据建设（15分）	城市运行管理服务数据（15分）	数据的现势性（3分）	运行监测系统	运行监测数据（日/月/年）	现场调阅系统数据	1
				指挥协调系统	指挥协调数据（日/月/年）		1
				综合评价系统	综合评价数据（半年/年）		1
10			数据存储使用的安全、保密要求和措施符合国家相关规定（2分）	—	—	符合CJJ/T 312—2021中3的规定	2
11			硬、软件系统建设符合CJJ/T 312第7章的规定（1分）	—	—	符合CJJ/T 312—2021中7的规定	1
12	应用系统（35分）	运行环境（5分）	网络环境应具有开放性、可扩充性、可靠性和安全性的特点，并建立网络管理制度保障和网络运行保障支持体系（1分）	—	—	符合CJJ/T 312—2021中7的规定	1
13			建立灵活的备份和恢复系统，具有集中化的备份策略管理及备份任务监督功能，重要数据采取异地备份（1分）	—	—	符合CJJ/T 312—2021中7的规定	1
14			建立安全访问机制，确保系统和数据安全（1分）	—	—	符合CJJ/T 312—2021中7的规定	1
15			执行GB/T 30428.5标准，监管信息采集设备应具有无线通信数据传输功能和定位功能，与应用系统单次数据无线交换和传输时间不宜超过30秒（1分）	—	—	符合GB/T 30428.5—2017的规定	1

续表

序号	一级指标	二级指标	分解指标	指标描述	分解指标解释	评分依据	得分
16	应用系统（35分）	功能和性能（25分）	业务指导系统	功能和性能符合CJJ/T 312第4章的规定（20分）	业务指导系统应包括政策法规、行业动态和经验交流等功能模块	符合CJJ/T 312—2021中4.1.4的规定	2
			指挥协调系统		依据现行行业标准《城市市政综合监管信息系统技术规范》（CJJ/T 106）的规定建设子系统，可根据需求拓展建设其他子系统	符合CJJ/T 312—2021中4.3.4的规定	2
			行业应用系统		应包括市政公用、市容环卫、园林绿化和城市管理执法等相应信息化应用系统	符合CJJ/T 312—2021中4.3.5的规定	2
			公众服务系统		应分为热线服务、公众服务号和公众类应用程序（App）等	符合CJJ/T 312—2021中4.3.6的规定	2
			运行监测系统		应包括监测信息管理、监测预警、预测预警、风险防控、决策支持、隐患上报与突发事件推送等子系统	符合CJJ/T 312—2021中4.3.7的规定	2
			综合评价系统		应包括评价指标管理、评价任务管理、实地考察、评价结果生成等功能模块	符合CJJ/T 312—2021中4.3.8的规定	2
			决策建议系统		应包括城市部件事件，以及市政公用、市容环卫、园林绿化和城市管理执法等分析研判功能模块，各模块应具备指标数据统计、趋势分析等功能	符合CJJ/T 312—2021中4.3.9的规定	2
			数据交换系统		应具备向国家平台、省级平台推送城市运行管理服务相关数据的功能	符合CJJ/T 312—2021中4.3.10的规定	2
			数据汇聚系统		应包括数据获取、数据清洗、数据融合、数据资源编目等功能模块	符合CJJ/T 312—2021中4.3.11的规定	2
			应用维护系统		应包括机构、人员、权限配置和系统配置等功能模块	符合CJJ/T 312—2021中4.3.12的规定	2
17			第三方软件测试	通过国家认可的第三方软件测试（5分）	—	符合CJJ/T 116—2014的规定	5

续表

序号	一级指标	二级指标	指标描述	分解指标	分解指标解释	评分依据	得分
18	应用系统（35分）	运行维护（5分）	制订合理有效的运行维护管理制度（2分）	运行维护管理制度	—	符合CJJ/T 312—2021中9的规定	2
19			配备系统管理员，或由专门机构或公司托管，监测系统运行状况、数据库运行状况、数据备份情况等（3分）	监测系统运行状况、数据库运行状况、数据备份情况	—	符合CJJ/T 312—2021中9的规定	3
20		范围覆盖率（2分）	达到实施方案规定的覆盖范围（2分）	覆盖范围	—	符合GB/T 30428.6—2017中5.4.1的规定	2
21		部门覆盖率（4分）	城市运行管理服务相关部门和责任主体纳入平台（2分）	指挥协调覆盖部门	—	符合GB/T 30428.8—2020中附录B监管案件立案条件、结案条件、处置时限与专业部门示例的规定	2
22			城市运行管理服务案件的处置覆盖部门和单位（2分）	运行监测覆盖部门	—	符合CJJ/T 312—2021中4.3.7的规定	2
23	运行效果（25分）	综合评价（10分）	建立评价网格专题图层和评价点位清单（5分）	建立评价网格图层	—	符合CJJ/T 312—2021的规定	2.5
				形成评价点位清单	—	符合CJJ/T 312—2021的规定	2.5
			按照规定进行综合评价（5分）	进行综合评价	运行评价	实现实时监测的对象指标中的覆盖率达70%及以上，得1分	1
						实时监测类指标中的覆盖率指标得分达15分及以上的，得0.5分；否则不得分	0.5
						实时监测类指标中的在线率指标得分达8分及以上的，得0.5分；否则不得分	0.5
						运行监测类指标的事件处置率达100%的，得1分；达80%及以上的，得0.5分；否则不得分	0.5
					管理评价。验收方（第三方）随机抽查城市12类评价点位的各一个点位，并独立现场采集数据	取得评价现场采集数据自动生成的综合评价成绩得1分；综合评价成绩达60分得0.5分；达70分得1分；达80分得1.5分	2.5

续表

序号	一级指标	二级指标	指标描述	分解指标	分解指标解释	评分依据	得分
24	运行效果（25分）	运行指标（3分）	准确立案率不低于95%（1分）	准确立案率（指挥协调）	准确立案数/立案数×100%	符合GB/T 30428.4—2016中表2的规定	1
25			部门和单位处置率不低于90%（1分）	按期处置率（指挥协调）	按期处置数/处置数×100%	符合GB/T 30428.4—2016中表2的规定	1
26			运行监测报警准确率不低于90%（1分）	运行监测报警准确率	—	运行监测类的报警准确率达90%及以上，得1分；否则不得分	1
27			延期率不超过3%（1分）	延期率（指挥协调）	延期数/应处置数×100%	符合GB/T 30428.4—2016中附录A、表A.2的规定	1
28			现场系统业务流程顺畅、示流程顺畅，操作熟练（1分）	—	—	现场综合评判	1
29		管理指标（6分）	现场随机抽取立案案件或事件，能清晰显示立案、处置或结案流程情况和完整记录（1分）	指挥协调案件	部件、事件类案件	现场系统查询	0.5
				运行监测事件	风险评估结果、传感器监测情况、预警类事件	现场系统查询	0.5
30			现场随机抽取立案案件或事件，能顺利进行多种案件的查询和统计分析（1分）	指挥协调案件	部件、事件类案件	现场系统查询	0.5
				运行监测事件	风险评估结果、传感器监测情况、预警类事件	现场系统查询	0.5
31			现场随机抽查理员、派遣员、监督员各一名，均能熟练操作系统（1分）	指挥协调系统	—	现场综合评判	1
32			能提供完整的工作情况记录（排班表、考勤表等）（1分）	指挥协调系统	—	现场综合评判	0.5
				运行监测系统	—	现场综合评判	0.5

续表

序号	一级指标	二级指标	指标描述	分解指标	分解指标解释	评分依据	得分
33	文档资料（5分）	管理模式文档（2分）	运管服体制机制创新相关文件	运行监测管理制度	—	城市运行监测相关文件	0.5
34			运管服监督处置制度性相关文件	指挥协调管理制度	—	城市管理服务监督、处置、考核相关文件	0.5
35			运管服平台考核制度性相关文件	引用标准	—	考核评价相关文件	0.5
36			引用的现行国家标准、行业标准、地方标准清单	—	—	引用标准	0.5
37		建设过程文档（2分）	城市运行管理服务平台立项申请与批复	—	—	查阅文档	2
38			项目建设实施方案及论证专家评审意见	—	—		
39			系统集成相关文档资料，包括招标文件、投标文件、合同、场地机房设计和建设文档、设备和软件到货验收文档、系统集成（含网络、安全、服务器、数据库、中间件等）建设文档、系统集成测试报告等	—	—		
40			数据采集及更新相关文档资料，包括数据采集、处理、建库的合同或协议、技术方案、质量检查未总结报告、验收报告以及监理报告	—	—		

续表

序号	一级指标	二级指标	指标描述	分解指标	分解指标解释	评分依据	得分
41	文档资料（5分）	建设过程文档（2分）	应用软件需求分析报告、总体设计书、详细设计书、用户手册、维护手册、测试报告等	—	—	查阅文档	2
42			对系统软件测试、测绘数据质量检测、网络及机房硬件环境等方面有专项验收，并附正式的测试（检测）报告	—	—		
43			系统集成项目监理方案、实施文档和验收文档	—	—		
44		总结文档（1分）	项目建设竣工报告（含目检意见）	—	—	查阅文档	1
45			项目建设总结报告	—	—		
46			平台运行报告	—	—		

评分说明：
1. 综合得分满分分值为100分。
2. 评分表中各栏目中的分值累计扣完为止。
3. 涉及的文档资料编写日期以验收日期前3个月为准。

综合得分：　　　　　　　　验收专家组组长签名：　　　　　　　　评分日期：

第三篇
系统应用实践案例

近年来,各地为了提高城市科学化、精细化、智能化管理水平,开发了多种城市管理信息化系统,并在实际工作中发挥了重要作用。城市运管服平台建设过程中,要求各地开发建设运行监测系统、指挥协调系统、行业应用系统、公众服务系统、综合评价系统、决策建议系统等,属于市级平台建设的"规定动作"。本篇着重对运行监测、综合管理、为民服务等主要的应用系统建设要求进行阐述,并通过地方已经建设的实践案例进行补充说明,供地方在建设相应的系统时参考。

第七章 运行监测系统

运行监测系统是市级城市运管服平台最重要的系统之一，聚焦市政设施、房屋建筑、交通设施和人员密集区域等方面，通过建立城市运行风险识别、评估、监测、预警和处置工作机制，实现对城市运行状况"全生命"周期监测管理。重点对防洪排涝、燃气爆炸、路面塌陷、管网漏损、桥梁坍塌等风险隐患开展监测，及时掌握城市运行中的风险、隐患、报警信息，从而了解整个城市的运行状况，评估分析城市设备设施运行是否安全、高效、健康。

第一节 监测内容

现阶段，监测内容主要聚焦市政设施、房屋建筑、交通设施和人员密集区域等方面的运行监测。其中，市政设施运行监测主要包括对燃气、供水、排水、供热、环卫、综合管廊、内涝等场景的运行监测；房屋建筑运行监测主要包括对建筑施工、危房等场景的运行监测；交通设施运行监测主要包括对道路塌陷、桥梁、隧道等场景的运行监测；人员密集区域运行监测主要包括对机场、车站、医院、学校、酒店、大型超市等场景的运行监测。

第二节 运行机制

市级平台运行监测系统是城市安全运行管理的信息枢纽和分析大脑，承担市政设施、房屋建筑、交通设施和人员密集区域风险隐患排查治理的信息汇聚和分析研判任务，发布预警信息，辅助全市城市运行安全风险治理工作。纵向上，市级平台运行监测系统（中心）汇聚区（市、县）城市安全运行信息，通过基础数据分析、运行监测数据分析、业务数据分析，有针对性地指导区（市、县）城市安全运行管理工作开展，同步向省级平台上传城市运行监测数据和事件报警信息，为全省开展城市安全风险防控工作提供数据支撑。横向上，市级平台运行监测系统（中心）联动市政设施权属单位和行业监管部门，为其精准有效处置风险提供数据支撑，为应急状态下多部门联动及时排险提供决策参考。以合肥市为例，其城市安全运行监测中心运行机制如图7-1所示。

合肥市建立了城市生命线安全运行监测中心，依托城市生命线安全运行监测平台，通过专业数据分析和深度挖掘城市生命线运行规律，为政府，应急、住建、交通等部门，燃气、供排水、桥梁等权属责任单位提供辅助决策支持。市监测中心主要承担监测值守、分析研判、辅助决策等任务。

监测中心的工作职责包括：（1）标准编制：负责生命线安全运行监测建设、运行与维护等相关标准规范编制。（2）日常值守：建立7×24小时值守制度，根据监测系统自动报警提醒，值守人员第一时间发现险情并利用专业模型确定风险位置和周边影响情况。（3）分析研判：通过对城市生命线工程异常事件的分析研判和预测预警，为突发事件处置提供辅助决策支持；定期形成系统安全运行报告，为日常维护保养提供数据支撑，为领导机关提供决策参考。（4）咨询培训：为城市安全主管部门、行业监管部门、市政工程管理处、市公路局、燃气集团、供水集团等权属部门提供技术咨询和业务培训。（5）运维保障：负责前端感知设备、系统软件平台及附属设施的日常维护等工作，保障监测系统正常稳定运行。

在城市安全运行监测过程中，当安全运行监测中心判断警情可能导致城市安全事故发生时，按照以下运行机制联动市政权属单位和行业主管部门：（1）三级预警响应，城市安全监测中心立即将预警信息推送至市政设施权属责任单位；权属责任单位及时组织现场排查复核、处置和信息反馈。（2）二级预警响应，经行业监管部门审核同意，由监测中心立即将预警信息推送至事发区政府，并同步报告110报警服务台；权属责任单位及时组织现场处置和信息反馈；监测中心做好数据分析和现场技术支撑；行业监管部门、事发区政府相关负责人

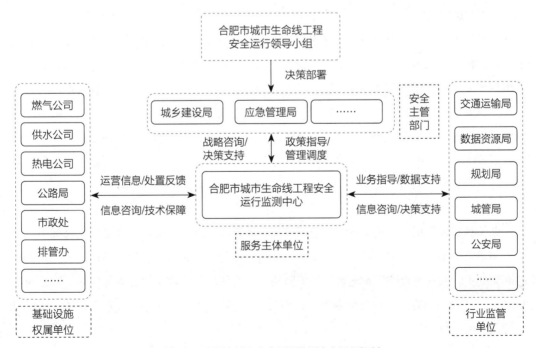

图7-1　合肥市城市安全运行监测中心运行机制

到达现场指挥协调应急处置，根据现场抢险需要协调其他相关单位配合道路修复、临时交通管制、绿化迁移、舆情引导等处置。（3）一级预警响应，经市突发事件应急指挥部办公室审核同意后，市监测中心应立即将预警信息推送至市应急指挥部成员单位、事发区相关负责人，并同步报告110和119报警服务平台；市突发事件应急指挥部办公室指示成员单位负责人组建现场指挥部，由现场指挥部进行分析研判，作出应急决策，调度指挥有关应急力量开展应急处置；市监测中心做好数据分析和现场技术支撑；权属责任单位及时组织现场警情处置和信息反馈；行业监管部门、事发区政府、市公安局、市消防支队、市卫健委、市委网信办、市政府新闻办等有关部门做好相关抢险处置。

第三节 市政设施运行监测子系统

一、燃气管网运行监测（以合肥市为例）

（一）项目概况

合肥市按照统筹规划、顶层设计、资源共享、集约建设和高效利用的总体建设原则，对全市高风险燃气管线及其相邻空间进行监测，提升城市燃气风险监测能力；融合大数据、云计算等新技术，提升系统监测数据传输及分析能力，拓展风险隐患综合研判及耦合灾害模拟演练等分析服务功能。项目建设打通监测、预警及应急处置的闭环壁垒，综合提升了燃气安全运行监测预警和指挥调度能力。合肥市燃气安全运行监测系统如图7-2所示。

（二）建设模式

合肥市燃气监测预警项目建设方为合肥市城乡建设局燃气管理处和合肥燃气集团，主要服务用户包括合肥市政府、合肥市燃气管理处、合肥燃气集团、合肥中石油昆仑燃气公司、安徽深燃天然气公司、合肥市城市生命线工程安全运行监测中心。该项目依托合肥市城市生命线工程安全运行监测平台，由合肥市城市生命线工程安全运行监测中心提供运营服务。监测中心纳入合肥市安全生产委员会，是合肥市市属事业单位，负责全市城市生命线工程安全监测系统的运行、维护、处置与决策等咨询服务和管理工作，形成了市政府领导、多部门联合、统一监测服务的运行机制。

（三）建设成效

系统具有风险识别、透彻感知、分析研判、辅助决策四大功能。建立城市生命线燃气安全监测运营体系，可以第一时间将预警信息进行分类处置，做到常态化监测、动态化预警、协同化处置，实现城市燃气安全运行整体监测、动态体检、早期预警和高效应对。自系统运行以来，已成功预警燃气管网泄漏事件205起，沼气浓度超标报警3000余起，有效保证了燃气管网安全运行。

图7-2 合肥市燃气安全运行监测系统

二、供水管网运行监测（以合肥市为例）

（一）项目概述

合肥市按照点、线、面相结合的原则，优先选择高风险区域、重点敏感区域和关系民生保障工程的供水管网进行监测系统建设，为合肥市城乡建设局、市应急管理局、市政工程处、供水集团等单位提供数据支撑、技术咨询和培训服务，有效提升了城市生命线工程供水管网运行的安全性和精细化管理水平。合肥市供水安全运行监测系统如图7-3所示。

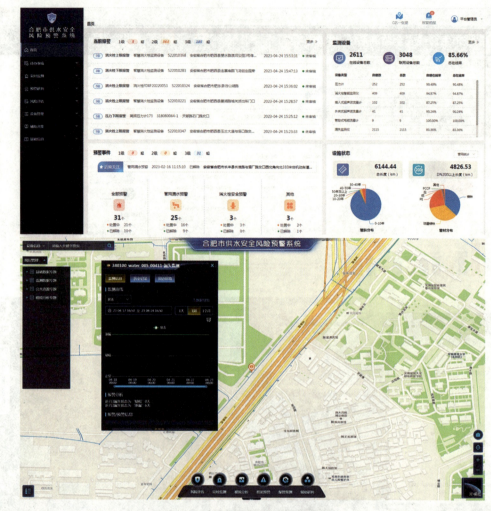

图7-3 合肥市供水安全运行监测系统

（二）建设模式

合肥市供水监测预警项目建设方为合肥市城乡建设局公用管理处和合肥供水集团，主要服务用户包括合肥市政府、合肥市公用管理处、合肥供水集团、合肥市城市生命线工程安全运行监测中心。

（三）建设成效

通过系统监测运营可大幅降低城市供水漏损率，预防由于供水泄漏诱发的路面塌陷事件。系统运行以来，每周平均分析报警210余处，协调处置35余次；完成供水管网安全评估报告40余份。2017—2020年，全市供水漏损率降低1.5%，节约水费超过2000万元（水价按综合水价2.2元/吨计算）；成功预警供水管道泄漏事件100多起，大用户不规范用水2起，路面塌陷预警2起，水锤预警4起。针对第三方施工损坏供水管线问题，城市生命线工程安全运行监测中心与合肥供水集团形成及时互通信息、协同处置的对接机制，编制值守标准、现场抽检标准、分析技术规程、技术服务规范4套标准。

三、排水管网运行监测（以广州市为例）

（一）项目概述

广州市建立了"全覆盖、全流程、精细化、可溯源"的排水管理体系，开发了广州智慧排水信息系统（图7-4），形成了排水设施一张图，实现了排水设施的信息化、账册化管理，摸清了排水设施的"家底"；建立了工程补短板一本账，建立了问题发现、问题确认、工程改造、效果评估的全流程闭环管理机制；构建了运行监控一张网，布设了从源头到末端的感知设备，全面感知排水运行实时状态；打造了数据一中心，打通了市区两级、政企多方的数据通道，为排水业务提供数据支撑；搭建了平战结合一应用，覆盖了日常、应急全流程业务。

图7-4　广州智慧排水信息系统

（二）建设模式

广州市制定了一系列措施，推进广州排水防涝工作。第一，"以河湖长制为抓手，开门治水"，构建了市、区、镇街、村居四级河长责任体系，实现了河、湖、库、塘、小微水体管护全覆盖，形成了"河长领治、上下同治、部门联治、水陆共治"的工作格局。第二，结合广州市排水行业的实际情况，围绕排水设施基础数据建设、物联监测体系建设，从技术和管理两个维度，构建一套可操作的"智慧排水"标准规范，以指导项目建设、排水设施基础数据更新、系统运行管理和升级维护。第三，摸清设施底数，夯实管理基础，并建立排水设施基础数据持续更新和维护的机制。第四，对排水监测的传感设备"采购服务，按效付费"，解决排水复杂环境下的设备安装部署、升级换代和运维管理等一系列技术和管理问题。第五，按照"市局统筹、各区补充、分批建设"的思路，由市水务局统一制定排水物联接入标准，统一打造全市水务物联网平台，建立全市统一的排水物联监测体系。第六，精细专业管理，强化过程管控，一方面借助镇街力量开展日常巡检，另一方面由排水公司进行专业化的巡检。第七，通过项目一体化打造，依托可视会商平台打造智慧调度指挥系统，接入广州市城管云平台的11万路视频资源，通过视频AI自动识别和发现内涝点，提高防内涝抢险的响应速度。

（三）建设成效

经济效益上，系统上线运行至今，全市累计复核排水管线22334.53公里、排水沟1597.85公里、窨井898418个、雨水口228988个、排放口26886个，复核设施数占设施总数的65%，约节省修补探测费用10430万元；市区共用业务应用系统，节约各区应用系统建设费用约4400万元；采购物联数据服务，每年最少可以节约运维费用831万元。社会效益上，治水成效得到社会和上级主管部门的广泛认同，治水经验案例多次受到住房和城乡建设部、水利部，以及国家环保督察组的表扬。生态效益上，广州市于2018年入选国家黑臭水体整治示范城市；2020年国家督办的147条黑臭水体全面消除黑臭并达到"长制久清"标准，13个国省考断面水质全面达标，根据《广东省生态环境厅关于2020年全省污染防治攻坚战成效的报告》，2020年广州国考断面优良率达到88.8%，达到小康社会（70%）的要求。

四、综合管廊运行监测（以合肥市为例）

（一）项目概述

合肥市针对全市约58.32公里综合管廊及其入廊管线的安全监测，安装部署廊内可燃气体智能监测仪、智能红外多点在线监测仪、加速度计、高频压力计、管段式流量计等多类传感设备达380余套，系统（图7-5）同时接入廊内环境等其他监测数据，实现对综合管廊及入廊管线（含供水、污水、燃气、热力和电力）运行状态和异常状态特征参数的实时监测，快速诊断综合管廊及入廊管线的健康状况，对可能发生的异常状况进行提前预警，及时预测发生异常状况的位置，实现对状态异常可能产生的次生、衍生灾害事件风险区域的快速识别和预警，为异常事件的快速处置提供辅助决策支持。

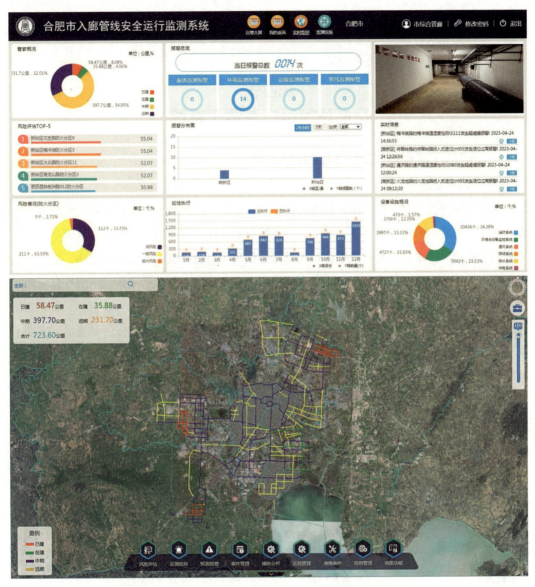

图7-5　合肥市城市地下综合管廊入廊管线安全运行监测系统

（二）建设模式

合肥市城市地下综合管廊入廊管线安全运行监测系统由合肥市城乡建设局出资，主要依托清华合肥院"城市生命线工程安全运行监测中心"的监控中心场所和数据中心资源进行建设。基础支撑系统为合肥市城市地下综合管廊入廊管线安全运行监测系统的运行提供基础软硬件支撑，包括监测中心场所、主机与存储系统、预警发布硬件支持系统。

（三）建设成效

合肥市地下综合管廊入廊管线安全运行监测系统项目是国内较早将入廊管线安全监测纳入综合管廊整体安全监测范围的项目，在行业内具有示范意义。同时依托项目实施成果，编制完成《综合管廊信息模型应用技术规程》《综合管廊运维数据规程》《综合管廊运行维护技术规程》三项地方标准。

第四节 房屋建筑运行监测子系统

一、建筑工地运行监测（以江苏省为例）

（一）项目概述

江苏省围绕人、机、料、法、环等关键要素，建立了建筑施工安全管理系统智慧安监平台。该平台包括政府端和项目端，其中，政府端包括在建工程、安全监督、机械设备、危大工程四个模块和一个展示与分析平台；项目端包括现场隐患排查、人员动态管理、扬尘管控视频、高处作业防护、危大工程监测五个模块和一个集成展示与分析平台。整个平台可以对施工现场的塔式起重机安全、施工升降机安全、现场作业安全、人员行为安全、人员动态信息、工地扬尘污染、危大工程监测情况等内容进行数据自动采集、集成分析和展示，推动了工程安全管理水平稳步提高，加快了管理部门之间的数据融合与业务协同，促进了政府监管效能提升。目前，全省137个县级以上建筑安全监督机构统一采用安全监管信息化管理平台。

（二）建设模式

江苏省建筑施工安全管理系统智慧安监平台（图7-6）由江苏省级财政拨款建设，由下属单位江苏省建筑安全监督总站和企业联合承建，在全省建筑施工领域推广使用，为政府、

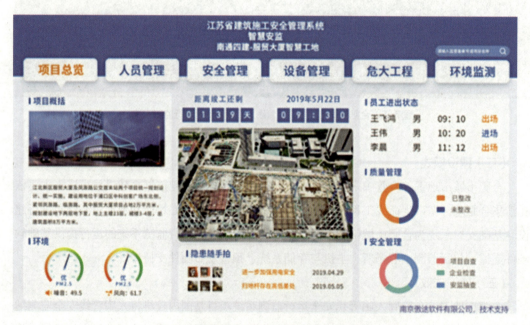

图7-6 江苏省建筑施工安全管理系统智慧安监平台

施工企业、项目部提供智慧化管理服务。

（三）建设成效

江苏省建筑施工安全管理系统智慧安监平台可同时为政府、施工企业、项目部提供智能化管理服务，即"三位一体"智慧安监平台。施工企业及项目部根据江苏省关于智慧工地建设要求，开展五大模块和一个平台的建设。系统具备数据汇聚和报警功能，当现场监测数据出现异常时，将自动通知安管人员及时处理、消除隐患。同时，关键报警数据通过江苏省智慧安监平台数据接口上传至政府端，数据汇集至政府端后，对数据进行集成展示与分析，供监管机构了解各项目的人员、环境、安全隐患、大型机械、危大工程的实时状态，从而辅助监管机构实现人机共管，提高建筑施工安全科技水平和安全管理水平。

二、房屋安全监测（以合肥市为例）

（一）项目概述

2020年以来，合肥市加快推进危房治理攻坚战，建设市级层面统一的业务管理服务平台和安全监测服务平台（图7-7）。业务管理服务平台可提供建设危房档案管理、风险评估、处置信息等服务，实现市、区级房屋安全主管部门对辖区房屋安全的日常信息管理，包括安全风险状况、维修改造情况，以及解危过程中的动态信息更新等。安全监测服务平台主要接入的是3年内暂不具备拆迁和改造条件的D级和C级但仍有人居住的危房，结合7×24小时监测、值守与分析，辅以人工必要巡检服务，实现D级危房结构安全风险的提前预警，便于政府提前组织人员疏散和解危，实现C级向D级转变中的提前预警和排危，为房屋下一步解危行动（继续使用、维修加固、立即拆除）提供处置决策参考。

（二）建设模式

政府作为主要出资方建设危房业务管理平台和危房监测平台。对于接入监测系统的危房，由其安全责任人负责监测和提供运维资金，政府按照相关文件给予一定资金补贴。危房业务管理系统的主要服务对象为政府部门，危房动态监测系统的主要使用对象包括监测运维中心、政府及相关责任部门等。

图7-7　合肥市危房监测试点及安全治理平台

（三）建设成效

合肥市业务管理平台和危房监测平台具有以下三个特色功能：一是危房信息全面汇聚。平台以全市历年房屋安全鉴定档案资料为数据支撑，可一键查询已鉴定过的500余幢、60多万平方米的房屋信息，全要素涵盖房屋地址、建设年代、结构形式、鉴定结论等。二是网格架构责任明晰。以《合肥市城区危险住房处置暂行办法》为依据，赋予市、县区、街道对应的操作权限，使其可在系统内查询录入辖区内危房信息以及报送解危信息等，有效压实房屋安全网络化管理责任。三是管理模式动态高效。在数据采集过程中录入每一幢房屋的X、Y坐标，形成全市危房电子地图，精准定位C、D级危房，实时掌握危房位置分布、目前状况、治理解危等最新情况，实现由传统静态管理向实时动态监控的转变。

第五节
交通设施监测子系统

一、道路塌陷安全监测（以深圳市为例）

（一）项目概述

2013—2019年，宝安区共发生道路塌陷事故223起，且有上升趋势，广泛存在着道路坍塌风险及隐患。为防控道路塌陷风险，宝安区利用物联网、大数据等最新信息技术，探地雷达、智能机器人等先进检测技术，结合公共安全核心科技与管理理念，创新建设"查-治-防"体系化的地面坍塌防治长效服务机制，建设"宝安区地面塌陷综合风险应急一张图系统"，开展宝安区375公里路面塌陷隐患雷达检测，30处排水管道3、4级缺陷地下空洞隐患及内窥检测，地面塌陷隐患钻探验证，编制地面坍塌防治标准规范以及地面坍塌防治工作方案。

（二）建设模式

项目采用设计-采购-施工-运营总承包（EPCO）模式，为政府财政全额投资。由宝安区人民政府牵头，区应急局作为项目实施机构，负责项目准备工作，委托清华大学合肥公共安全研究院对本项目采用EPCO模式进行技术、经济和法律方面的可行性研究，确定建设模式，组织编制项目实施方案，办理相应的政府内部报批备案等工作。区应急局根据项目合同约定，监督项目公司履行合同义务，定期监测项目产出绩效指标，编制季报和年报，并报财政部门备案。宝安区地面坍塌综合防治服务系统，如图7-8所示。

（三）建设成效

项目利用探地雷达共计检测出疑似隐患101处，管道机器人检测出疑似隐患73处，协同建设宝安区地面坍塌综合风险应急一张图系统，实现地面坍塌风险隐患的一图掌控、塌陷事故及隐患台账的实时上报和动态更新、地面坍塌事故应急处置的辅助研判等，提高宝安区地面坍塌防治工作效率和服务水平。

图7-8 宝安区地面坍塌综合防治服务系统

二、桥梁安全运行监测（以合肥市为例）

（一）项目概述

合肥桥梁安全监测系统（图7-9）建设的目标是实现对合肥市桥梁安全运行的全时空、全生命周期的监测与管理，对桥梁的环境与外部载荷、结构静态响应和动态响应等参数进行实时监控，为桥梁安全预警、安全分析评估提供数据支持，及时了解结构缺陷与损伤，并分析评估其在所处环境条件下的可能发展势态及其对结构安全运营造成的潜在风险，实现对桥梁结构运营期的监测和管理，并为养护需求、养护措施等决策提供科学依据，保障桥梁的安全运营。

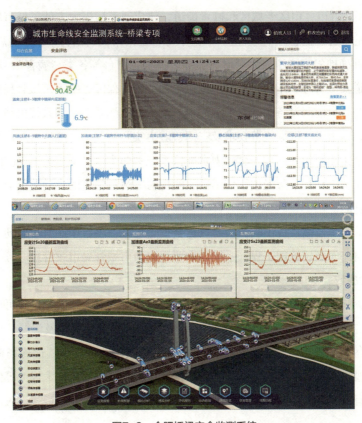

图7-9 合肥桥梁安全监测系统

（二）建设模式

合肥市桥梁安全监测项目是合肥市城市生命线安全工程的重要建设内容之一。项目一期建设覆盖5座桥梁，二期建设覆盖市域1/10面积范围内的46座桥梁，通过两期项目建设对合肥市重点区域、跨度大、等级高、重载车辆多的桥梁实现了安全监测全覆盖。系统的主要用户包括合肥市城乡建设局、合肥市市政工程管理处、合肥市交通运输局、合肥市公路管理局、合肥市城市生命线工程运行监测中心等。

（三）建设成效

合肥桥梁安全监测系统主要包括桥梁基本信息管理、监测信息可视化子系统、分析评估子系统、预警管理子系统、辅助决策子系统、巡检养护管理子系统等，通过24小时动态监测，值守人员对发现的报警及时研判分析、发布预警，实现事前预警、协同处置和高效应对，保障合肥市主要桥梁的安全运行。项目建成以来，预警重车超载等引发桥梁结构健康安全事件3802起，为不安全事件防控和桥梁监控养护提供重要科技支撑。

三、隧道监测（以临沂市为例）

（一）项目概述

三河口隧道是山东省首条内河河底隧道和交通要道，以隧道方式穿越祊河，主线全长1.92公里，连接临沂市兰山区老城区和柳青街道，建成通车后极大方便了城市居民的出行。但隧道中出现的各种"病害"，如裂缝、渗漏水等，也给市民的出行带来了隐患。

为高效、准确地发现隧道收缩变形、裂缝、掉块、错台等各类"病害"，解决隧道检测的难点，为隧道安全管理、车辆行车安全提供更加严密的保障，临沂市城管局在隧道内安装了光纤传感结构安全监测设备，开发了三河口隧道安全监测系统。该系统由静力水准仪系统和激光位移传感器组成，根据规范要求及三河口隧道实际情况，将隧道每50米划分成一个监测断面，在每个监测断面处安装一套静力水准仪系统和两个激光位移传感器。隧道内共安装48套静力水准仪系统和86个激光位移传感器，实现对三河口隧道的自动化监测。

（二）建设模式

三河口隧道安全监测系统由临沂市财政资金投资建设，项目于2021年启动主体安全监测设备安装及隧道路面面层处理工程。系统的主要用户为市城管局市政管理服务中心。

（三）建设成效

三河口隧道安全监测系统投入使用后，依托电脑端监测平台，检测人员可以对隧道进行全天候"网上巡查"，对隧道关键部位的结构应力、伸缩形变、裂缝及渗漏、地面沉降、地下水位、温度等参数实时监测。在电脑监测平台，监测软件可呈现隧道现场概览、监测数据、告警、曲线和报表的输出、设备状态、工程信息、监测方案及技术规范等信息。该系统的应用，不仅有效提高了隧道养护的检测效率，也标志着三河口隧道正式进入信息化、智能化管理新阶段。

第六节
人员密集区域运行监测子系统

人员密集区域消防安全运行监测（以临沂市兰山商城为例）

（一）项目概述

临沂市兰山商城是我国最早的专业批发市场和全国最大的商品集散地之一，建筑面积1200万平方米，现有123个批发市场、32个物流园区、6万多家商户、100多万从业人员，物流园区的2000多条配载线路可到达全国所有县级以上城市，已发展为全国规模最大的商品交易市场集群、重要的物流周转中心和商贸批发中心。但在商贸物流经济不断发展的同时，商城的安全形势不容乐观，以批发商城为代表的小商户聚集场所电气火灾发生的风险居高不下，老百姓的生命和财产安全难以得到保障，民生安全问题日益凸显。

兰山商城人员密集，一旦发生火情极易引发踩踏等一系列事故。为将风险隐患降至最低，兰山商城在2018年春节前聘请有关专家和消防、安监、交通、经信等相关职能部门的专业技术人员进行了研讨论证，并专门到天津、上海、贵阳等地的智慧消防先进单位进行实地考察，在充分借鉴外地先进管理经验的基础上，着力推进兰山商城人员密集区域消防安全平台建设。该平台采用"政府引导、市场参与、社会化服务"模式和"基于机器自学习的电气火灾智能预警"技术，建立了目前国内规模最大的管理小经营单位的智慧消防平台。该平台改变了商城消防安全治理模式，构建了人员密集区域公共安全人防、物防、技防网络，实现了人员素质、设施保障、技术应用的整体协调。

（二）建设模式

消防安全管理人员责任意识和管理水平以及消防一线工作人员的工作情况直接影响以人防为主的治理模式，平台将原来以人防为主的治理模式向人防、物防和技防相结合的模式转变，同时通过定期组织兰山商城消防安全责任意识培训、消防相关技术培训、消防安全知识培训等，助力兰山商城消防安全治理模式的整体改变。

系统将现有的工作流程线上、线下结合，实现工作全流程"闭环式"管理。智慧用电监测设备在机器自学习的电气火灾智能预警技术加持下，能够更加及时、精准地预警。当设备监测到商户用电安全隐患时，会发出警报提醒商户及时预防。同时，设备会将预警信息传输至兰山商城安全服务中心系统、市场安全管家软件和商户微信公众号三端，安全服务中心将在第一时间电话通知商户，联系市场工作人员进行处置，并将处置结果通过安云消防管家App进行反馈，由服务中心对隐患处置结果进行记录。针对商户现场隐患需要整改的，服务中心将给商户发放隐患整改通知单，市场将协助商户在5日内完成隐患整改，同时建立平台参与、政府辅助、基层组织主导的全闭环管理模式；隐患整改通知单发放5日后商户若未整改完成，服务中心将再次发送整改通知单，同时将未整改情况和隐患整改通知单汇报给兰山商城消防安全工作联席会议领导小组办公室，领导小组办公室将联合消防、公安、应急等多部门开展联合整治行动，确保隐患及时解决。

（三）建设成效

该平台于2019年1月正式上线，为各市场提供7×24小时不间断值守应急响应服务，正式接入运营市场120家，商户3万余户，联网终端设备3.1万余个。截至2020年12月，安全服务中心电话通知商城商户电气火灾预警1.3万余次，派单协助处置商户用电安全隐患3000余次，下发隐患整改通知单1100余张，通过预警快速处置的方式避免直接火灾3起，将线上线下一体化消防社会化服务贯穿到各商城消防安全管理的各个环节（线上报警实时监测、线下核警全程可控、早期火灾及时消除），切实保障兰山商城这一人员密集区域的安全。

第八章 指挥协调系统

指挥协调系统是市级城市运管服平台的核心业务系统，主要是以数字化城市管理模式为基础，通过"信息采集、案件建立、任务派遣、任务处理、处理反馈、核查结案、绩效考核"的闭环化管理方式，实现对城市运行管理中各类问题的早发现、早预警、早研判、早处置，达到"高效处置一件事"的目的。以北京市海淀区城市运管服平台指挥协调系统为例。

（一）项目概述

海淀区在数字城管系统的基础上进行升级完善，将过去被动应对问题的管理模式转变为主动发现问题和解决问题的模式，运用现代化的信息手段推动政府职能部门工作方式的根本转变，深化"大城管"体系，实现全区数字化城市管理全方位、无死角。

（二）主要做法

1. 拓展感知手段，全方位发现城市管理问题

汇聚人眼、电子眼、天眼、值守应急信息、公众信息、数据信息"六位一体"信息源，多渠道、全方位发现城市管理问题，随时掌握城市管理现状。

2. 强化科技赋能，全面提升城市管理能力

（1）系统智能化升级，实现流程优化。通过综合运用智能化技术，升级系统功能，优化业务流程，如图8-1所示。一是根据案件权属清单实现自动派发；二是基于AI图片识别技术

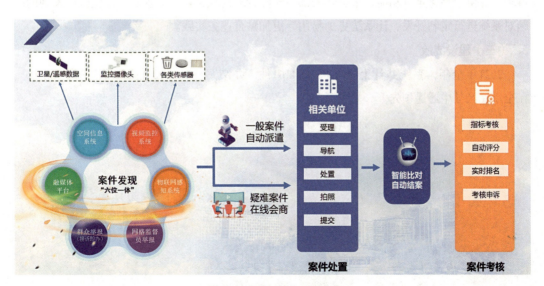

图8-1 系统智能化升级流程

对处置前后照片进行智能比对，实现自动结案；三是对案件处置结果实施综合考评，开发实时评分、实时计分、实时生成考核报告等功能，切实做到"发现即处置、处置即考核"。

（2）优化算法，实现案件精准派遣。通过AI算法自主学习能力对案件进行智能研判，对照权责清单，将案件自动分派到相关单位，有效解决案件权属不清、推诿扯皮、重复派遣等问题，全面提升事件处置效率。

（3）设立会商机制，提高联动能力。通过设立协同联动的在线会商机制，建立多部门共同参与的会商机制，完善联动机制，加强工作职责的梳理和衔接，实现上下工作互联、横向工作互动；对权属不清、职能交叉、疑难的案件进行会商会办、协调处置，建立健全城市管理相关部门之间信息互通、资源共享、协调联动的工作机制。

（4）多维度统计分析，实时掌握运行态势。通过对海量数据实时在线分析，针对海淀区城市管理运行情况，基于历史数据分析，提供决策支撑以及未来走势分析支撑；提供移动端可视化统计分析，满足领导随时随地掌握城市管理情况的需求；分析问题根源、规律和特点，以数据为基础提供预警预测，为城市管理工作提供科学有效、直观可视的决策依据。

3. 明晰主体责任，构架"五统一"考评机制

参照首环办对全市城市环境建设管理要求，调整完善《海淀区统筹城市环境建设管理工作考核评价办法》，优化考核体系，形成三级架构的城市管理综合考核评价指标体系。通过厘清城市管理相关部门和各街镇的工作职责和范围，明晰责任清单，统筹全区的城市管理考核工作，实现城市管理综合考核工作的统一领导、统一组织、统一指标、统一平台和统一结果运用，构建"五统一"的城市管理综合考核评价工作体系。

4. 聚焦个性需求，建设精准化管理机制

满足各街镇和委办局的个性化需求，针对多元化、个性化、差别化、便捷化的管理业务诉求，提供个性化定制功能，根据相关部门实际管理需求、业务流程及工作实践中发现的问题对系统进行定制开发，让系统更加易用、更加贴合业务实践。

（三）建设成效

2021年全年，系统共计上报案件2854101件，办结案件2622129件，结案率为91.87%，在全市16区县中遥遥领先。

第九章 行业应用系统

按照中发37号文件规定，城市管理业务范围主要包括市政公用、市容环卫、园林绿化和城市管理执法四大方面，本章分别围绕这四个方面介绍相关的信息系统成熟案例。

第一节 市政公用子系统

广义的市政公用设施既包括由城市管理部门管理的城市基础设施，又包括交通运输、通信、电力管理部门管理的城市基础设施，可分为：市政工程设施、环卫设施、园林设施、交通设施、城市安全设施、能源设施、通信设施等，是城市赖以生存的物质基础，是社会的公共财产，是广义城市管理的物化对象。狭义的市政公用设施主要是指城市管理部门管理的城市基础设施中的市政公用设施，通常包括城市规划区内的城市道路、城市桥梁、城市照明、园林绿化、环境卫生、供水、燃气、热力、排水、管廊、污水处理、垃圾处理等设施及附属设施。近年来，部分城市利用现代信息技术，在市政设施基础数据管理、市政设施巡查养护、市政设施运行状态监测等方面开展了探索与实践。以沈阳市道路挖掘监管信息系统为例。

（一）项目概述

沈阳市围绕市政道路挖掘项目是否审批、挖掘范围是否与审批计划匹配、是否重复挖掘等内容，重点关注重复挖掘、禁挖期挖掘、禁挖道路挖掘等问题，构建沈阳市规范道路挖掘检查平台，如图9-1所示，实现各类挖掘项目和违规问题的统一收集整理，实现道路挖掘项目统一落点落图，直观查看重复挖掘、禁挖期挖掘、禁挖道路挖掘、未审批挖掘等各类道路挖掘问题的位置分布、行业分布和项目数量，有助于帮助市政部门明确问题责任归属，规范挖掘作业。

（二）主要做法

1. 建立全周期覆盖的道路挖掘管理业务系统。以市政处道路挖掘业务管理需求为出发点，建设工程信息管理、挖掘综合监管、工程专项检查、执法查询、道路数据管理、道路挖掘统计分析、道路挖掘维护管理等系统功能，实现道路挖掘业务审批、监管、评价的全流程管理，汇聚业务管理流程及管理中产生的数据，进行统计汇总和智能分析，协助业务人员提升工作效率和管理效果。

图9-1 沈阳市规范道路挖掘检查平台

2. 建立道路挖掘"监管+决策"可视化专题。日常业务监管方面以桌面端为主，展示城市治理运行基本数据情况，支持根据城市管理重点以及城市日常运行数据的变化情况，动态调整更新城市运行体征相关数据。对城市管理中汇聚的城市综合管理案件状态进行分析，全方位、多角度展示区域内城市运行的总体情况，聚焦城市运行中的问题，帮助城市管理部门及协同部门对城市运行管理进行高效监管。科学决策部署方面以大屏端为主，基于城市运行精细化管理的要求，整合城市日常管理相关数据，对城市日常管理状态进行全方位的监控，并进行可视化管理和展示。通过专题建设，为城市精细化管理提供前瞻分析，方便管理者一目了然地掌控城市总体运行状态，为科学决策提供数据支撑。

3. 利用移动端提升管理服务便捷性。开发面向市民、工作人员和领导的"服务""管理""决策"三个小屏端，如图9-2所示。其中，"服务"小屏端面向沈阳市普通市民开放，功能设计充分考虑普通市民需求，从道路挖掘工程对市民日常生活带来的影响入手，提供市民反馈渠道和政府民意收集渠道，加强业务部门与市民的联系，拉近市民与专业部门之间的距离。同时，该应用场景秉承政务公开原则，为市民提供政府需向社会公开的道路挖掘工程相关信息，实现信息的双向流通，给予市民发声和知情的权利。"管理"小屏端面向各级监管人员，为道路挖掘监管人员在现场开展相关工作提供支撑，实现道路挖掘信息录入、工程检查、问题上报、信息查看等功能，提升管理者对道路违规挖掘、不规范挖掘的监管能力，丰富监管手段，协助规范全市市政道路挖掘施工行为。"决策"小屏端面向主要领导，通过手机展示全市道路挖掘的项目信息和挖掘类问题，为领导决策部署提供一个便捷的工具，领导通过掌上"大脑"能够快速、实时地了解全市道路挖掘项目的分布情况和挖掘类案件统计。

图9-2 沈阳市规范道路挖掘检查移动App

第二节
市容环卫子系统

市容环卫包括城市市容和环境卫生两个方面。城市市容即城市容貌，是城市外观的综合反映，是由与城市环境密切相关的城市建（构）筑物、道路、桥梁、园林绿化、公共设施、广告标志、照明、公共场所、城市水域、居住区等构成的城市局部或整体景观。环境卫生是指城市空间环境的卫生，主要包括城市街巷、道路、公共场所、水域等区域的环境整洁，城市垃圾、粪便等生活废弃物收集、清除、运输、中转、处理、处置、综合利用，城市环境卫生设施规划、建设与管护等。近年来，部分城市利用现代信息技术，在环卫设施基础数据管理、环卫作业车辆与作业人员管理、机械化作业、垃圾固废收转运与处置、垃圾分类、公厕管理等方面开展了探索与实践。

一、环卫固废监管实践案例（以徐州市为例）

（一）项目概述

为实现对徐州市固体废弃物全方位、多层次的立体式监控，将监管内容从结果延伸至过程，从表象深入内在，提升环卫固废一体化监管能力及监管范围，更好地管理城市、服务群众，徐州市通过整合环卫市场化保洁监管平台，拓展建设环卫人员和车辆监督、作业考核、垃圾分类监督考核、环卫设施监管、固废管理案件一站式处理、固废作业质量现场稽查管理等系统，打通各业务环节数据的线上流转，完善徐州环卫固废全业务的信息化管理，打造形成"亮点突出、功能全面、高效实用、技术先进"的环卫固废一体化综合监管平台，建立全市固体废弃物综合管理体系，全面提升徐州固废监管水平。

（二）主要做法

1. 加强资源整合和业务系统能力。充分利用现有的硬件资源、网络资源、业务系统资源，实现系统之间互联互通、资源共享、内外业务协同；实现各业务系统的接口对接，固定数据标准，建立环卫综合数据库。

2. 强化监督和指挥能力。以环卫一张图（图9-3）和大数据看板为抓手，通过基础设施、环卫作业、垃圾分类、垃圾处理等系统建设，实时查看全市的环卫管理运行状况，在一张图上实现人、机可见，结合环卫汇集数据进行多维度分析，展示全市环卫业务开展情况及趋势，有效强化环卫管理监督和指挥处置能力。

图9-3　徐州市智慧环卫一张图

3. 提升统计分析能力。通过建设环卫各业务的统计与分析模型，实现生活垃圾分类流向分析、案件高发热力图、清扫保洁热力图、道路作业完成率、垃圾处理完成指标等具体的统计分析与展示，通过对环卫综合数据的分析利用，为业务开展提供决策支撑能力，实现环卫的精细化管理。

4. 实现固废作业全过程实时化、可视化监控及应急指挥调度。将所有环卫车辆全部纳入管理，包括机械化作业车、垃圾运输车、餐厨垃圾运输车、粪便运输车等，由系统对车辆进行分类区分，也支持对不同管理部门的架构进行管理；通过网页和App对机械化作业车辆的实时位置、状态、轨迹、里程、违规情况、质量、车速等信息进行综合监控（图9-4），对环卫作业人员的位置、轨迹、作业时间等信息进行监管，并根据作业规则自动统计报表。

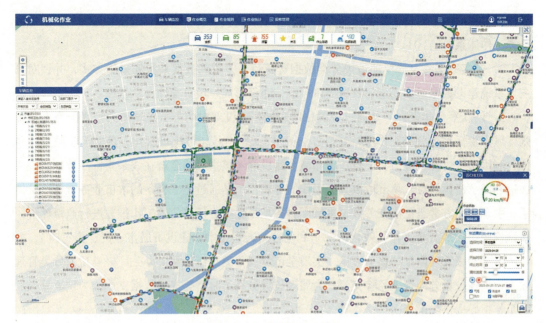

图9-4　机械化作业车辆监控

5. 打通与数字城管系统的对接，实现考核全流程闭环。通过环卫考核终端App实现对环卫作业质量的考核、整改、反馈，系统根据考核结果自动统计各类报表；完成与数字城管系统对接，将相关考核数据纳入监管系统进行统计分析，并实现考核任务的闭环处置。

6. 构建环卫固废全移动办公平台。根据巡查人员、考核人员、管理员、领导、处置部门等不同角色、不同岗位的业务需求，建立全移动办公平台，实现日常监管、案件处置、人员监控、车辆监控、设施及渣土等对象的实时移动监管，以大数据、5G等新技术赋能，推动基层减负。

（三）建设成效

通过建设并运用环卫固废一体化综合监管平台，徐州市增强了环卫固废工作的管理能力，实现了环卫固废作业资源"一屏通揽"，指挥调度"一键联动"，监督考核"一图明晰"，让管理者和业务人员真正感受到了便捷，提高了工作效率，夯实了"联合国人居奖"这一殊荣，助力推动徐州人居环境质量持续提升。

二、垃圾分类监管实践案例（以广州市为例）

（一）项目概述

广州市把自觉践行"垃圾分类新时尚"作为精神文明建设和文明城市创建的重要抓手，积极探索垃圾分类数字化治理体系建设，运用大数据及"互联网+"思想，促进形成现代化、可持续的垃圾分类模式，探索出了一条适合自身的垃圾分类业务管理之路。

（二）主要做法

1. 完善体系建设。建立生活垃圾分类制度体系，初步形成涵盖基础术语、技术规范、操作规程在内的生活垃圾分类标准体系；构建生活垃圾投放、收集、运输、处理的生活垃圾分类工作体系。

2. 夯实数据建设。梳理垃圾分类数据资源目录，明确数据来源和采集方式，并针对第三方系统建设数据对接规范和数据接口标准，建设形成垃圾分类综合数据库。

3. 创新平台建设。一是通过分解住房和城乡建设部对46个重点城市的垃圾分类考核细则《城市生活垃圾分类工作考核暂行办法》，将关键考核指标梳理细化，落实至基层责任单位，利用系统进行填报，实现对住房和城乡建设部考核指标的全量在线采集，高效高质完成住房和城乡建设部对广州市垃圾分类工作的考核；二是通过建立科学的本市业务考核评价体系，引入第三方常态化检查考核，多维度对各垃圾分类责任单位的工作推进进行监督评价，保证广州市垃圾分类工作长效化；三是利用移动通信技术，建设贯通市、区、街（镇）、社区（村）四级管理体系的移动应用，实现全市垃圾分类工作的掌上办公，提升垃圾分类管理效率，加强垃圾分类管理经验交流，为展现垃圾分类实时情况提供数据支撑，为垃圾分类后续工作指导提供决策依据。

（三）建设成效

通过建设并运用垃圾分类监管系统，广州市完成了对垃圾分类前端投放、中端收运、末端处置的全过程、多层次的立体式监管。一是通过"穗时尚"微信小程序，完成市、区、街（镇）、社区（村）四级管理体系的移动应用，连通居住小区、机关单位、公共场所、经营区域四类主体，构建"4+4"两方主体、四级应用体系，提供信息综合展示、填报、管理、检查、报告等功能；二是通过垃圾分类支撑平台客户端，实现填报、管理、检查、考核、统计、展示为一体的垃圾分类信息化平台（图9-5）对垃圾分类管理效率的提升，同时通过考

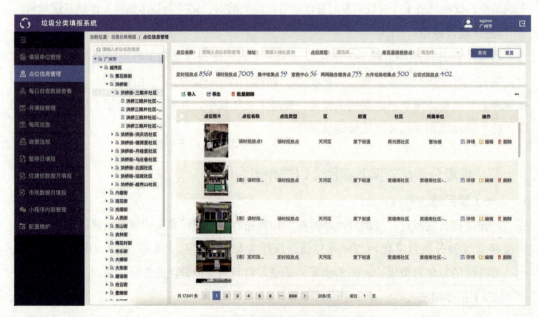

图9-5　垃圾分类填报系统

核统计发现各类问题，督促各级部门落实好分类相关工作，并直观展现各级部门分类工作的情况。同时，广州市垃圾分类监管系统以实时数据监测和分析为参考，优化作业管理，统筹设施资源，逐步开创垃圾分类数字化治理新格局。

三、餐厨垃圾全过程监管实践案例（以苏州市为例）

（一）项目概述

作为全国首批餐厨废弃物资源化利用和无害化处理试点城市，苏州市运用云计算和物联网技术打造餐厨垃圾全过程监管系统，对餐厨企业废弃物产生、运输、处置情况进行实时数据采集和监管。

（二）主要做法

1. 垃圾收集监管。建立餐厨垃圾专用桶数据库，将具有防水功能的RFID标签嵌在餐厨垃圾桶上，RFID电子标签选用防拆卸标签；通过餐厨垃圾收集车安装的车载称重系统以及固定式RFID终端，读取标签中的相关信息，对产生单位进行"身份标识"，将称重数据实时回传。

2. 运输过程监管。采用餐厨垃圾密闭式专用车、便捷小车结合的方式进行餐厨垃圾的收运工作；餐厨车具有作业面大、作业地点不定等特点，加强餐厨车的运行管理是餐厨车运行过程管理的重点内容。餐厨垃圾车辆管理基于GPS定位系统，可实时查看车辆当前的位置和走向；通过车辆与餐饮企业的信息绑定，可实时查看该车辆所负责收集的餐饮企业，包括名称、地址、上次收集时间、桶数、质量、履行情况等详细信息。

3. 垃圾处置监管。收集量与进场量的核实、比较是衡量收集、运输工作是否达标的重要指标，除在车辆上安装车载称重设备外，还在苏州洁净餐厨厂建立无人值守称重系统，该系统采用进场餐厨垃圾车辆IC卡识别、自动称重、上报模式，保证监管单位实时、精确地掌控进场量和处置量数据，各产生单位收运量总和与抵达处置点称重数量不匹配时自动报警，有效防止收运过程掺水。建立餐厨处置场关键点位视频监控系统，包括进出场口、核心工艺、污染物排放口等，实现处置过程关键点的在线实时监控，保证操作的规范性。对餐厨处置废弃物，如废水、废气、废渣、COD等指标进行监测并自动采集，避免处置过程中排放不当造成二次污染，系统自动生成各种报表，支持决策。对于餐厨垃圾处置后的二次能源物质，如生物柴油、沼气等产量数据自动录入。

4. 餐饮企业管理。结合产生单位的详细信息和GIS地图，将餐饮企业直观地展示给操作者，操作者可以一目了然地知道产生单位的分布信息，并可以通过地理位置快速地找到想要查看的产生单位并查看相应信息。对全市餐饮企业地理位置进行采集和在线标注，对餐饮企业主要信息进行地图显示，例如餐饮企业的名称、地址、收集车辆、图片等。

5. 决策支持管理。对餐厨垃圾收集量、处置量、二次产物产量、产率等过程数据实时汇总和二次分析，对餐厨垃圾收运数据快速汇总，通过柱状图、饼状图、曲线图等方式直观展现餐厨垃圾的整体收运情况，实现智能化统计汇总功能。

6. 公众服务管理。主要通过建立公众参与的统一渠道，便于公众实时掌握全市餐厨垃圾收集、运输和处置现状，同时可以在线举报身边的违规行为如非法倒卖地沟油等，建立餐厨垃圾投诉举报机制，从而让公众更多地了解和参与到餐厨垃圾管理工作当中。

（三）建设成效

一是实现对产生点数据、产生点收运数据的精确管理；二是实现对运输车辆全过程作业的实时化监管、异常情况预警等；三是采用监控视频，对大门、地沟油卸料口、地沟残渣车间、计量地磅、投料口、污水处置设施、除臭设施等重要节点进行视频监控。

苏州市每天集中收集并资源化利用、无害化处置的餐厨垃圾已经稳定达到350吨，打破了传统餐厨监管"重后端轻前端"的模式，以餐厨垃圾处置全流程业务为基础，实现前端收集、运输中转、终端处置全过程的监管，保障垃圾收集到位，终端企业"吃得饱"。以信息平台作为餐厨监管的重要抓手，实现高位监管，确保全过程规范化，从源头遏制问题发生。引入公众参与，让公众成为苏州餐厨垃圾的监管主体，与产生单位形成良性互动，逐渐形成苏州特色的餐厨垃圾管理模式。

第三节
园林绿化子系统

城市园林绿化管理主要包括园林绿化系统规划管理、园林绿化项目建设管理、园林绿化养护管理、城市公园绿地管理、城市古树名木管理等。近年来，部分城市利用现代信息技术，在城市绿地基础数据管理、园林绿化设施基础数据管理、园林绿化巡查管理、园林绿化养护管理、园林病虫害防治、古树名木管理、城市公园管理、园林城市评价等方面开展了探索与实践。

一、智慧园林实践案例（以北京市为例）

（一）项目概述

北京市结合园林绿化管理实际需求，通过信息系统数据资源的共享和智能化决策支持来提高园林维护和管理的效率，建设了绿地信息采集系统、绿地资源监管系统、多级任务管理系统、行业企业管理系统、数据分析决策系统、数据服务赋能系统等，最终实现城市园林绿地规划设计、建设施工和管理养护全过程的数字化、网络化、可视化、智能化和自动化。

（二）主要做法

1. 加强绿地信息采集管理。通过建设绿地信息采集系统，合理分配采集职责，建立完善的城市园林绿化信息采集体系，形成完善的园林绿化数据的采集、更新和维护管理体系，统一各管理单位的数据采集界面。

2. 加强绿地资源精细监管。通过建设绿地资源监管系统，为园林行业管理提供一个有力的先进工具，使其在绿线规划及管理，园林绿地现状和历史数据的查询、统计、分析，绿地的审批与执法，古树名木的管理，绿地改造与设计，义务植树与绿地认养，植物物种和生物多样性的分析等应用方面发挥作用。

3. 加强跨层级业务协同。通过建设多级任务管理系统，面向北京市园林绿化局公园风景区处及下属各单位，提供一套有效的任务下发及办理途径，实现派发即时化、办理便捷化，并对提供的相关任务进行分类归档服务，方便复用，推进日常运营管理工作的开展。

4. 加强园林行业企业监管。通过建设行业企业管理系统，以信用管理为抓手，提供企业信息、信息审核、任务管理、现场管理、不良行为管理、信息发布和投诉/举报记录等实用功能，强化事中事后监管，以规范园林绿化市场有序发展。

5. 加强园林行业数据分析决策。通过建设数据分析决策系统，有效地将绿地信息采集系统、绿地资源监管系统、多级任务管理系统以及行业企业管理系统中的多方数据进行了业务分类和处理，形成各类统计分析，提升资源管理能力、过程管理能力和统一决策能力。

（三）建设成效

北京市通过智慧园林系统建设，推动新一代信息技术与现代生态园林相融合，构建了智慧园林大数据库，用智慧的方式把人与自然连接起来，实现人与自然的互感、互知、互动，如图9-6所示。目前正在整合公园风景区、城市绿地管理、野生动植物保护、林木病虫害防治、生态工程等十二类核心业务数据，近300个图层，不断深化智慧园林创新研究，不断改善人文环境。

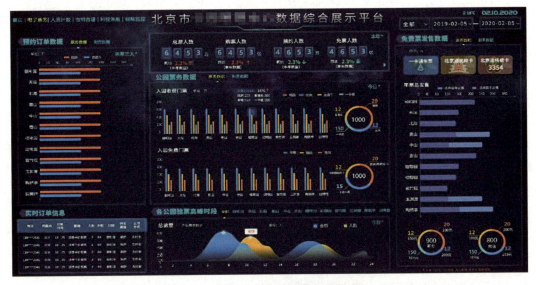

图9-6　北京智慧园林数据综合展示界面

二、智慧公园实践案例（以沈阳市为例）

（一）项目概述

沈阳"好游园"场景结合大数据、GPS、GIS等技术手段，依托工作图层，对接智慧园林系统等基础信息平台，从管理人员、工作人员和市民游园角度出发，搭建公园应用场景，提高公园管养维护水平，增强市民整体游玩公园体验感，让决策者更好地了解民意民情，真正实现对城市公园管理的民有所呼、我有所应。

（二）主要做法

1. 中屏端提升管理水平。场景中屏展示端主要针对业务处室管理需求进行设计，分公园概况、问题统计、民情民意三张分屏进行展示，通过汇聚市民游园数据和公园管理信息，展示公园现状、市民关注热点、公园相关问题处置情况、热度公园排行、受欢迎公园排行、新建公园信息、公园辅助管理等各类指标，为业务部门管理和市民游园体验提供可视化支撑。

2. 小屏端方便群众办事。场景小屏展示端包括驾驶舱、市民端和工作者端。驾驶舱通过接入市民端、工作端、智慧园林基础数据等相关统计后的数据，以表单查询、公园概况、问题统计、公园排名四个模块进行展现。市民端通过支撑市民去公园、市民找公园、市民逛公园、市民评公园的需求，提高游客的游玩体验。工作人员可通过移动端获取市民投诉案件信息（类别、位置、时间等）并快速进行处置，通过拍照的方式回传到数据处理中心完成结案。

3. 大屏端提供决策依据。场景大屏展示端对市民游园咨询建议、问题投诉、高频搜索等信息进行汇聚，通过数据积累和分析，为公园管理、养护、规划提供科学的数据支撑，精确展示公园现状、市民关注热点、公园相关问题处置情况、公园热度排行、受欢迎公园排行、新建公园信息、公园辅助管理等各类指标80余项，实现"好游园"场景的多维度数据分析和展示，为日常管理提供更直观、更科学的数据支撑。

4. 系统端夯实数据基础。通过建设"好游园"场景数据库，结合智慧园林平台已有的数据，利用大数据分析和云计算技术手段将数据采集、接入、汇总、清洗、分析、处理、统计。PC端数据库将对接入市民端的浏览量、公园评论量、公园评分数据进行分析、统计并形成柱状图图表，以公园排行等形式展示出来。PC端数据库也对工作人员管理信息、视频实时监控信息、市民投诉问题、处置情况等数据进行分析、统计，可通过将数据接入智慧园林系统进行展示。系统端可对实时处置问题进行统计查看，实现公园养护任务全市信息化管理，针对公园规划、公园维护形成相关管理档案，增强公园信息化管理能力。

（三）建设成效

沈阳"好游园"从市民游园角度出发，搭建市民端服务场景，实现找公园、去公园、逛公园、评公园的全环节赋能，提高市民整体游玩公园体验，加强市民和工作人员的交流，通过快速处置问题,更好地提升市民游玩公园的满意度。从市民对公园回馈评价角度出发,让决策者更好地了解民意民情,规划公园建设,从而提升市民的满意度和幸福感。管理端通过建立市区两级管理体系,完善公园管理数据,针对公园维护、公园养护、现场处置、公园规划等核心业务系统,实现城市公园信息化管理,如图9-7所示。

图9-7 沈阳"好游园"管理系统屏展示

第四节
城管执法子系统

随着城管执法体制改革的不断推进,各地都在积极推进城管执法信息系统建设,一方面强化执法记录仪、移动智能执法终端、穿戴式智能执法终端、无人机、执法车、车载视频监控等各种执法技术装备建设,对执法活动全过程进行记录,实现全过程留痕和可回溯管理;另一方面打造集移动执法、执法办案、执法监督、勤务管理、绩效考核等一体的城管执法信息系统,规范执法行为,提升执法办案效率。

一、行政执法监督实践案例(以天津市滨海新区为例)

(一)项目概述

天津市滨海新区以"两个六"为目标,即实现"执法监督、执法协作、执法协调、执法动态、执法投诉、执法考核"六大功能,重点监督"行政处罚、行政许可、行政收费、行政强制、行政征收、行政检查"六类执法行为,以智慧滨海"三个一"(即:一张政务网、一张基础地形图和一个政务云中心)为基础,依托原城市管理信息化系统,分步提升建设集执法办案与执法监督为一体的行政执法监督平台(图9-8)。

（二）主要做法

1. 执法监督。

（1）业务数据分类汇总：统一监管行政处罚、行政许可、行政收费、行政征收、行政强制、行政检查六类执法行为，实现对每一个执法主体、每一个执法人员、每一个执法案件的实时监督。依托平台的数据统计功能，分析每部法律法规的适用情况和每项执法职权的履职情况。

（2）执法现场实时监督：基于4G专网以及手持视频记录仪、动中通取证等硬件设备，可实时查看执法队员现场执法情况和车辆巡查情况。统一监督指挥执法现场活动，保障队员安全执法。

（3）执法主体、人员实时监督：通过平台可实现对执法主体的执法队伍、执法案件、履行职权等基本情况进行监督，对执法人员每天巡查的轨迹、检查记录的上传、执法案件的办理等情况进行监督。实现监督到每个执法人员、每个执法主体，督促每个主体、每个人员依法履职、规范办案。

2. 基于GIS地图宏观展示。结合滨海新区规划和国土资源管理局提供的基础地形图，可实现对每日在岗人员、每日上报案卷、每日在线视频等数据实时监控。按照执法程序可对案件进行分类查询，并形成热区分析图，统计辖区内的高发问题，为解决重点违法现象提供参考依据。

移动智能监管：借助移动互联网技术，结合滨海新区依法行政、执法监督的管理要求，实现在移动终端通过登录软件，能够实时监控每个执法主体的履职情况，查看每个案件的执法过程以及执法文书。

图9-8　天津市滨海新区行政执法监督综合展示

3. 执法办案。

（1）执法文书电子化：平台开发建设了11套执法办案业务系统：1套全市通用的街镇综合执法办案业务系统；1套发改委等多部门通用的执法办案业务系统；为业务部门"量身定做"的安全生产、环境保护、市场监督管理、劳动保障、规划国土、房屋管理、建设交通、水务管理和文化市场综合执法9套专用执法办案业务系统，并将所有涉及的纸质文书配置生成电子文书，队员在办案过程中只需填写案件的基本信息，就能实现执法文书信息的自动关联，提升执法办案工作的效率。

（2）法律法规自动关联：平台制定标准化的法律法规编码体系，按照法律、行政法规、地方性法规、部门规章、政府规章等法律位阶对法律法规进行分类，赋予每一部法律法规的条、款、项、目一个唯一的代码，整理拆分形成执法事项（处罚案由）、违则（规范性条款）、罚则（处罚依据）等基本信息，并与权责清单相关联。

（3）执法全过程记录：结合滨海新区各执法主体日常的执法办案流程，平台定制化开发各业务审批流程体系，实现队员通过系统办案，可对执法全过程的文字信息、音频信息、视频信息进行留存，结案后可通过平台查看案件的办理过程，实现对案件的回溯管理。

（4）执法办案移动化：通过平台可实现在移动终端上报执法检查、宣传教育、简易程序、一般程序等案件信息，并可通过连接蓝牙打印机，现场打印简易处罚决定书、调查询问通知书等执法文书，全面提升执法效率。

4. 法制业务。

（1）行政复议在线办理：建立电子化的行政复议执法文书，设计开发行政复议的业务审批流程，实现复议案件的在线办理、打印、归档等功能，并获取复议案件的统计事项，统一汇总到监督平台中，实现对行政复议案件办理全过程的记录。

（2）行政应诉录入管理：建立行政应诉案件填报表单，通过填写行政应诉案件的基本信息，扫描相关的附件材料，实现对滨海新区行政应诉案件的归档、分类、统计等功能。

（三）建设成效

滨海新区行政执法监督平台自2015年11月上线试运行以来，已实现全区18个街镇、所有委局执法平台全部正式运行，共梳理法律法规规章975部，归纳整理行政处罚事项（案由）14109个，归集行政处罚信息10172条，行政检查信息137097条，对全区各执法部门的4180名执法人员基本信息进行逐一核对，强化对行政执法人员的动态管理，为全面落实"三项制度"打下了坚实基础。

二、城管执法实践案例（以上海市虹口区为例）

（一）项目概述

自2016年以来，上海市虹口区充分利用信息化手段提高执法实效，积极开发建设上海虹口区城管执法信息平台。

（二）主要做法

1. 建立了10个基础数据库。包括一店一档数据库、违法户外广告数据库、各类经营性非经营性违法建筑数据库、在建建筑工地数据库、渣土专营车辆数据库、法律法规库、人员装备数据库、餐饮企业名录数据库、餐厨垃圾及废弃油脂数据库、占道亭棚数据库。

2. 配备了先进的执法技术装备。为327名执法队员配备手持执法终端和执法记录仪，并设立信息采集站13台用以记录执法过程相关的音视频数据；为中队每个班组配备了一台便捷式热敏打印机，共60台；为每个中队和勤务科各配备一架无人机，共10台，用于大型执法活动保障、屋顶违章、大面积违建、违法户外广告设施等现场的视频拍摄取证；为37辆执法车辆配备了北斗定位系统，为13辆执法车配备了视频监控系统，指挥中心已于去年建成使用并接入固定视频300路，移动视频13路，成功对接市局视频会议系统。

3. 研发了6个专业子系统。

（1）诉件处置管理子系统（网上诉处）：对诉件整个办理流程实施过程管控，接单、派单、处置、评价、回复、督办，全部经执法终端实现线上操作并留下痕迹，提高投诉处置效率。已新增重复件管理功能，诉件在登记时，系统根据关键字，判断诉件库中是否有重复投诉件，人工确认无误后可进行重复件关联。同时，根据处置回复要求，超时未回复案件系统自动进行预警。

（2）个人绩效智能考核系统（网上考核）：通过系统实时生成的队员上班考勤、巡查签到、任务发现登记和处理、诉件办理、联系居委等一天的工作量，以"时间轴"的形式自动生成队员当天勤务工作日志，通过系统预设"积分制"模块，对勤务任务的完成情况自动打分，考核已于2018年1月运行。个人绩效考核分为勤务督察、法制办案、队伍建设管理、装备管理及组织评价五部分，局考核领导小组每月就"智慧城管"系统自动算出的队员得分和排名情况进行汇总、整理、分析，以形成多角度的综合智能化考核评价系统，实现人尽其才、事得其人、人事相宜。

（3）网上办案子系统（网上办案）：在处理简易程序案件环节中，已开发当场处罚管理功能，当执法队员在街面发现违法行为后，通过移动终端责令整改功能，对当事人进行责令整改办理；也可通过移动终端App的当场处罚功能，对违法证据进行取证，通过蓝牙连接传输给随身携带的蓝牙移动热敏打印机，当场打印处罚决定书。在处理一般程序案件环节中，已开发五乱小广告停机管理功能，执法队员可通过移动终端小广告案件办理功能进行办理。

（4）督察督办管理子系统（网上督察）：由区局登记专项督办事项下发中队处理，中队处理完成后由区局安排督察人员复查，并记录现场情况；并根据不同人员角色新增区局督察日志和中队督察日志功能，提升日常督察工作效率，实现PC端督察管理功能与移动督察应用功能的实时数据互通；新增督察目标管理功能，实现区局督察工作目标设定。同时，完成与市局平台对接，一起建立三级督察网络，整合资源、信息共享。

（5）勤务指挥子系统升级（网上勤务）：在勤务数据管理方面，已针对队员、中队干部、局机关等不同的角色，开发不同版面的勤务工作日志来体现每天的工作成效。系统实时生成队员的上班考勤、巡查签到、任务发现登记和处理、诉件办理、联系居委等一天的工作量，以"时间轴"的形式自动生成队员当天勤务工作日志，本人可随时查看一天工作成果；中队干部可查看本中队队员的相关工作情况。开发地图应用子系统。地图应用子系统将基于区科委会现有的GIS基础平台，通过整合车辆、人员、视频监控点定位及城管案件、勤务、投诉、督察等各类业务数据，实现城市管理全方位可视化的管理。

（6）分析研判子系统初步建成（信息研判）：结合队员日常巡查执法中在"智慧城管"系统中更新录入的数据和诉件处置系统中积累的投诉案件信息，通过移动端开发的"工作统计"板块，结合每日、每周、每月等不同时间段的大数据，对违章种类、主要发生地、发生时间以及案件变化趋势等进行统计、分析与研判，准确掌握多发问题、易发区域、高发时段等关键信息，对症下药采取措施。

（三）建设成效

虹口区通过建设并运用城管执法信息平台，一方面，规范了执法行为，通过执法App，实现了每个执法人员GPS定位、网上办案、网上督察督办、网上勤务指挥、网上诉求办理、网上绩效考核等信息化流转和应用，同时也实现了区局、基层中队、执法人员三级之间信息的扁平化互联互通；另一方面，提高了执法效能，减少了很多中间环节和不必要的人为行为，促进新的勤务执法机制建立，提高执法的整体效率。

第十章 公众服务系统

为民服务"精准精细精致"是城市运管服平台的建设目标之一。作为市级城市运管服平台的主要应用系统,公众服务系统是践行"人民城市为人民"的生动实践。各地紧扣市民关注的热点难点问题,打造更加便民化的应用场景,主要包括热线服务、公众服务号和公众类应用程序(App)等。公众服务系统具备通过指挥协调系统对公众诉求进行派遣、处置、核查和结案的功能,和对服务结果及满意度进行调查回访的功能。

公众服务系统拓宽了政府晓民情、知民意的渠道,加强了政府与市民群众的密切联系。该系统产生的公众诉求数据、便民便企服务事项数据以及其他相关数据,通过数据汇聚系统进入城市运行管理服务数据库,再经过数据分析研判,可以辅助政府决策。比如上海市杨浦区以12345热线数据为基础,打造热线感知平台,通过大数据分析应用,精准感知、智能认知、高效处置市民群众的"急难愁盼"问题,得到了人民群众的认可和支持。

第一节 热线服务子系统

政务服务便民热线是畅通社情民意的主要渠道,也是改善营商环境、提升群众满意度的重要抓手,在创新社会治理、打造服务型政府过程中发挥着重要作用。技术标准规定,便民热线应包含话务排队、话务分配、坐席监听、三方通话、录音查询和报表生成等功能,并应提供下列服务:①利用12319城市管理服务、12345政务服务等热线为公众提供投诉、咨询和建议等服务,宜支持与12345政务服务等热线统一受理和移交转办;②为公众提供水、电、气、热等公共事业便民便企热线服务;③与指挥协调系统进行联动,可通过指挥协调系统处理群众通过热线反馈的案件,提升案件的处理效率并提升人民群众的满意度。目前,各地搭建的政务服务热线可以受理企业和群众关于水、电、气、热等公共事业的各类非紧急诉求,同时也包含经济调节、市场监管、生态环境保护等领域的咨询、求助、投诉、举报和意见建议等。

一、热线服务实践案例(以北京东城区为例)

(一)项目概述

2021年,北京市东城区人民政府在关于印发《2021年度"五个东城"工作任务清单》的通知中明确指出，要充分发挥区街大小循环联动机制优势，进一步激发小循环积极性、主动性，将常态问题监管职责下放至小循环，结合全区实际，实现大小循环案件最优配比。打通小、微循环业务流转，将小巷管家等社区力量有序纳入网格体系，并探索将"吹哨报到"机制延伸至社区。将大循环做稳、小循环做实、微循环做通。同时要求依托12345市民服务热线和网格化城市管理平台，推进"热线+网格"为民服务模式建设，逐步实现平台数据协同、事项监管标准协同、承办部门力量协同。理顺"接诉即办"的派单、协调、处置、考核等管理流程，推动一般常见问题及时处置、重大疑难问题有效解决。

（二）主要做法

1. 推动"热线+网格"融合发展

东城区在原热线受理模块功能的基础上，打造二级来源子模块，实现与市级接诉即办平台的实时对接、展示、绑定、选取等功能。通过建立指示灯、字体颜色、字体背景与不同类型来源的"接诉即办"案件绑定，实现对案件的重点层级提醒。推动热线与网格平台深度融合，实现系统自动汇总符合网格标准的案件，利用网格平台基于历史工单进行模型分析的优势，在派单阶段智能推荐事项处置部门及历史处置效果，便于坐席人员精准派单，有效提升"接诉即办"工单处置解决率和满意率，如图10-1所示。

2. 以"大数据"为抓手、以"小诉求"为靶心

将12345热线所积累的大量数据进行有效挖掘、分析，编制市民热线每日专报和东城区市民热线"接诉即办"（图10-2）月工作分析报告，定期研判各类问题清单，从而做到在解

图10-1 北京市东城区工单智能派遣

图10-2　东城区接诉即办系统

决问题中有的放矢，切实提高为民办事效率。东城区还通过搭建数据分析队伍，每日动态公布各单位三率（响应率、解决率、满意率）情况、综合评分、环比变化、热点问题、正面及负面典型案例、群体性诉求预警等数据，多维度分析找出诉求热点和管理痛点。强化监督问责，形成追踪溯源、源头严防、过程严管、后果严惩的约束机制，实现对共性问题能够集中力量予以突破，争取做到解决一个问题带动解决一类问题。

3. 建立了区级统筹调度机制，推进"未诉先办"

建立了区级统筹调度机制，区级专班副组长每1~2天就突发、棘手问题进行"及时调"；区级专班组长每周就多发问题进行"会商调"；区委区政府主要领导每月就整体情况进行"节点调"；建立街级双派发双排名双考核机制，街道实行案件"双派发"至职能科室与发案社区，需要多部门统筹协调的，街道及时启动"吹哨"程序，实现"街道吹哨、部门报到、工作联动、队伍联合、服务联办、责任联查"，还对科室、社区进行周排名、双考核；建立街道工委书记月点评会工作机制，每月各街道汇报落实"全市街道工作会"重点任务及"接诉即办"完成情况，并接受区委书记现场点评，对市级点评会上群众诉求突出问题进行"点穴式"督办，从而实现"接诉即办"向"未诉先办"的转变。

（三）建设成效

北京市东城区以12345市民热线为主渠道，紧紧围绕居民需求，拓展"热线+网格"为民服务模式，促进诉求办理精细化，从"有一办一到举一反三"向"主动治理、未诉先办"转变，让群众真正感受到自己的问题有人管、有人办、办得好，有效提升了市民群众生活的幸福感。

二、热线服务实践案例(以攀枝花市为例)

(一)项目概述

2018年10月,攀枝花市数字城管系统正式整合了12345市长热线。整合运行以来,通过系统业务融合、完善制度以及整合热线等工作举措,平台的社会公众服务能力得到了快速提升,有效地解决了市民群众身边的大事小情。

(二)主要做法

1. "热线+网格",监督指挥赋能公众服务

(1)业务融合,公众诉求全感知。整合后,推进问题早发现、早介入、早处置,使热线案件受理与处置从"接诉即办"到"未诉先办"转变为现实,促进了热线业务发展,以"主动发现,全时感知,零距互动"为运行特色和方式的社会公众服务大网络初步形成。

(2)优化流程,诉求办理全闭环。利用数字城管网格员熟悉城市地理位置且全域巡查的优势,设立了问题办理核查工作小组,建立了热线工单办结核查的工作流程,提高了案件办理的质量。

2. 全网整合,服务让公众触手可及

立足全市实际,结合相关政策要求,本着应整尽整、易记好用的工作原则,制定了《攀枝花市12345民生政务服务热线整合工作实施方案》,明确了热线整合归并的工作要求、工作时限及整合方式。截至2021年底,除紧急警务(110)和生命救助(119、120)之外,全市60条各类非紧急类热线以不同方式整合并入12345热线(图10-3)。

3. 制度保障,柔性服务的刚性要求

结合本市实际工作,2020年印发《攀枝花市12345民生政务服务热线运行管理监督考评实施方案》,对热线的职能定位、运行管理、工作保障及监督考评等方面逐一进行细化规定。同时制定《攀枝花市12345政务服务便民热线话务工作规范》,从工作内容、工作要求、

图10-3 攀枝花12345热线受理中心

服务标准和职业素养四个方面规范了热线话务工作。此外，每月将运行数据形成城市运管服平台（"数字城管+12345热线"）运行专报，推动各市级部门和企事业单位按时高效地处置案件。

4. 海量收纳，便民信息尽在掌控

发挥数字城管网格信息采集工作优势，开展多个专项普查，采集了大量与市民生活息息相关的便民信息，收集整理了政务类和民生类信息13000多条，通过建立更新机制，形成了服务范围广、服务内容地方性强的热线知识库。

（三）建设成效

自12345热线平台升级以来，话务量从之前的60通/天上升至1000通/天左右，随着各项配套制度的完善及系统的进一步升级优化，平台将在主动发现并协调监督处置各类城市问题的同时，更好地为公众提供便利、快捷的服务，进一步发挥热线作为市民群众与政府之间联系的"连心桥"和政府及时全面掌握社情民意的"传感器"的重要作用。

第二节
公众服务号和公众类应用程序（App）子系统

为打造精准精细精致的为民服务模式，解决好群众办事难的问题，激发全社会共建共治热情，各地通过公众服务号和公众类应用程序（App）的开发，为公众提供投诉、咨询和建议等服务。比如：青岛开发"点·靓青岛"微信小程序，作为城市运管服平台公众服务系统的重要建设内容之一，为市民群众提供便捷的服务；杭州以"贴心城管"App为载体，先后推出了23个线上办事模块，提升公众服务系统便民能力；许昌市开发"i许昌"App，为市民提供"便民地图"服务和投诉服务功能，推动市民积极参与城市管理中。

一、青岛"点·靓青岛"

（一）项目概述

为方便广大群众参与城市管理和综合行政执法工作，及时有效解决市民关注的城市管理领域热点难点问题，推动全社会和多主体参与城市管理，青岛市开发建设了"点·靓青岛"微信小程序（图10-4），设置了城管问题上报、便民服务查询、商户信息发布3大类15个模块。

（二）主要做法

1. 构建城管问题上报渠道，破解"参与难"

"我拍我城"模块主要用于市民上报身边所发生的城市管理问题，市民可对发现的问题进行文字描述，实时上传问题图片、视频或语音，并通过数字化系统进行流转处置和评价。为了提升市民参与城市管理的积极性，还设置了有奖随手拍模块，对ABCD 4大类12小类城

图10-4 "点·靓青岛"微信有奖随手拍

市管理问题按照层级进行有奖举报。该功能上线以来，月均收集有奖举报案件4000余件，发放奖励资金近2万元。市民还可依托城管"金点子"模块，对城市管理所涉及的环境卫生、垃圾分类、市容景观、广告亮化、综合执法、城市供热燃气等各个领域提出意见建议，城市管理部门将及时收集市民提出的"金点子"，并作出相应回复。

2. 构建便民服务查询渠道，破解"查询难"

供热供气服务模块，主要为市民群众提供供气供热站点的联系方式、地址等信息的查询功能，并向群众提供站点导航功能。落叶缓扫地图模块，主要是对秋天落叶缓扫道路和区域进行发布，实现秋叶美景的精准查找。公厕查询模块，主要是与高德地图合作，在高德地图上标注全市2000余处公厕的位置信息、开放时间、星级状况等，并制作公厕二维码，方便市民查找和评价。亮化时间和海水浴场服务模块，主要是向市民群众及游客提供亮化时间信息、青岛市主要海水浴场基本信息、海洋局数据、气象数据等，形成海水浴场导览等。同时，及时发布热点问题、生活垃圾分类知识、城市管理工作标准，方便市民查阅。

3. 构建商户信息发布渠道，破解"管理难"

家政服务模块，主要是在"点·靓青岛"微信小程序中设置了开换锁、修理上下水等家政服务类信息查询，为商户提供信息发布的便捷平台，实现服务与管理工作的"双赢"。"秀摊"模块，主要汇聚全市摊点群、摊位、流动商贩信息，建立起全市便民摊点信息数据库，实现便民摊位信息主动发布、商贩信息精准查询、店铺责任区域管理。门头招牌前置服务模块，主要明确门头招牌相关规范要求，为商户提供招牌安装等相关咨询，设立"店招设计助手"和"广告招牌前置服务登记"模块，为商户提供指导等相关服务。

（三）建设成效

"点·靓青岛"小程序在2021年被评为青岛市市民最喜爱的掌上政务服务应用，通过"点·靓青岛"小程序建立起市民群众了解城市管理、参与城市管理的便捷窗口，实现城市管理问题"掌上报、掌上问、掌上查、掌上办"，为城市精细化管理注入"全民化"影响力。

二、杭州"贴心城管"

（一）项目概述

为打造服务型政府，深化"最多跑一次"改革，2014年4月3日，杭州市城管局紧扣市民关注的热难点问题，建成便民服务、市民互动、政策宣传"三位一体"的公共服务及互动平台，以"贴心城管"App为载体，先后推出了23个线上办事模块，让市民办事一次也不用跑。

（二）主要做法

1. 开发便民服务模块（图10-5）。包括停车泊位查询、公厕查询、人行道违停自助罚缴、犬证在线申请、停车包月缴费等，实现城管事项"掌上办"。比如"犬类服务"模块，打通畜牧局动物防疫系统的犬只免疫信息，实现犬证在线办理，免去户口本、免疫证等申请

图10-5 便民服务模块

材料，并取消社区上门核验、街道审核环节，只需填写免疫证号，上传身份证明材料、犬只照片、书面承诺，即可在线生成"电子犬证"，实现"无感办、即时办、快速办"，让市民从抱狗跑一天到一次也不用跑。

2. 开发市民互动模块。包括有奖举报、垃圾分类等，实现市民与政府的双向互动。比如，市民可以通过"城市治理有奖举报"模块，举报"危害公共安全、侵害公共利益、损害公共环境"的相关行为，还可以实时查看处置进度和处置结果，并对处置情况进行满意度评价。通过"有奖"的形式，拓展了信息获取渠道，激发了市民参与城市治理的积极性，一些重大急险问题得到快速发现和解决，达到了市民"随手拍"、城管部门"及时改"的目的。

3. 开发政策宣传模块。包括每日一题、消息公告等，便于市民及时获悉城市管理相关工作的最新动态。

（三）建设成效

杭州市城管局从解决市民身边的小事入手，紧扣市民关注的热难点问题，丰富便民服务应用，形成平台统一、渠道多样的城市管理公众服务体系。推出"贴心城管"应用，集成犬证申办、人行道违停处理、找车位等功能模块，实现城管事项"掌上办"。自上线以来，共响应市民服务需求超过1.6亿余次，注册市民达157万人，有效提升了市民办事体验。

第十一章 综合评价系统

综合评价工作主要围绕城市运行安全高效健康、城市管理干净整洁有序、为民服务精准精细精致三个方面，查找问题和短板，提出改进工作的意见和建议，从而补短板、强弱项，提升城市运行监测能力和精细化管理服务水平。

国家层面，围绕"市政设施、房屋建筑、交通设施、人员密集区域、群众获得感"和"干净、整洁、有序、群众满意度"等维度分别构建城市运行监测指标体系和城市管理监督指标体系，组织开展第三方评价工作，提高地方城市风险防控能力和精细化管理水平，实现对全国城市运行管理服务工作的监督、指导和评价。

省级层面，发挥城市管理协调议事机构的作用，按照综合评价工作要求，组织开展第三方评价，提高全省城市风险防控能力和精细化管理水平，实现对城市运行监测和城市管理监督工作的综合评价。同时，可在城市运行监测指标体系和城市管理监督指标体系的基础上，结合实际增加特色型指标。

市级层面，按照部、省住房和城乡建设（城市管理）主管部门明确的指标体系，结合实际增加特色型指标，组织开展城市自评价工作，强化对全市（县）城市运行管理服务工作的统筹协调、指挥调度、监督考核、综合评价，也可委托第三方机构开展第三方评价工作。同时，通过城市自评价和第三方评价，可以为全国文明城市、国家卫生城市、国家园林城市、国家安全发展示范城市和城市体检工作提供数据支撑。

第一节 评价内容、类型与方式

一、评价内容

城市运行管理服务综合评价包括"城市运行监测"评价和"城市管理监督"评价两部分。其中，城市运行监测评价围绕"市政设施、房屋建筑、交通设施、人员密集区域、群众获得感"5个方面，设置5项一级指标、30项二级指标、79项三级指标，评价城市的运行监测水平。城市管理监督评价围绕"干净、整洁、有序、群众满意度"4个方面，设置4项一级指标、23项二级指标、70项三级指标，评价城市的管理监督水平。具体指标体系详见本书第二章第四节和第五节。

二、评价类型

1. 城市自评价。城市政府或其授权的部门组织的，对城市运行管理服务工作开展的综合评价。以运行监测评价标准和管理监督评价标准为主要依据，统计汇总相关数据，并通过开展实地考察和群众满意度调查，汇总评价结果，形成评价报告，查找存在的问题，提出整改措施并完成整改。

2. 第三方评价。住房和城乡建设部、省住房和城乡建设主管部门、城市政府或其授权的部门委托社会第三方机构，对城市运行管理服务工作开展的综合评价。以运行监测评价标准和管理监督评价标准为依据，查找突出问题和短板，形成评价报告，促进城市政府抓重点、补短板、强弱项。

三、评价方式

1. 实时监测。通过该方式测算评价指标相关数据，数据主要通过市级城市运管服平台或已建成的城市运行监测系统获取。

2. 平台上报。通过该方式测算评价指标相关数据，数据主要以公开发布的权威统计数据为主，以行业部门数据、相关信息化管理平台数据为辅，城市将相关统计数据上传到国家、省城市运管服平台，并提交有关证明材料。

3. 实地考察。通过该方式测算评价指标相关数据，随机选取评价网格，在评价网格内开展实地考察。按照评价网格标准，统一抽样范围、样本数量和评价方式，建立评价标准化场景。评价网格内不涵盖的考察项，可以在评价网格外按照随机选取点位的方法增加单项考察。关于评价网格划分及评价点位抽取，可参考管理监督评价标准。

4. 问卷调查。通过该方式测算评价指标相关数据，采取线上线下相结合的方式开展问卷调查，一类城市、二类城市和三类城市的有效问卷数量应分别不少于城市上年末常住人口数的0.1‰、0.5‰和1‰，其中线下问卷数量不少于问卷总数的30%。

第二节
运行监测评价实施要点与数据汇聚

一、实施要点

按照技术标准规定，综合评价系统应具备评价指标管理、评价任务管理、实地考察评价、评价结果生成及综合分析等功能，并依据运行监测指标体系的数据采集要求及指标测算要求，实现具有运行监测特色的运行监测指标管理、评价结果生成、综合分析等功能，定期掌握地方城市运行工作情况。

综合评价系统应对系统同步、省市上报、相关部委共享、实地考察得到的城市运行监测指标相关数据进行汇总分析，支持开展评价指标体系设定、评价指标结果计算、评价结果全方位多维度统计分析、量化评价等工作。

二、数据汇聚

依托"横向到边、纵向到底"的数据流转共享体系，围绕"市政设施、房屋建筑、交通设施、人员密集区域、群众获得感"等核心指标，开展运行监测指标数据的汇聚工作。运行监测指标体系根据指标数据的采集方法的不同，分为实时监测类指标数据、平台上报类指标数据和实地考察类指标数据三类。

（一）实时监测类指标数据汇聚工作要求

1. 数据主要通过市级城市运管服平台的城市运行监测系统获取，对接接口参照数据标准进行扩展设计。

2. 市级平台实时监测类指标数据应实现实时更新，并及时更新至省级平台、国家平台。

3. 共32项实时监测类指标，其中9项指标若无信息化条件，可选择平台上报或实地考察的方式实现数据采集，详见运行监测评价标准的第6.2节。

4. 应在市级平台上实现指标数据测算、得分计算及分析展示，并将各指标测算的相关数据、最终得分及展示图层上传到国家平台、省级平台。

以燃气管网相邻地下空间安全运行监测覆盖率这一指标为例，其数据汇聚要求如下：

（1）指标测算数据：评估得到的所有隐患点数量、燃气相邻地下空间监测点位数量、燃气管网公里数、重大风险已监测点位数量、重大风险燃气管网公里数、较大风险已监测点位数量、较大风险燃气管网公里数、一般风险已监测点位数量、一般风险燃气管网公里数、低风险燃气管网长度。

（2）指标得分数据：燃气管网相邻地下空间安全运行监测覆盖率及得分。

（3）展示图层数据：风险隐患点分布展示、燃气相邻地下空间监测点位分布展示、燃气管线风险等级分布展示、监测覆盖情况分析展示。

注：展示图层数据考虑到地方管线的信息安全问题，上传过程中以图形数据提供，不带有详细的位置信息，并可作适当模糊化处理。

（二）平台上报类指标数据汇聚工作要求

1. 数据主要从公开发布的统计数据、行业部门数据等中获取，市级城市运管服平台应提供填报功能，以便于地方城市各部门进行数据填报。

2. 市级平台相关数据要求每季度至少更新一次，并同步上传至省级平台、国家平台。

3. 共49项平台上报类指标，应在市级平台上实现指标数据的分析展示，并将各项指标数据来源、相关工作材料、最终得分上传到国家平台、省级平台。

以供水管网服务压力合格率指标为例，其数据汇聚要求如下：

（1）指标数据来源：行业部门，如水务局、供水公司等。

（2）相关工作材料：供水管网服务压力年度抽检工作材料，含年度抽检总次数、合格次数。

（3）指标得分数据：供水管网服务压力合格率及得分。

（三）实地考察类指标数据汇聚工作要求

1. 第三方评价人员、地方城市日常巡查人员等通过网格点位法进行指标数据采集。

2. 市级平台相关数据要求每年度至少更新一次，并同步至省级平台、国家平台。

3. 共24项实地考察类指标，其中17项指标在地方城市行业部门数据客观详实的情况下，可采用平台上报方式进行数据采集及评价打分。

4. 应在市级平台上实现指标数据的分析展示，并将各指标实地考察的过程材料、最终得分及展示图层上传到国家平台、省级平台。

以工商用户室内燃气泄漏在线监测覆盖率指标为例，其数据汇聚要求如下：

（1）实地考察过程材料：选取的评价网格、点位信息，评价人员信息，网格内燃气工商用户总数、安装泄漏监测户数等。

（2）最终得分数据：工商用户室内燃气泄漏在线监测覆盖率及得分。

（3）展示图层数据：网格图层，评价网格内工商用户室内燃气泄漏在线监测覆盖率数值展示图层，或燃气工商用户分布展示、安装有泄漏监测的工商用户分布展示等图层。

三、运行监测及评价数据汇聚工作实施方案

横向，市级平台通过城市运行监测系统获取实时监测类指标数据；通过与市政设施、房屋建筑、交通设施及人员密集区域各市级行业权属单位对接，获得平台上报类指标数据；通过第三方评价人员、地方城市日常巡查人员等利用网格点位法采集，获得实地考察类指标数据。在对各类运行监测评价数据进行相关处理及整合的基础上，市级平台实现各类运行监测评价指标数据的同步以及与市级各行业权属单位的共享。省级平台则是在汇聚辖区各地市的各类运行监测评价指标数据的基础上，与省级相关行业权属单位进行对接，实现运行监测评价数据的横向共享。

纵向，市级平台整合本市运行监测评价指标数据后，向省级平台推送数据，数据经处理整合进入省级运行监测评价指标数据库；同理，在整合本省运行监测评价指标数据后，省级平台向国家平台推送数据，数据经处理整合进入国家级运行监测评价指标数据库。省级平台为各市级平台设置数据接收权限，向市级平台下发有关运行监测评价工作的任务，市级平台接收任务并开展城市运行监测评价工作，推送市级运行监测评价数据给省级平台。

以燃气运行监测为例，通过建立城市运管服平台燃气运行监测数据流转体系，全面汇聚燃气运行监测数据，并依据城市运行监测指标体系，对燃气安全运行态势进行不同维度的评价分析，掌握国家、省、市的燃气运行现状特征和问题特点，从而辅助各级城市管理部门作出正确决策，指导燃气公司和相关产权单位进行燃气管网安全隐患治理工作，有效防范化解重大安全风险，坚决遏制燃气事故多发势头。

市级运管服平台能够通过运行监测系统汇聚本市所辖区（县、市）、街道（镇）、社区的燃气风险隐患数据、监测预警数据等运行监测数据，通过市级运管服平台汇聚燃气公司推送的巡检巡查系统和GIS系统数据。燃气运行监测数据经过市级运管服平台综合评价分析，生成燃气管网相邻地下空间安全运行监测覆盖率、工商用户室内燃气泄漏在线监测覆盖率、居民室内燃气泄漏在线监测覆盖率、老化管道更新改造率等指标测算数据、图层展示数据及评价结果数据，形成城市燃气安全运行态势相关报表，支撑城市开展燃气行业相关决策与考核工作。市级运管服平台向省级平台推送该市燃气运行监测评价数据，形成全省燃气安全运行态势分析报告，支撑相关业务决策与考核工作。省级运管服平台向国家平台推送该省燃气运行评价数据，形成全国燃气安全运行态势分析报告，支撑相关业务决策与考核工作。

四、运行监测及评价数据业务应用模式探索与实践

（一）风险隐患监督管理业务应用

城市运管服平台是汇聚城市运行风险隐患数据的平台，除了从有关部门汇聚相关风险隐患数据之外，还能够通过运行监测评价工作获取，补齐信息化程度较低城市的基础设施风险隐患数据。针对地市开展运行监测评价工作时，一方面，通过平台上报、实地考察等方式采集到的运行监测评价数据能够补充全省城市市政设施、房屋建筑、交通设施、人员密集区域的风险隐患数据。另一方面，运行监测评价工作也可反向督促各省市完善风险隐患识别与管理机制，从而获取城市运行风险监督管理全链条数据。例如，"城市道路塌陷隐患排查覆盖率"这一运行监测评价指标项，通过评价工作可汇聚相关数据，并结合平台其他功能模块，对该城市的地面塌陷风险隐患指数进行初步判定，当该指标项得分较低甚至影响总体排名时，一定程度上可以倒逼该城市完善地面塌陷风险隐患识别与管理机制，从而助力城市运行风险隐患的监督管理工作。

在全面汇聚城市运行风险隐患数据的基础上，开展城市运行风险隐患数据的分级分类管理，落实隐患整改和风险防控工作，可邀请相关领域专家编制风险隐患排查整治工作要点，设置隐患排查和风险管控时限要求和工作任务清单，通过监督检查模块下发任务和收集任务反馈，实现城市运行风险隐患的综合监督管理。

实例：燃气隐患排查专项整治应用

2021年12月6日，国务院安全生产委员会印发的《全国城镇燃气安全专项整治工作方案》（安委〔2021〕9号）要求，在全国范围内开展燃气安全专项排查整治工作。城市运管服平台可设置统一的隐患辨识、风险监测、预警处置等工作任务要求，结合运行评价工作及综合评价系统，有效分辨城市燃气管网非法占压、间距不足、服役超限等安全隐患，输出燃气管网安全隐患信息报告，指导燃气公司和相关产权单位进行燃气管网安全隐患治理工作。

（二）城市运行预警事件处置业务应用

城市运管服平台可通过运行监测评价指标中关于事故发生情况、事故处置情况相关的指

标，获取运行监测系统之外的城市运行预警事件处置相关数据，如电梯困人故障发生比率、电梯困人救援平均到达时间、年度"生命线"工程事故数、年度房屋垮塌事故数等，分析本市城市运行异常事件的发生率和处置工作效率，提供恶劣天气、事故灾难和人为破坏等突发事件可能造成的城市运行事故以及可能产生的次生衍生灾害综合预测与评估能力，预测事件可能的影响范围、影响方式、持续时间和危害程度等，并提出预警分级的建议，为应急抢险工作提供决策支持。

实例：燃气运行异常预警事件处置应用

城市运管服平台通过汇聚城市燃气管网相邻地下空间监测运行数据、燃气历史事故数据等评价数据，并结合实时运行监测系统相关数据，对燃气管网微小泄漏、第三方施工破坏等事件进行实时预警，当发现燃气浓度异常变化时，能够通过内置模型计算燃气泄漏可能的影响范围、影响方式、持续时间和危害程度等数据，通过植入的预警分级指标提出预警分级建议和发送预警信息。燃气公司接到实时应急抢险任务，可根据平台提供的数据分析结果，设置安全警戒线，快速查找泄漏点位，高效进行应急抢险工作。城市应急、公安等部门可根据城市运管服平台数据分析结果进行交通疏导和人员疏散等工作，防止次生、衍生灾害事故发生。

（三）城市运行监测评价业务应用

城市运管服平台依托城市运行实时监测类、平台上报类和实地考察类三类数据开展运行监测评价业务。实时监测类数据主要通过城市运管服平台城市运行监测系统获取，并在平台上实现指标数据测算、得分计算及分析展示。平台上报类数据可从公开发布的统计数据、行业部门简报等渠道获取，并在平台上进行数据测算。实地考察类数据主要通过专家实地考察等方式进行指标数据采集，并在平台上进行汇聚分析。在获取运行评价所需的三类数据的基础之上，平台可根据运行监测指标要求构建城市运行评价模型，对城市运行态势进行综合评价，定期出具城市运行评价报告。

实例：合肥市城市运行监测评价应用

合肥市城市运行评价采用城市自评价的评价方法，包括市政设施、房屋建筑、交通设施、人员密集区域、群众获得感5个评价领域，通过实时监测、平台上报等数据采集方法获取对应数据，测算指标值。

城市自评价由系统自动汇聚和测算城市运行数据，并设置数据采集模块进行指标数据上报，以城市自评价任务为单位，匹配评价任务，批次计算分析相应指标结果和得分，辅助城市快速形成客观的自评价结果。

（四）城市运行决策建议业务应用

通过运行监测评价工作，可从运行监测评价指标的数据测算依据中定期获取各地最新的城市运行基础设施的基本信息（如燃气管网长度、窨井盖数据、建设工地数量等）、运行风险管控信息（如监测覆盖率、隐患排查整改率等）、事故发生及处置信息（如电梯困人故障发生比率、电梯困人救援平均到达时间、年度"生命线"工程事故数、年度房屋垮塌事故数等），结合运行监测系统关于风险管理、监测预警、风险防控等的数据，通过大数据对城市运行态势进行分析，形成城市运行工作趋势分析报告和决策建议等，为完善住建行业政策法规、部署工作任务、上报工作建议等提供相关数据支撑，为市政公用、市容环卫、园林绿化、城管执法等领域能力提升提供决策建议。

（五）城市运行报告业务应用

城市运行报告能全面反映城市运行工作情况，通过运行评价指标，实时获取或更新市政设施、房屋建筑、交通设施、人员密集区域等领域的数据，对燃气、供排水、建筑工地、桥隧、人员密集场所等城市设施设备进行运行风险分析、事件处置效率分析、群众满意情况分析等，定期形成城市运行报告。

实例：安徽省城市运行报告应用

安徽省级平台提供城市运行决策支持分析工具，基于全省16地市汇聚的风险隐患数据、运行预警事件处置数据和综合评价数据，挖掘城市安全运行规律，为安徽省整体以及城市安全发展提供决策支持。省级平台接入及分析的各地市市政设施安全运行状态、风险隐患、报警预警等信息，基于燃气、供水、排水、桥梁等设施设备的安全运行分析工具，定期形成安全运行报告，提供给省政府及省级住建行业监管单位，为城市安全发展提供决策依据，如城市运营成效分析报告、燃气风险因素和成因报告、地下管网耦合分析报告、用水用气综合分析报告和桥梁风险分析报告等。

第三节
管理监督评价实施要点与数据汇聚

一、实施要点

城市管理监督评价工作开展，主要通过平台上报、实地考察、问卷调查的方式进行。

1. 平台上报，以实时数据或通过专项普查获取的统计数据为主，以行业部门数据、相关信息化系统数据为辅，通过城市运管服平台逐级上传至国家平台和省级平台。在城市管理监督指标体系中，通过平台上报的方式获取数据的指标有43项，统称为"平台上报类指标"。对平台上报类指标进行评价时，如"城市生活垃圾资源化利用率"指标，依据管理监督评价标准，可以查阅该项指标的指标描述、指标分值、计算公式、评分方法等内容，通过"城市生活垃圾资源化利用率"指标的"计算公式"，向相关部门获取"城市生活垃圾资源化处理量（吨/日）""城市生活垃圾日清运量（吨/日）"等数据，从而可得该项指标的计算结果，结合"评分方法"即可获得该项指标的最终评分。

2. 实地考察，组织城市管理人员进入评价网格或现场抽查评价点位进行指标数据采集。按照评价网格划分标准，统一抽样范围、样本数量和评价方式，建立评价标准化场景。

评价网格内不涵盖的考察项，可以在评价网格外按照随机选取点位的方法增加单项考察。在城市管理监督指标体系中，通过实地考察的方式获取数据的指标有24项，统称为"实地考察类指标"。对实地考察类指标进行评价时，如"道路干净"指标，依据管理监督评价标准，可以查阅该项指标的指标描述、指标分值、考察项、评分方法等内容，一般由考评人员实地对"道路干净"指标的"考察项"逐一进行检查，发现问题按照"评分方法"进行扣分，最终获得该项指标的最终评分。

3. 问卷调查，采取线上线下相结合的方式开展问卷调查，有效问卷数量按照城市类型划分，一类城市、二类城市和三类城市应分别不少于城市上年末常住人口数的0.1‰、0.5‰和1‰，其中线下问卷数量不少于问卷总数的30%。在城市管理监督指标体系中，通过问卷调查的方式获取数据的指标有3项，统称为"问卷调查类指标"。对问卷调查类指标进行评价时，如"城市管理满意度"指标，依据管理监督评价标准，可以查阅该项指标的指标描述、指标分值、问卷调查表、评分方法等内容，通过线上线下相结合的方式进行问卷调查，并计算指标结果，按照评分方法进行评分，最终获得该项指标的最终评分。

二、数据汇聚

国家、省、市三级城市运管服平台以城市运行管理"一网统管"为目标，推动构建"横向到边、纵向到底"的数据共享及流转体系。

1. 关于"横向到边"的数据共享体系。一是推动城市部件事件监管、城市管理行业、相关行业等管理数据的整合应用，如通过城市运管服平台市政公用、市容环卫、园林绿化和城市管理执法等行业信息化系统，对接行业应用类、统计类数据，支撑城市管理监督工作开展。二是以住房和城乡建设数据为基础，对接自然资源、交通运输等部门以及行业权属单位的数据。三是在城市运管服平台稳定运行后，共享城市管理监督数据至其他相关部门，形成积极有效的数据双向共享机制。

2. 关于"纵向到底"的数据流转体系。按照城市管理监督工作要求，构建国家、省、市三级平台自下而上的数据流转体系，由市级平台向国家、省级平台上传城市管理监督明细、结果等数据，省级平台向国家平台上传本省及地级以上城市的管理监督明细、结果等数据，国家平台直接掌握全国城市管理监督工作的开展情况，发现城市管理工作中存在的问题及短板，再由国家平台反馈到省级平台、市级平台，推动城市转重点、补短板、强弱项，促进城市管理精细化水平持续提升。

三、综合评价系统业务应用模式探索

（一）省级平台综合评价系统业务应用

依据管理监督评价标准，省级城市管理主管部门可在本省自行组织开展城市管理监督评价工作，汇聚全省各地市城市管理监督明细、结果等数据，或委托第三方机构组织开展第三方评价工作，形成各地市城市管理监督第三方评价报告，提出存在的问题及工作建议，促进城市管理工作提质增效。基于市级平台上报至省级平台的城市管理监督数据，省级城市管理主管部门通过横向对比、分析，能够进一步了解全省城市管理工作的开展情况，摸清问题，为领导科学决策提供数据支撑。

实例：江苏省优秀管理城市应用

江苏省制定了《江苏省优秀管理城市标准》，用于评价本省城市的管理情况。为严肃评价工作，切实保障江苏省城市环境综合整治工作开展并发挥成效，江苏省制定了严格的审核与评价机制。一是严把审核条件。由省住建厅按照5项基本条件对申报城市进行资格审查，若有一项条件不符合，将无法参评"江苏省优秀管理城市"。二是规范申报程序。测评工作先由各申报城市对照《江苏省优秀管理城市标准》和《江苏省优秀管理城市（一星级）考核评分细则（试行）》，认真组织开展自评工作；自评达标后，由城市人民政府以书面形式报送至省住建厅；县（市）需经设区市人民政府同意后方可申报。三是加强过程管理。申报城市要在政府的统一领导下，成立创建班子，并制定实施计划，同时有效整合规划、建设、公安、环保、卫计、工商相关部门的力量，形成强有力的创建工作合力，确保创建工作扎实开展、富有成效，一切从实际需求出发，切实提高市民群众获得感；省住建厅不定期组织调研暗访，并将调研暗访意见及整改落实情况作为评判创建成效的重要依据。

（二）市级平台综合评价系统业务应用

依据管理监督评价标准，通过市级平台既可以组织自评价工作，建立常态化的综合评价工作机制，定期出具城市管理监督自评价报告，辅助城市政府及城市管理部门及时掌握城市管理存在的突出问题，为领导决策提供支持，也可以组织第三方评价工作，增强评价工作的客观性。目前，城市管理监督指标体系已与全国文明城市、国家卫生城市、国家园林城市、中国人居环境奖、城市体检等国家级测评体系的相关指标进行深度融合与对接，开展城市管理监督评价，对助力文明城市、卫生城市、园林城市等的创建具有重要意义。

实例：咸宁市城市管理综合评价机制应用

咸宁市创新城市管理综合评价机制，以提升城市精细化管理水平为目标，以问题为导向，以奖罚并举为手段，以第三方评价为主要方式，每月组织开展城市管理综合评价工作，推动形成了"统一领导、分级负责、属地管理、条块共抓、延伸乡镇、全域覆盖"的"大城管"工作格局。一是"一盘棋"谋划，党委领导全员参与。市委领导推动制定《咸宁市城市管理月度综合评价实施方案》（以下简称"实施方案"），明确"为人民、为发展，高站位、高标准，全覆盖、全时段，严考核、严奖惩"的城市管理工作总体要求，各区（市、县）政府和32家市级城市管理相关部门按照职责分工和协作机制，严格落实城市管理工作要求。二是"全覆盖"推进，科学制定评价方案。咸宁市城市管理月度综合评价工作开展以来，不断优化评价对象和评价内容，评价对象由最初的中心城区和各县（市）政府覆盖至各乡镇和街道办，进一步强化了各级部门的城市管理责任；评价内容以住房和城乡建设部和湖北省的城市管理工作要求，以及全国文明城市测评和县域文明城市测评为指引，紧密结合咸宁实际，形成涵盖环境卫生、市容市貌、市政设施、园林绿化等在内的评价标准。三是"第三方"考评，强化考核结果运用。市城市管理领导小组委托第三方机构每月进行暗访和量化考评，严格按第三方考评的结果进行排名，每月在《咸宁日报》头版刊登，确保全程公平、公正、公开。

四、决策建议系统业务应用模式探索

（一）省级平台决策建议系统业务应用

省级平台汇聚全省平台上报、实地考察、问卷调查等管理监督指标明细和结果数据，运用大数据、人工智能等新技术手段，构建分析模型，对全省城市管理监督数据进行挖掘、捕捉、处理，发现城市管理工作中存在的弱项和短板，为领导科学决策提供数据支撑。同时，可将对每个城市综合评价得出的意见建议反馈至城市人民政府或城市管理委员会办公室，推动城市政府抓重点、补短板、强弱项。

（二）市级平台决策建议系统业务应用

市级平台汇聚运行数据、管理数据、服务数据、综合评价数据，运用大数据、人工智能等新技术手段，构建分析模型，形成分析报告，为城市政府及城市管理主管部门了解城市运行管理服务工作现状、掌握存在的问题和短板、制定政策措施提供数据支撑。

第四篇
特色应用场景

在建设城市运管服平台过程中,各地在完成"规定动作"的基础上,可结合本地实际,因地制宜开发符合本地实际、具有地方特色的应用场景,并纳入本地城市运管服平台,进一步拓展平台功能,逐步实现城市运行管理"一网统管"的目标。

第十二章 特色应用场景摘录

随着城市发展由高速增长转入高质量发展的新阶段,社会结构、经济结构、生产生活方式以及治理体系都发生了重大变化,人民群众对城市管理高质量发展的要求也在不断提高,对美好的人居环境充满期待,这对建筑垃圾运输、餐饮油烟、户外广告、城市停车难、共享单车管理难等重点领域和关键环节的精细化管理提出了新的更高要求。近年来,围绕重点领域和关键环节,部分城市利用现代信息技术等高科技技术手段,开展了积极的探索与实践,取得了实实在在的成效,推动提升了城市科学化、精细化、智能化治理水平,得到了广大人民群众的点赞和支持。现摘录部分典型应用场景如下。

第一节 杭州市智慧停车

一、项目概述

杭州市城管局以数字化改革为突破口,树立系统思维,强化科技手段,优化服务内涵,使市民停车服务满意度连续三年达到99%以上,道路停车泊位周转率从2021年的3.3次提升至2022年的3.7次左右,"先离场后付费"便捷泊车服务基本实现全覆盖,如图12-1所示。

二、主要做法

1. 数据集成,形成全域一体的静态交通。2018年在市委、市政府的大力支持下,由市城管局负责牵头搭建的"城市大脑"停车系统建设完成,为实现"全市一个停车场"奠定了基础。目前,接入系统的泊位数由最初的40.7万个增至138.4万个,汇聚停车场及停车场管理部门48亿条涵盖停车生态各要素的停车数据。2022年以来,副城区及三县(市)的道路泊位停车管理系统也陆续接入市级统一平台。目前,全市4.6万个道路泊位基本实现统一管理,全域一体的静态交通初步形成。

2. 科技辅助,让管理"无感",让安全"有感"。探索道路停车智能化服务,研究物联网、5G等前沿技术在道路停车服务中的应用。分别在上城区、拱墅区、滨江区和余杭区建设了不同场景的高位视频智慧停车试点,借助路灯杆、公安安防监控杆等,随时记录泊位车辆驶入、驶离以及泊位状态,实现"科技换人、减员增效"的目的。同时,通过改造服务管理系统,残疾人车辆可在城区范围内1.4万个道路停车泊位和103个政府投资建设的公共停车场库实现停车优惠自动减免,保障残疾人停车权益。

3. 数字赋能,助力实现"停车自由"。全面打造"全市一个停车场",实现停车多场景赋能。通过对停车指数、泊位指数、余位数进行聚合计算,已为浙一、浙二、市一、滨江儿保等医院提供周边停车场泊位忙闲信息,实现抬头见泊位、短信见链接的智能引导。通过制定一套商圈停车场"通停通付"的标准化接口,打通了城市大脑停车系统、商场会员系统、场库本地停车系统,实现车辆同商圈的跨场库优惠互认,费用自动结算,使商圈停车资源进一步有效配置,有效降低消费者寻找车位的难度,化解商场配建停车位不足的问题。

4. 部门协同,发挥数据分析的"力量"。通过"疫区车辆布控监测分析功能",实现将相关地区车辆停车数据信息向城区、街道及物业单位实时推送,累计预警300万余条(次),帮助街区第一时间筛查3.8万余车辆、6.5万余人次。通过将车辆进场信息、驻场信息和图片信息与综治部门的重点管控车辆信息结合,与江干法院探索套牌车、稽查车和嫌疑车的智能发现特色业务协同,已累计发送告警4.9万余次。

5. 多点齐发,开通多样性的便民渠道。为满足市民不同消费习惯的需求,在现金、市民卡支付的基础上,推出支付宝、银联、"先离场后付费"(图12-1)等多种支付方式,并推出"先放行、后付费"的停车信用支付模式,满足市民个性化支付需求。同时,市民可通过支付宝、市民卡等渠道进行停车费补缴、停车包月缴费等的在线办理,实现市民办事最多跑一趟,减少防疫期间的人员聚集。

6. 双管齐下,便捷寻找停车泊位。一是通过建立停车引导系统,为市民实时提供450余个对外开放的社会公共停车场库、12.7万余个停车泊位和1.4万个道路停车泊位、103个政府投资建设的公共停车场库信息,并通过浙里办App贴心城管模块为车主提供查询和导航服务。二是通过搭建"共停"平台,将机关企事业单位、商业楼宇、住宅小区、产权业主、居民个人五大类的时段性空闲泊位纳入共享系统,供需配对,整合盘活存量泊位资源,充分利用和释放潜在空闲时段泊位。目前,平台已成功吸引包含政府类、国企类、社会类、小区类等各种类型的停车资源共计1000余个泊位。

图12-1 杭州市停车管理/先离场后付费

第二节
北海市"门前三包"智慧监管

一、项目概述

北海市将"门前三包"作为市容环境改善的关键因素纳入了综合行政执法局的重点工作，市综合行政执法局以侨港镇侨港北一路、靖安路为试点，开启了"门前三包"智慧执法模式。要求商户、物业等责任单位自觉落实"门前三包"，督促游客、住户、群众自觉遵守市容市貌秩序。

二、主要做法

1. 形成"一门一档"基础数据库。在采集和更新社会主体信息的同时，通过与社会主体签订门前三包责任书，形成"一门一档"社会主体基础数据库，做到数据无遗漏、无错误、勤更新。

2. 制定门前三包"责任牌"，从源头约束社会主体履行责任。为提高精细化管理水平，在系统中生成门前三包"责任牌"二维码作为社会主体的"身份证"，并按规定尺寸张贴在相应位置。执法人员在日常巡查过程中发现问题后，只需扫描责任牌上的二维码即可上报，同时也可进行清单式的执法检查，从而提升问题及时上报和执法检查工作效率。

3. 采用社会主体动态三色预警转换管控机制，强化精准治理水平。以积分制+动态三色转换机制的执法巡查模式为抓手，对社会主体实施常态化的巡查工作，使执法人员准确发现重点，变盲目巡查为有序监管，实现精确监控；通过对社会主体设定初始管控分值，以及分值区间和对应的巡查频率，同时制定"门前三包"检查清单以及扣分规则，执法人员在执法检查过程中，可以针对问题对社会主体进行扣分，分值低的社会主体应加强巡查频率，对于屡教不改、分值扣到一定程度的社会主体可直接转入执法流程，从而有效敦促执法人员按时办案，提升执法办案效率和市民服务满足感。

4. 常态化监督考核机制，以考核促成效。通过构建执法人员和社会主体的考核机制，制定考核标准，可从管理部门对"门前三包"主体的检查机制建设情况、检查效果情况、执法人员日常勤务情况等方面构建考核指标体系，通过常态化的监督考核机制，促进"门前三包"管理水平的提质增效。

三、建设成效

北海市"门前三包"智慧监管系统启用以来，"门前三包"证照牌发放安装22580个，已初步形成常态化检查及红黄绿三色预警的社会主体管控模式，商户、物业等责任单位纷纷自觉落实"门前三包",并督促游客、住户、群众自觉遵守市容市貌秩序。有些商户为缓解街道停放车辆的压力,在确保交通安全和通畅的基础上,主动施划门前非机动车停车位。该平台自正式上线以来取得显著成效,得到了中央编办和自治区编办的充分肯定,荣登自治区2020年"美丽广西·宜居城市"奖补项目榜。

第三节 宿迁市流动摊点监管

一、项目概述

为有效破解流动摊点管理难题,实现市容和繁荣双赢,宿迁市探索构建流动摊点"1+3"新型治理机制,即以实施1项规范疏导机制为中心,配套落实智慧监管、信用监管、执法监管3项管理机制,通过疏管结合、科学管理,实现从"无序摆摊"到"有序引导"的转变。针对流动摊贩"一管就死,一放就乱"的痛点,宿迁市构建适应高质量发展要求的流动摊贩管理智慧服务体系,积极采用疏管结合的方式,推行分区、分级、分时和定点的流动摊贩自治管理模式,如图12-2所示。

二、主要做法

1. 划分经营区域。管理人员科学合理划分流动摊贩经营区域,通过线下实地考察,将划分完成的区域信息纳入系统中,采用室内疏导点和室外划线疏导点两种方式,明确管理主体、负责人、疏导点经营类型等信息,形成统一管理的电子台账,绑定流动摊贩基本信息,对疏导场所实施编码化管理,入驻疏导场所经营的摊主在出摊和收摊两个时间节点进行手机打卡,实现动态监测摊位分配使用状况,便于规范流动摊贩日常经营和管理秩序。同时,建立执法管理人员、摊点经营者、摊点疏导场所三类基础信息数据库,依托信用积分管理机制,对发现的各类摊点问题第一时间现场调度或交办处置,并进行数据分析和问题研判,提升摊点长效管理水平,最终实现流动摊贩定点经营的精细化管理。

2. 用好智能手段。构建流动摊贩智能化应用,通过疏管结合的管理方式,依托"现有摊点(疏导点)+视频识别+智能监管"构建多元智管体系,打造问题快速发现交办、高效调度处置的闭环管理模式,实现从"无序摆摊"到"有序引导"的转变,如图12-2所示。

3. 深化移动应用。运用"一图两码三终端"体系,将执法人员的具体需求和目标转换为实用好用管用的城市流动摊点管控应用模式。通过微信小程序,经营者注册个人信息,执法人员通过执法App进行日常巡查,管理者通过管控平台及时掌控全网的流动摊点分布和摊主的经营活动。

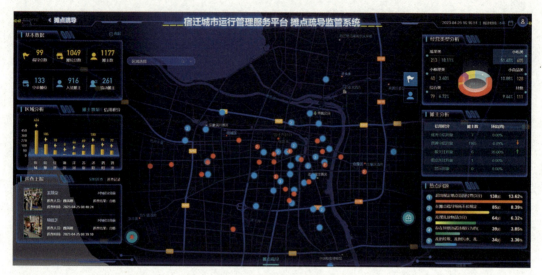

图12-2 宿迁市摊点疏导监管系统

三、建设成效

（一）规范疏导，摆摊从"无序"到"有序"

启动《宿迁市中心城区摊点疏导区专项规划》编制，科学规划布点摊点临时疏导场所，实行分类型、分区域、分时段疏导管理，并重点孵化困难摊点经营户。目前，宿迁市区共设置临时集中疏导区20处、划线管理疏导区90处、小修理便民摊点12处、放心早餐点34处，累计容纳摊位987个，平均每天摊位使用率达85%以上。

（二）智能配套，摊点管理有了"智慧大脑"

实施疏导场所编码化管理，对市区100余处摊点和临时疏导点900余个摊位统一编码；实施摊主注册管理，专门开发摊点管理微信小程序，引导所有流动摊主登录填报基础信息，入驻疏导场所的摊主在出摊和收摊两个时间节点进行手机打卡，实现动态监测摊位分配使用状况；实施快速反应机制，开发现场指挥调度、系统交办派遣、GIS分析等功能和手机App运用端口，建立执法管理人员、摊点经营者、摊点疏导场所三类基础信息数据库，对发现的问题第一时间现场调度或交办处置，并加强数据分析和问题研判，实现摊点长效管理。

（三）信用管理，诚信自律成为新风尚

对疏导场所摊点经营者实行信用积分管理，以100分为信用基础分，半年为一个积分周期，由城管部门宣传动员摊点经营者签订《市区疏导场所摊点经营者信用承诺书》，并对其守法履诺情况进行动态监管、信用评价和奖惩措施等。

（四）刚柔相济，执法监管回归"管理初心"

常态化加强流动摊点巡查管控和宣传引导，对在城市重点公共区域擅自摆摊设点的行为一律进行清理取缔，有效减少流动摊点占道经营、损害市容、污染环境等问题，切实维护社会公众的整体利益。

第四节
临沂市餐饮油烟智慧治理

一、项目概述

为加强中心城区餐饮油烟治理工作，有效控制违法排放油烟污染环境的行为，推进大气污染防治工作顺利开展，有效改善城市空气质量，临沂市按照"属地管理、依法治理、综合施策、标本兼治"的原则，创新餐饮油烟监测智能化应用（图12-3），切实解决影响人民群众身心健康和环境质量的餐饮服务业油烟污染问题。

二、主要做法

1. 通过对接餐饮油烟在线监控系统的实时监测数据，实现对餐饮企业油烟排放的定性（油烟净化器是否按规定开启）与定量（油烟浓度分析）双重监管。

当发生油烟净化器非正常关闭或者油烟浓度超标时，自动生成告警信息，即时推送到属地城市运行分中心、相关处置部门、监管单位等，相关处置部门根据监管部门的要求进行查处和整改，整改结果反馈到运行中心和监管单位，形成闭环监管模式。

2. 通过对餐饮企业油烟排放数据的分析和挖掘，及时发现油烟气体污染来源，实现闭环管理。

临沂市餐饮油烟监测智能化应用利用餐饮油烟的实时监测数据，已实现对餐饮企业（饭店）油烟排放的定性（油烟净化器是否按规定开启）与定量（油烟浓度分析）双重监管。系统搭建了餐饮油烟四级监管指挥体系，一旦出现超标排放告警，系统将会自动报警并将数据传送到平台，按照四级管理指挥体系架构同时推送到市城管局、区城管局、中队街道和社区执法人员以及经营业主的手机上，方便了执法人员第一时间查处，有效提醒经营业主及时整改，大大提高了执法效率，并将整改结果反馈到运行中心和监管单位，形成闭环监管模式。

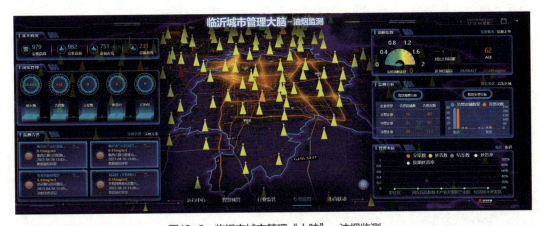

图12-3　临沂市城市管理"大脑"—油烟监测

3. 临沂市按照网格化管理模式，把整个城市的餐饮企业纳入到网格管理中，构建市、区、街镇、社区多级工作联动体系，明确管理责任。通过物联感知监测手段，建立油烟在线监控系统，设定预警告警规则，与业务管理处置端实时互通，做到第一时间感知、第一时间核实、第一时间处置以及长效考核管理。

油烟监测平台最大的特点是不需要人工干预，出现超标排放时，系统会自动告警，并推送到市城管局、区城管局、中队街道、社区执法人员和经营业主的手机上，打通了执法的"最后一米"，方便执法人员第一时间查处，同时有效提醒业主迅速整改，大大提高了执法效率，确保了油烟治理工作的长效常态。

三、建设成效

截至目前，平台已接入餐饮服务单位12343家，已接入数据7万余条，海量数据确保能及时发现净化设施和监测设施的运转状态，从而有效杜绝偷排、漏排、乱排、超排等违法行为。

中心城区1.4万家餐饮服务企业实现净化设施安装率达100%，餐饮油烟污染第三方治理试点取得初步成效，2209家重点单位实现在线监控。目前，已处理报警案件1318件，处置率100%，城市油烟污染问题发现和处置效率明显提升，已实现餐饮服务企业应接尽接和中心城区全覆盖。

第五节
成都市共享单车治理

一、项目概述

成都市成华区以"审慎包容、多元共治"为原则，建设运行互联网租赁自行车序化管理平台，通过多维度的实测数据为共享单车的规范管理奠定了科学基础，实现了对共享单车的总量管控、需求分析、考核评价、智能调度等功能，如图12-4所示。

二、主要做法

1. 加强单车监管，统筹区域调度。深入开展未上牌单车清理工作，加强共享单车管理，将"实名制"单车纳入序化管理平台的同时，将车身编号、车锁号录入市交通运输监管系统备案，有效防止企业伪造号牌，辖区单车综合上牌率由原来的60%左右上升至89%，从而严控单车超量投放，提升城市通勤效率。

2. 聚焦重点区域，攻坚难点问题。以商业繁华区、办公密集区、交通场站等热点区域为重点，组织单车企业开展清运工作；针对重点路段、重点点位的单车乱象问题，坚持一点一策、定人、定岗、定责、分时段、分阶段，强化单车清理维护；针对突出问题及乱象点位，联合交通、交管部门开展集中整治。2021年以来，共排查清运辖区内未上牌非法运营共享单车24.98万车次。

3. 运用智慧平台，实现智能管理。依托成华区"互联网租赁自行车序化管理平台"，对单车企业运维服务质量进行考核，对运维力量不足、应急响应迟缓、问题整改不力的企业开展约谈，纳入服务质量考核和企业信用平台；加强智慧管理平台监测工作，进一步摸清辖区内单车数量与活动规律，为全市共享单车总量控制、规范管理提供数据支撑。

4. 成华区互联网租赁自行车序化管理平台（图12-4）建设形成了一套"3132"工作法，即：确定"抓重点、分阶段、可拓展"的"3"条总体思路，抓住总量控制这个"牛鼻子"；根据街面宽度、需求量等用红、黄、蓝、绿四种颜色实时显示车辆数量情况，在每一个点位设立"1"个预警阈值；利用饱和度监测、大数据和蓝牙道钉布局等把握总量控制、供需平衡、有序停行"3"个步骤；最终实现共享经济、智慧城市"2"个目标。

图12-4　成都市互联网租赁自行车序化管理平台

三、建设成效

自互联网租赁自行车序化管理平台运行以来，区域共享单车总量从12万多辆逐渐控制在9万辆左右，活跃度最高涨幅达40%，全区单车闲置率由原来的18.23%下降到7.1%，单车废弃率由原来的9.13%下降到1.16%，路面停放平均减少约2小时。该平台的有效运行使得政府降低了行政成本，企业实现了资源优化配置，最终实现"政府提效能、企业得发展、群众享便利"的三赢效果。

第六节
南京市溧水区建筑工程渣土监管

一、项目概述

南京市溧水区建筑垃圾及监管平台（图12-5）通过互联网+物联网的监管模式，结合多种监控手段、有效的制约措施以及科学的数据分析，利用智能感知和物联应用技术实现城市渣土车管理由数字化向智能化转型升级。通过对渣土车运输可视化管理和智能分析应用的升级，建设一个有效监管、执法高效、资源共享的城市渣土车可视化管理系统，实现快速发现有效处置。平台通过多维度、全方位、精确化的信息交互和判断，使渣土车管理和决策更加科学、有效。

溧水区通过建设建筑垃圾运输处置监管指挥平台，按照"科学整合、共享节约、服务管理，统一规划、分步实施、分级建设"的原则，整合现有建筑垃圾处置管理信息化资源，实现建筑垃圾处置全流程信息化管理，提高了监管效能，推动渣土管理精细化、行政审批便捷化、处置监控智能化、信用考核常态化，形成了渣土车监管全流程、全监控、全覆盖的良性循环，如图12-5所示。

图12-5 南京市溧水区建筑垃圾及监管平台

二、主要做法

1. 线上办证、联审联批。由区城管局、行政审批局，联合区公安分局、城建局、交运局、环保局等多家单位，实现渣土行业相关证件联审联批，建立电子信息库，打通各部门业务流程，整合城管、行政审批、公安、交运等部门数据，实行渣土准运证、营运证、垃圾处置证、渣土车线路证"四证"线上联办，全面深化"不见面"审批，提升"放管服"水平。

2. 源头管控、过程监管。渣土车运输管理要实现"两点一线"，即工地和消纳场的源头管控，运输建筑渣土的全过程监管。车辆出入监控管理系统固定安装在渣土装卸点，负责监控车辆的进出场全景状态，记录车辆通行的详细信息。通过系统自动预警，实时记录车辆冲洗情况、装载情况及车辆行驶线路状况等行为。

3. 取证抓拍、举证查处。通过与公安卡口过车数据对接，智慧渣土车管理系统后台自动比对查验车辆无证入场信息并生成处罚依据，针对部分工地黑车入场运输较为严重的情况，建立黑名单制度，一经发现，处罚工地建设单位并责令限期整改。在工地和消纳场出入口安装视频监控系统，分别记录渣土车辆驶出工地和入消纳场的详细过车信息，通过双向车辆数据自动匹配，结合GIS地图中行车轨迹形成完整的取证数据链，对车辆未按规定进入消纳场倾倒、不按规定线路行驶等违法行为进行查处。出入口车辆监控视频真实记录了车辆全景装载状况及车辆特征信息，能够保证执法证据的有效性、公正性。

4. 建立健全监管与考评机制，保障平台的平稳运行。渣土运输管理部门根据管理职责和信用考核规则，对渣土运输企业和车辆进行考核，将出现重大违法事故的企业和车辆纳入"黑名单"，退出渣土运输行业。对渣土运输企业和车辆考核、扣分并生成相关统计数据，并与建筑垃圾处置许可的禁入条件相互绑定，同时将考核情况汇总报送至征信部门，形成征信报告，实现诚信数据共用共享。

三、建设成效

南京市溧水区建筑垃圾监管平台建成以来，取得了较好的运行成效，溧水区已将902辆工地渣土车、592个建筑工地、128个消纳场、259条路线以及3330个监控摄像头纳入管理范畴，汇聚渣土车报警次数超过28000次，渣土车管理趋于规范；该平台上线以来，办理的业务申报材料由28份缩减至8份，压缩办结时限65%以上，其中渣土车营运办证办理提速至4.5个工作日，方便了渣土运输企业申报办证。平台建成后，已对违规渣土运输车辆和无资质渣土车辆进行了处罚，有效地解决了溧水区建筑垃圾运输处置过程中影响市容市貌、环境卫生和交通安全的突出问题，实现了对渣土车辆的常态化、实时化监管，有力地促进了该区建筑垃圾处置管理的精细化和科学化。此外，该平台的建成和运行实现了物联监管智能化、资质审批高效化、运输监管全程化，具有借鉴意义。

第七节
青岛市户外广告精细治理

一、项目概述

城市户外广告是城市环境景观的重要组成部分，关乎城市容貌和城市形象。一段时间以来，青岛市户外广告管理系统缺乏数据支撑，无户外广告数据来源，不能满足户外广告管理工作需要。为规范管理城市户外广告，青岛市按照国家户外广告管理试点要求，建设智慧广告管理系统并与省审批平台对接，实现了户外广告从规划、审批到全流程、全生命周期的监管目标，如图12-6所示。

二、主要做法

1. 高水平精准监管夯实支点。平台建立基础信息库、审批备案库、文件资料库"三个库"，通过与规划数据和审批数据自行比对，实现户外广告招牌数据实时监管，全面提升监管精准度。建立"红、黄、绿"道路动态提示、超期提示、虚假结案提示"三个指标"，清晰展示辖区户外广告招牌管理状况，发现现存问题短板，推进问题整改落实。依托大数据分析，对案件频发的区域进行精确定位，对整个城市户外广告招牌监管情况进行智能分析，促进户外广告招牌监管的精准化、智能化。

2. 全方位精细服务实现突破。平台创新服务方式，开启"指尖服务"模式，结合"门头招牌前置服务"微信小程序，为商户新设置或者更换门头招牌提供咨询登记服务，商户设置门头招牌的工作通过手机即可完成，极大简化了办事流程，也提高了门头招牌管理工作的效率，方便工作人员随时掌握各类新增门头招牌信息，变"事后监管"为"事前服务"，将违规门头控制在萌芽状态。

3. 多方面安全监管筑牢底线。安全监管是户外广告招牌管理的重点内容，平台专门设置安全监管模块，一方面对大型户外广告到期检测情况实时监管，设置到期和超期未检测提示；另一方面将巡查督查中发现的广告招牌设施破损问题关联到安全监管模块，进行重点关注和督办，确保各级管理部门随时掌握户外广告招牌安全态势，筑牢安全底线。

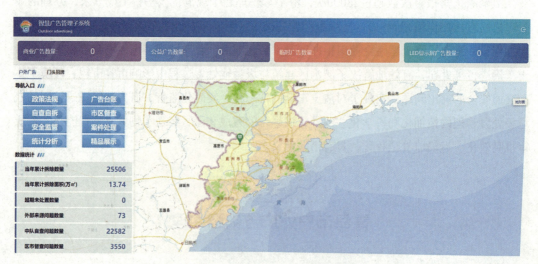

图12-6 青岛市智慧广告管理子系统

三、建设成效

青岛市智慧广告管理系统上线后，解决了"人工查验"导致的时效性低、覆盖面有限、信息不完善、监测成本高等难题，打破了各部门之间的"信息孤岛"，对整个城市的户外广告招牌行业现状、监管流程、数据分析等信息进行整合，实现了"一个平台全覆盖"和户外广告招牌的全景式智慧监管。智慧广告管理平台的启动，促进了工作效率、监管效能和服务水平的提档升级。系统上线以来，青岛市依托平台自查自改问题5677个、办结4830个、办结率85.1%；督导问题2355个、办结1585个、办结率67.3%；"门头招牌前置服务"微信小程序同时上线，方便市民申请办理，目前已完成市民门头招牌设置申请1558处。

第八节
杭州市内涝治理

一、项目概述

为进一步提升政府治理服务精细化水平，以数字孪生理念和方法为指引，以省域空间治理数字化平台为依托，基于浙江省一体化智能化公共数据平台，以杭州滨江区为试点，构建滨江水系、管网、水工数字孪生体，通过增量开发、迭代升级，基本建成了数智治水系统内涝智治场景（图12-7），实现内涝智治全生命周期"可看、可知、可处、可控"，解决内涝治理缺乏系统性和预见性的问题，取得了初步成效。

图12-7　杭州市内涝智治系统及预报模型

二、建设模式

1. 搭建空天地一体的感知体系。接入各类感知数据，包括杭州城市大脑的智能网格数据、气象数据，区城管系统的河道水位、水质、流量，管网水位、流量、水质数据，监控信息；杭州市滨江区水雨情监测平台的水位监测数据；杭州市滨江区污水零直排系统的雨污监测数据，杭州市滨江区城市大脑平台的地理DEM数据、道路、河网、建筑、管网、视频监控等数据，搭建全方位感知体系。

2. 搭建内涝模型，提升风险研判能力。利用仿真模型对杭州市滨江全域进行80万级网格剖分，在每个网格加载地表高程数据；在网格基础上加载41条河道1500多个断面数据及河道流向数据、所有闸站水利工程数据，搭建全区河道水动力模型；在网格基础上加载全区雨水井、雨水管网、管径、流向等数据，搭建管网模型，并与河道水动力模型进行耦合；在河道管网模型基础上，结合一二维水动力模型，构建河道漫堤模型。通过模型共建，搭建完成城市内涝模型，为内涝提供预警预报，并为排水防涝规划的编制提供支持。

3. 构建数字孪生体，打造滨江数智治水基础底座。基于一体化智能化公共数据平台，以省域空间治理平台为支撑，搭建了滨江数智治水系统的总体框架。利用数字孪生技术，完成了滨江全区77.95公里41条河道、1个湖泊、36个小微水体的映射；446公里雨水管网、5个排灌站、19个闸站、2个雨水泵站的映射；河道流量监测点7个、水位监测点19个、管网液位监测点24个、监控视频1836个的映射，以及39个易积水点的映射。通过实时感知建立物理实体和虚拟实体的双向映射、动态交互，可以帮助主管部门了解城市设施的排水能力，并指导后续智慧管网建设。

三、建设成效

构建了应急、城管、水利、生态环境、住建、交警等部门联合应急处理协同机制，制定内涝预报预警预处置、短临降雨处置机制等配套工作制度，明确工作流程，固化业务系统流程，制定相关工作标准；变人为线下调度为一屏协同智慧调度，有效地提升了工作效率，保证滨江水系和内涝处置全生命周期的安全可控；出台《关于进一步做好地下空间排涝整治的通知》，加强部门联动，为后续地下空间不被淹的场景深化作支撑；基于数字孪生推动城市运维与城市规划、建设的联动，推动线下整改措施落地生效。

第九节
青岛市海水浴场精细治理

一、项目概述

为加强和规范海水浴场的监督和管理，维护海水浴场秩序，提升应急处置能力，青岛市结合本市实际情况创新建设海水浴场智能化管理应用场景，以智能化的管理体系，建设海水浴场信息管理系统，加强对青岛市第一海水浴场、第二海水浴场、第三海水浴场、第六海水浴场、石老人海水浴场、仰口海水浴场、金沙滩海水浴场、银沙滩海水浴场和灵山湾海水浴场等人员密集区域的安全监管。

二、建设模式

青岛市海水浴场信息管理系统（图12-8），以互联网、物联网、云计算、地理信息系统、互联网移动互联、高性能计算、智能数据挖掘等信息技术为支撑，底层对接海水浴场基本信息数据、状态数据、关联事件数据、人流量数据、视频监控数据，并通过系统填报数据不断完善，形成该系统的底层数据资源支撑，实时掌握每一个海水浴场的动态信息；上层设定海水浴场基础信息管理模块、信息上报模块、检查督办模块、综合评价模块、救生救护模块、监控视频模块、冲浴与更衣室管理模块和安全管理模块，发布浴场信息为群众提供便利，加强日常巡查与倾听群众需求以提升服务水平，开展综合评价以增强管理能力，同时加强安全监管，针对应急事件能够快速反应处置，使青岛市海水浴场初步实现了精细化和智能化管理。

青岛市为更好地为人民群众服务，营造优良的旅游景区，依托"点·靓青岛"小程序发布海水浴场导览模块，市民通过小程序即可实现精确浏览青岛的各个海水浴场，并获取各海水浴场发布的实时信息，主要包括：

1．基础信息，提供浴场简介、旅游导览图、服务项目、公交站点、监督电话、周边景点及美食指南。

2．开放信息，每日浴场开放及关闭提示、气象及水文信息、安全提示信息。

3．实时信息，通过对接，实时展示海水浴场相关停车场停车信息及浴场人流量信息。

图12-8　青岛市海水浴场信息管理系统

三、建设成效

青岛市立足工作实际,开展海水浴场智能化管理,建立海水浴场信息管理系统,打造符合当地特色的海水浴场导览应用场景,以智能化的手段在旅游体验、产业发展、行政管理等方面开展应用,使旅游物理资源和信息资源得到高度系统化整合和深度开发,并在食、住、行、游、购、娱、教、管、研九大领域服务公众,建立以旅客为中心的全程服务体验,有效提升旅客满意度、海水浴场旅游形象、旅行服务品质,从而提升城市的综合竞争力、公共服务能力和服务形象,为城市和所属区域的发展创造巨大的社会效益和经济效益。

第五篇
平台建设典型案例

2021年12月,住房和城乡建设部部署全面加快建设国家、省、市三级城市运管服平台,印发了"一通知一指南两标准"。2022年以来,各省(市、区)住房和城乡建设(城市管理)主管部门、各地级以上城市政府及城市管理主管部门积极行动起来,以"一通知一指南两标准"为依据,结合各地实际,组织城市管理委员会成员单位,系统统筹谋划,加强顶层设计,制定完善运管服平台建设工作方案,组织编制运管服平台建设技术方案,取得了积极进展。各地在前期数字化城市管理信息系统和城市综合管理服务平台等信息系统建设的基础上,坚持"统筹集约高效"的原则,科学稳步有序推进,以构建国家、省、市三级城市运管服平台"一张网"、推动实现城市运行管理"一网统管"为目标,积极探索建设既符合运管服平台建设总体要求,又具有地方特色的城市运管服平台,取得了一定进展。截至目前,上海、杭州、青岛、太原、沈阳、亳州、宿迁、重庆、河南、重庆江北区、临沂、徐州、潍坊、襄阳等地的平台建设取得了重要的阶段性成果。

第十三章 省级平台建设案例

各省、自治区、直辖市按照"边建设、边完善""先联网、后提升""先网络通、后数据通"的工作思路,强化"一网统管"理念,顺应信息化发展客观规律,充分利用本省(区、市)信息化建设成果,加快搭建"观全域、重指导、强监督"的省级城市运管服平台,为实现国家平台、省级平台、市级平台互联互通、数据同步、业务协同发挥了重要作用,为开展业务指导、监督检查、分析研判和综合评价工作奠定了坚实基础。

第一节　上海市城市运管服平台

点评: 上海市城市运行"一网统管"平台(图13-1)立足上海超大城市治理实际,以网格化城市管理系统为基础,构建了市、区、街镇三级"1+3+N"的网格化管理体系,使管理对象从单纯的城市管理部件事件向110非警务警情、社会综合治理、市场监管、公共卫生等多领域延伸,扩展了"一网统管"的范围。着眼"高效处置一件事",开发覆盖建设管理、房屋管理和城市管理等业务的智能化应用场景,强化了网格化系统实战能力,研究提炼了涵盖基础设施、城市环境、城市交通、城市韧性、城市安全五大维度的城市运行动态指标体系,为构建城市运管服平台评价指标体系奠定了良好基础。

为深入贯彻习近平总书记关于提高城市科学化、精细化、智能化治理水平的重要指示批示精神,根据住房和城乡建设部《关于全面加快建设城市运行管理服务平台的通知》的相关工作部署要求,在上海市委、市政府的坚强领导下,上海市住房和城乡建设管理委员会紧紧抓住"经济、生活、治理"领域数字化转型的重大契机,践行党的二十大报告中提出的"完善网格化管理、精细化服务、信息化支撑的基层治理平台"重要理念,进一步优化完善工作机制,以"一屏观全域、一网管全城"为目标,迭代升级城市网格化综合管理信息系统为城市运管服平台,不断提升城市管理精细感知、精确认知、精准行动能力,保障城市运行安全有序。

一、以总书记的重要讲话精神为根本遵循,加强城市运管服平台顶层设计

上海市委、市政府始终将习近平总书记历次考察上海的系列重要讲话精神作为根本指引,以习近平新时代中国特色社会主义思想为指导,以超大城市治理体系和治理能力现代化

图13-1 上海市城市运行"一网统管"平台

为方向,深入践行"人民城市人民建,人民城市为人民"重要理念,围绕智慧政府建设中政务服务和城市运行两个关键维度,推进"政务服务一网通办、城市运行一网统管",努力提升城市管理精细化、智能化水平。

2020年,上海市委、市政府出台了《关于加强数据治理促进城市运行"一网统管"的指导意见》《上海市城市运行"一网统管"建设三年行动计划》《关于全面推进上海城市数字化转型的意见》,专门组建了市城运中心作为"一网统管"的具象实体,召开了"一网通办、一网统管"两网建设推进大会,明确了"应用为要、管用为王"的价值取向和"三级平台、五级应用"的逻辑架构,力争实现"观全面、管到位、防见效"的管理效果。

上海市住房和城乡建设管理委员会根据市委市政府以及住房和城乡建设部主要领导先后专题调研城市网格化综合管理系统平台建设情况的指示要求,发挥城市管理精细化工作领导小组办公室的统筹协调能力,成立城市运管服平台建设领导小组,形成主要领导挂帅、分管领导负责、各单位协同的工作推进机制,按照市城运中心"三级平台、五级应用"的统一架构,以城市网格化综合管理信息系统为核心,以城市信息模型(CIM)为底座,构建城运健康指标体系,打造示范应用场景,着力升级建设覆盖市、区、街镇三级的城市运管服平台。

二、以城市网格化管理信息系统为基础,提高基层"一网统管"实战能力

(一)着眼"高效处置一件事"

城市网格化综合管理经过十多年的探索实践,已形成健全完善的"横向到边、纵向到底"的工作体系,建立了覆盖农村区域、住宅小区的管理体系、机制机构和信息系统。通过搭平台、画网格,可实现社区事务共商、"急难愁盼"共解,努力做到"小事不出社区、大事不出网格、难事不出街镇"。目前,以网格化管理为核心,已建设覆盖全市16个区、228个街镇的城市运管服平台,为基层管理作业赋能。2022年1~9月,网格化管理平台派单流转的案件共671.7万件,结案率为95.3%,平均处置时限为3.07天。

(二)提升网格化系统实战能力

推动"多格合一",将城运网格、综治网格和警务网格加以整合,优化合并成2399个综

合网格，将人员、责任细化落实，建立"网格-岗位-部门-人员"的对应关系，实现"派单到网格""派单到人""系统派单"。目前，1/3以上的工单由人工派单转到系统自动派单。同时，运用物联网、大数据、人工智能等现代技术，增加自动发现智能手段，对接110非警务系统流转案件，弥补主动发现、被动发现的不足。2022年，编制发布了新版《上海市城市网格化综合管理评价方案》和《上海市网格化综合管理标准》，建立网格化管理督查、督办的考核机制，升级网格化管理考核系统。

三、依托城市信息模型（CIM）平台，打造数字孪生城市

为实现视频与地图、事件与地图等的联动，上海市将城市基础设施、网格化案件、监测预警数据与城市信息模型（CIM）平台相融合，使CIM平台成为城市运管服平台的数据底座，成为落实数字孪生城市全过程、全天候、全领域管理的重要抓手。

（一）推进城市要素一图汇聚

着力推进包括基础地理信息、建筑物模型和各类基础设施等城市治理要素的"一图汇聚"，将建筑信息模型（BIM）、地理信息系统（GIS）和物联网（IoT）等多项技术统一集成，作为数字孪生城市建设的基础和城市运管服平台的三维底图。目前，已集成1500多万个城市部件、10万多公里地下管线、4000多个建设工地、1.4万多个住宅小区、近1.3万栋玻璃幕墙建筑的静态数据和执法车辆、巡逻人员、物联网等设备采集的动态数据。

（二）建立城市体征指标体系

围绕住房和城乡建设部统一部署的"69+N"城市体检指标，聚焦实时性、实用性、安全性，面向住建领域精细化管理，从基础设施、城市环境、城市交通、城市韧性、城市安全五大维度，研究提炼了150多项城市运行动态指标，建立了城市运行体征指数，实时掌握城市运行动态。

四、聚焦重点领域城市运行风险，开发智能化应用场景

以"实战中管用、基层干部爱用、群众感到受用"为目标和评判标准，针对跨部门、跨层级、跨区域的难点问题，研发、应用和推广智能化应用场景，实现数据共享、业务协同，推动问题高效解决。

（一）开发智能应用场景

紧盯城市运行安全底线，聚焦建筑工地、深基坑、地下空间、燃气管网等市政基础设施安全重点领域和高空坠物、防汛防台等城市运行安全风险环节，以及违法建筑、群租等高频多发、市民群众反映强烈的难题顽症，已开发上线了6个数据视窗及20个智能应用场景投入实战，并初见成效。2022年，除了不断深化完善已有场景外，还坚持点上突破，围绕智能监管、高效治理，打造混凝土搅拌站管理、地下市政基础设施安全监管、商办楼宇监测、地下空间智慧管理等一批新的具有牵引效应、示范效应的智能化应用场景。

（二）健全安全预警体系

应用物联网技术的深基坑安全监管场景上线以来，上海市累计实现354个深基坑工程的线上监管，及时预警并排除险情15次，目前，140个在建基坑工程正在监管过程中。玻璃幕墙安全监管场景综合了楼龄、幕墙结构、环境因素等，通过智能化算法进行大数据分析，自动发现潜在隐患，目前，上海市玻璃幕墙智能化监管率达98%，截至2021年底，累计完成巡查30099次，共发现隐患733栋，需整改109栋，均落实了应急避险和有效处置。

（三）防范化解安全隐患

2021年，上海市开展了为期3个月的"群租"治理专项行动，利用城市运管服平台发现、处置、考核、督办闭环管理机制，将市民投诉的42429条"群租"线索全部建立整治档案，一一落实排查、整治、清零工作。农村房屋综合管理信息系统将调查数据直接与城市运管服平台的空间地理信息关联，为安全隐患排查整治提供技术支撑。2021年全面完成排查，录入农村房屋1726656栋，针对存在安全隐患的3293户房屋完成专业评估鉴定，锁定整治清单，落实销项整治。

五、做好平台建设的支撑和保障

（一）健全工作保障

建立日常工作协调机制，平台建设及场景开发、城市网格化综合管理、值班值守、应急保障、数据分析等工作分别明确牵头部门、实施部门、配合部门。市数字化城市管理中心作为开发运维主体，负责系统相关设施设备、网络环境、政务云资源、大屏巡检等的管理和值守，编制长效的平台开发运维制度。同时，测算平台运维成本，做好年度经费预算保障。

（二）完善管理流程

以技术创新倒逼线下业务流程全面优化和管理创新，抓住内部管理、部门协同管理、基层联勤管理三大关键环节，依靠技术手段及时发现问题，以开发跨部门协同应用场景为驱动，加强部门协同，构建扁平化管理体系，提高市、区、街镇三级联动处置能力。

（三）加强数据治理

充分对照住房和城乡建设部城市运管服平台数据标准，按照上海市大数据中心和城运中心关于系统定位、建设框架及范围等的技术要求，与市、区"一网统管"各系统之间开展数据的互通、互联、共享，并加强数据的安全管理，做好重要时间节点的信息系统网络安全服务保障工作，定期开展网络安全检查、测试、等保测评等工作。

下一步，上海市将全面贯彻落实党的二十大报告中关于城市治理、基层治理的理念要求和习近平总书记对上海城市治理作出的系列重要指示，立足城市运管服平台的高点定位，对标城市运管服平台政策标准，强化综合协调、监督指挥、工作协同、综合评价等机制，向国家平台推送共享数据，以业务为引领，以技术为支撑，以开发更多应用场景为抓手，持续迭代升级上海市城市运管服平台，形成城市"数治"新模式，构建美好生活新范式，让城市运行更有序、管理更高效、服务更精准。

第二节
重庆市城市运管服平台

点评： 重庆市以现有的城市综管服平台为基础，推动全市城市管理全行业信息系统集成与数据汇聚，接入市政桥梁、化粪池危险源、城市照明、窨井盖、边坡等前端感知设备，强化了对城市基础设施安全运行的智能化监测，如图13-2所示。以建设全国城市治理风险清单管理试点城市为契机，按照城市治理风险清单，创建了全市城市自然灾害安全风险点"红橙黄蓝"四色等级空间分布图，形成桥梁、城市公园、供水厂、化粪池等城市管理风险点"一张图"，实现对城市运行风险状态的动态监管，提高了城市运行风险治理水平。

近年来，重庆市以习近平总书记关于牢牢抓住城市治理智能化"牛鼻子"的重要指示为遵循，贯彻落实住房和城乡建设部新型城市基础设施建设试点和城市治理风险清单管理试点决策部署。市委、市政府高度重视，将平台建设写入2021年、2022年政府工作报告，纳入深化大数据智能化行动和城市更新提升行动，有力推动城市运管服平台高起点、高质量、高水平建设发展，城市运行管理效率和安全防控水平显著提升。迄今为止，市级平台体系架构、业务应用建设基本完成，全市41个区县平台已有4个区率先建成，其余37个区县正在有序组织实施中。沙坪坝区运管服平台、市智慧市容环卫系统分别荣获第十四届、十五届中国智慧城市大会先锋榜优秀案例一等奖。

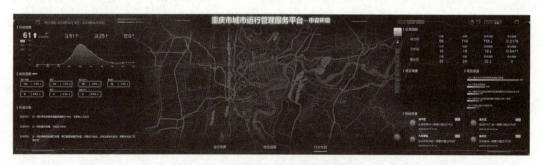

图13-2 重庆市城市运管服平台

一、立足市情，彰显特色

（一）精准定位

立足直辖市"市、区/县、街镇"三级行政体系，市级平台在平台功能上，兼备省级平台宏观层面的监督管理和城市级平台应用层面的指挥作战；在建设规模上，实现与全市41个区县平台的互联互通、数据共建共享、业务协同协作；在建设内容上，侧重于以数据融合创新应用提升行业指导、监督管理、规划决策等综合治理效能；在体系架构上，积极推动直管市政设施、城市公园的数字化试点示范改造，构建完善的技术架构。

（二）融合创新

持续深化大城"智管"、推进"细管"、促进"众管"，突出网格化、马路办公、视觉智能融合应用，打造市城市管理智能视频融合应用监察平台，兼容多厂家视频系统软硬件和问题采集算法，支持网格实地暗查、发动群众"找茬"、线上智能监察、马路现场办公等，有力支撑市城市管理部门对城市快速路、主次干道、桥隧等重点路段和商圈、车站、码头、景区等窗口地区的精细化管理，让"快速处理一件事"更高效。

（三）数据赋智

一是数据森林长出来。聚焦基础普查、年度增补、专项普查有机更新，全市完成基础普查1659平方公里，将1011万个部件编码确权校验入库；完成全市桥梁、隧道、城市快速路及主干道、城市古树名木等专项普查和城市公厕、公园、停车场、饮水点、劳动者港湾、过街设施、规范摊点等专题调查。二是数据要素动起来。启动全市城市管理大数据平台建设，编制全要素目录清单，确定各级主体数据资源权责，推进跨层级、跨部门、跨系统的资源共享，接入行业信息系统153个，共享汇聚数据资源4亿多条。三是数据价值用起来。完善行业数据资源治理体系，构建综合性城市管理数据库，创建专题数据集21个、专题图层307个，建立问题高发预测、事件伴随、处置效能评估等决策建议模型，预测结果与实际运行对比，准确率达90%以上，支撑了问题有效预防、事件精准采集、主体快速处置。

二、聚焦问题，注重实效

（一）"一网统管"推动城市治理精准高效

一是全市网格化管理覆盖率达95%，划设单元网格6.45万个，接入处置部门（单位）2200余个，打造"高位统筹、部门协同、社会参与、四级联动"的城市治理体系，构成了横向到边、纵向到底、齐抓共管的综合管理"一张网"。二是市、区（县）两级城市综合管理领导小组由政府主要领导亲自挂帅，组建城市管理监督指挥中心，建立责任主体履责绩效评价体系，属地为主、条块协同的"大联勤大联动"格局趋于完善。三是建立月排名、季考核的"督、考、评"长效机制，推动城市管理问题全面发现、精准流转、快速处置、高效解决；今年1～10月立案处置各类城市管理问题240余万件，总体结案率保持在95%以上，大量市民"急难愁盼"问题、城市安全风险隐患得到及时有效解决。四是深化建筑垃圾、生活垃圾、古树名木、城市供节水、共享单车等行业智能监管，推动行业精细管理管用实用。五是推进城市照明绿色发展，全市路灯智能控制覆盖率达90%，设置"多杆合一"智慧路灯1200根，实现两江四岸城市核心区域36公里沿江堤岸、20座跨江大桥、600座沿江楼宇及趸船、长江索道等景观照明"一把闸刀"统一控制、联屏调演。

（二）"一屏通览"促进运行安全风险可防可控

一是以开展全国唯一城市治理风险清单管理试点工作为契机，开展专项普查，编制风险清单，建设城市运行安全监管系统和主题数据库，绘制"红橙黄蓝"四色空间分布图，可实现安全监管"一屏通览"。二是建设物联网平台，逐步推行前端物联感知，对4500台作业车辆、445座垃圾中转站/处置场、7600个化粪池危险源、19座跨江城市特大桥、3座超长隧道等实现监测监控、预测预警。三是打造化粪池气体超限处置、餐厨垃圾收运监管、垃圾焚烧厂运行监控、城市低洼点积水预警、超重车辆通行大桥监察等应用场景，实现对重大事故隐患的及时督办。四是依托"城安办"的监管枢纽作用，建立风险防控和突发事件快速响应机制，实现与规划自然资源、应急、公安、消防等成员单位的综合统筹、部门联动。

（三）"一键联动"实现融合指挥调度可呼可视

一是依托城市管理大数据基础支撑能力，整合行业应急视频会议系统、各类音视频终端设备，实现跨平台的移动通信系统融合、跨终端的视频指挥调度。二是完成市级指挥中心智能化改造，实现功能场景可视化、指挥调度扁平化，提高常态监督、日常巡查、应急指挥等能力。三是构建可呼、可视、可调的行业指挥系统，实现预案一键启动、任务一键下达、4G集群对讲、远程可视研判。

（四）"一端服务"推动便民利民惠民共治共享

一是统一打造城市管理公共服务系统，满足市民的使用习惯和功能需求，切实解决跨区域、多平台、差异化服务等问题。二是畅通12319民生热线、舆情监测、公众号、App等民生渠道，打造积分奖励、红包激励系统，及时解决民怨民忧民盼，年均受理市民诉求6万余件，办结率达99%以上，市民满意度保持在95%以上。三是完成城市公园、公共直饮水点、劳动者港湾、停车场、城市公厕等惠民设施基础普查，形成便民服务"一张图"，在城市管理微信公众号上集中发布"找公厕、去停车、游公园、报审批"等便民事项，在手机端可查看可导航，让市民方便更"方便"，出行更"易行"。四是与市民加强互动，开辟志愿者、义务植树、点子征集、动植物课堂、政策宣讲等活动专栏，让群众了解、理解、支持城市工作，推动形成人民城市共建、共治、共享的良好局面。

三、创新举措，循序落实

（一）充分利旧

重庆市紧扣住房和城乡建设部关于运管服平台建设工作要求，充分利用"1322"建设成果，编制完成《重庆市城市运行管理服务平台建设指南》，建设城市运行安全监管、数据智脑等系统，规范两级平台总体框架、建设内容等，实现市、区县、街镇、社区、网格五级应用覆盖。

（二）全局统筹

重庆市印发关于加快推进城市运管服平台建设和联网工作的通知，提出市、区（县）两级平台建设按照"统筹规划、全面推进、深化拓展"三个阶段，计划三年完成。建设任务纳入年度市级部门专项目标绩效考核、区县日常城市管理评价、区县经济社会发展业绩考核，季度量化排名，市政府督查通报，对工作争先、效果创优的区县予以加分激励。各区县成立以政府分管领导为组长的平台建设领导小组，以区县相关部门、社会公共服务单位、国有平台公司为成员单位，明确平台建设与联网工作牵头机构、责任主体。

（三）统分结合

1. 依责实施。为契合区县实际和业务需求，采取市、区县平台分级自主实施，"基础平台+行业应用"模块分建，强化共性支撑、集成整合，确保规定动作不走样、创新亮点有特色。

2. 标准先行。出台《城市运行管理服务数据交换规范》《智慧园林绿化、市容环卫、市政设施、城市管理执法等系列信息系统建设技术导则》，编发区县运管服平台建设工作方案和业务系统技术设计方案参考文本。

3. 智力支持。依托专家智库完成区县平台方案审查审核，组织专题培训班、季度科技例会、月专项调度会、片区工作座谈会，统一思想认识，提升业务技能。

4. 共享赋能。市级统筹实施业务指导、监督检查、舆情监测、公众服务等应用模块和智慧执法指挥调度平台、智慧市政设施信息系统建设，使软件系统区县共享，降低成本、加快进度。

（四）引资聚力

探索"购买服务"建设模式，引进行业领头羊企业，企业自主投融资，按照设计方案标准开发和部署软件平台，区县以年度城维费租用平台软件基础功能，支持个性增值服务、周期迭代升级，缩短建设周期，降低投资压力。

下一步，重庆市将全面贯彻落实党的二十大精神，以"打造宜居、韧性、智慧城市"为统揽，以"新城建"为新支点，以"城市更新"为新引擎，以全域一体化运行管理服务平台建设为抓手，凝心聚力，笃行不怠，创新创优完成国家城市治理风险清单管理试点任务，加快构建超大城市治理格局，服务城市高质量发展，不断满足人民对美好生活的向往。

第十四章 市级平台建设案例

2022年以来，各城市充分利用数字化城市管理信息系统、城市综合管理服务系统、城市基础设施安全运行监测系统、城市生命线工程监测系统以及智慧城管、智慧住建等建设成果，以构建党委政府领导下的"一网统管"工作格局为导向，以统筹协调城市管理及相关部门"高效处置一件事"为目的，聚焦重点领域和关键环节，以解决群众"急难愁盼"问题为出发点和落脚点，积极搭建"抓统筹、重实战、强考核"的一线作战平台，为实现国家平台、省级平台、市级平台互联互通、数据同步、业务协同，推动形成"横向到边、纵向到底"的城市运行管理服务工作体系，推动城市运行管理"一网统管"探索了路径和方法，形成了一批重要的建设成果。

第一节 杭州市城市运管服平台

点评：杭州市围绕"城市运行安全高效健康、城市管理干净整洁有序、为民服务精准精细精致"的目标，坚持制度改革、技术创新"双轮驱动"，高标准打造具有杭州辨识度的城市运管服平台（图14-1），形成了以"运行安全至上、管理效率至上、服务人民至上、绩效刚性至上、数据互通至上、机制创新至上"为主要特点的治理模式；成立了市政府主要领导牵头的领导小组，建立了受理反馈机制、分级监管机制、协同工作机制、高位协调机制等；制定目标考核办法，将评价结果纳入市政府综合考评清单、文明指数测评和共同富裕建设目标考核体系，推动跨部门、跨层级闭环管理；组建市级工作专班，联合42家市级部门、14个区县市，建立日碰头、周例会、月通报工作机制，创新多元化融投资模式，制定一整套保障城市运管服平台健康长效运行的政策体系和标准规范。杭州的做法对其他同类型城市具有借鉴意义和参考价值。

近年来，杭州市深入贯彻习近平总书记2020年3月在杭州考察城市大脑时的重要指示精神，按照住房和城乡建设部全面加快城市运管服平台建设的工作要求，围绕"城市运行安全高效健康、城市管理干净整洁有序、为民服务精准精细精致"的目标，坚持制度改革、技术创新"双轮驱动"，高标准打造具有杭州特色的城市运管服平台，形成了以"运行安全至上、管理效果至上、服务人民至上、绩效刚性至上、数据互通至上、机制创新至上"为主要特点的治理新模式，为建设宜居韧性智慧城市提供有力支撑。

图14-1 杭州市城市运管服平台

一、精心组织,有力推进平台集约建设

(一)统筹规划,优化顶层设计

在"亚运会、大都市、现代化"的重要窗口期,为做好城市运管服平台建设工作,杭州市委市政府高度重视,成立了市政府主要领导牵头的杭州市城市运行管理服务工作领导小组,快速有力推进平台建设。在市政府推动下,平台运行机制不断完善,建立了受理反馈机制、分级监管机制、协同工作机制、高位协调机制等,制定了城市管理目标考核办法,并将评价结果纳入市政府综合考评负面清单、文明指数测评和共同富裕工作重大改革任务。

(二)机制引领,高效联动协调

按照"四个一"(一方牵头、一体推进、一网打尽、一目了然)的建设思路,推动全市一体化的城市运管服平台建设,组建市级工作专班,实行"市级统筹、区级申报、一家研发、全市通用"的工作模式,强化平台建设统筹管理。联合42家市级部门、14个区县市,建立周例会、月通报的工作机制,创新多元化投融资模式,制定一整套保障"运管服平台"长效运行的政策体系和标准规范。

(三)共建共享,筑牢基础底座

构建全市统一的城市运管服平台支撑体系,是平台建设的重要基础,是促进数据共享汇聚、推进业务整体协同的重要前提。杭州市建成了视频流媒体服务中心、地理信息服务中心、LBS服务中心、物联网平台、AI智能算法平台等统一的基础服务平台,接入城市倾斜摄影三维模型、重点区域白模数据和重要亚运场馆BIM模型数据,供全市统一调用;构建了平台数据中枢,归集和共享政务数据117亿余条,通过数据交换系统向国家、省级平台共享；构建了平台信息安全防护体系，严格落实网络安全等级保护制度，支撑平台安全稳定运行。

二、坚持实用导向，有效提升城市治理能力

（一）守住安全底线，让城市运行保障更有力

牢固树立"安全线就是生命线"的底线思维，严格落实"管行业必须管安全、管业务必须管安全、管生产必须管安全"的要求，使城市安全运行的制度不断完善，职责更加明晰，手段持续丰富。一是厘清落实安全主体责任。依托城市运行专委会，厘清政企责任，明确政府履行安全监管责任，企业履行安全主体责任；按照"政府搭平台，企业接数据"的模式，政府集成接入各企业的运行类数据，全面掌握安全运行情况，对企业安全责任不落实、安全措施不到位的情况进行系统性监管。二是强化运行风险监测预警。通过整合安全监测系统，搭建全市统一的物联网平台，形成感知"一张网"，共覆盖17类、6065个物联感知设备，对燃气超压泄漏、城市内涝、供排水管网泄漏、地下隐患、桥梁超限、桥梁防撞等城市运行风险进行早期识别预警，日均产生物联感知数据140余万条，共预警桥梁防撞3560条、桥梁超载2588条、积水问题34条等。三是高效组织"应急处突"。依托平台，形成了"信息收集、信息研判、在线监测、实时指挥、协同处置、督查督办、处置反馈、分析复盘"的闭环管理模式，构建了"135快速反应、103060应急处置"机制，即一线巡查人员1分钟接收指令、3分钟响应、5分钟到达现场；专业处置力量10分钟出动、30分钟到达现场、60分钟处突，执法力量24小时立案查处，成功处置各类城市运行紧急突发事件42件，转执法查处24件。

（二）强化管理底基，让环境品质更有支撑力

立足"大城管"工作格局，不断完善"横向到边、纵向到底"的平台运行工作机制。一是搭建"大平台"。创新信息采集市场化机制，快速发现问题，设定12个大类、288个小类的城市运行管理服务标准，在城市管理区域全覆盖的基础上，稳步向乡镇一级拓展；将市、区、街、社四级共2497家单位纳入平台，确保问题件件落实，累计已解决问题2163.93万件。二是拓展"全行业"。聚焦重点领域和突出问题，搭建市政公用、环卫固废、市容景观、综合执法等系列行业应用；完成全市停车场库资源统一接入、动态发布、综合利用，实现全市"一个停车场"；完成全市生活垃圾全链条、全流程、全方位监管，以及建筑渣土源头出土、过程运输、末端消纳全流程监管，畅通渣土信息共享渠道，开展在线交易，实现全市"一条龙"监管；全国首创户外LED大屏联网、联控、联播安全管控模式，实现全市273块大屏"一个画面"；完成全市路灯及景观灯集中控制，实现全市"一把闸刀"。三是执法"全闭环"。打通监管和执法数据双向流通渠道，构建横向协同、纵向贯通的综合执法指挥体系，横向统筹联动综合执法、专业执法、行业监管部门的力量，纵向打通市、县、乡三级架构，形成联动合力；完成手机端的执法案件信息自动生成、询问问题自动推送、执法要素

自动关联、自由裁量自动匹配、法律文书电子送达等，实现"一部手机全执法"。

（三）彰显服务底色，让共治共享更有渗透力

坚持"以人民为中心"的发展思想，在严格落实"最高效的运行管理就是最好的服务"理念的基础上，着力打造"贴心城管"和"城市治理有奖举报"等特色品牌，构建全民参与、全民共享、全民满意的运管服平台。一是服务共享。整合政府优势资源，上线"贴心城管"应用，提供人行道违停罚缴、找车位、找公厕、找便民服务点等14个在线服务事项，实现了民生事项"掌上办"，民生服务"掌上享"，注册市民达157万人，响应市民服务需求超过1.5亿次。二是城市共治。打造城市治理有奖举报平台，在浙里办、支付宝、微信等平台开通入口，全天候受理"危害公共安全、侵害公共利益、损害公共环境"事项，并根据城市社会面管控要求，拓展了疫情管控不到位、义务教育阶段"双减"政策不落实、养老领域涉诈等举报事项，共收到群众举报超过77.4万件，发放奖励240余万元，大大调动了群众参与积极性。三是便民共惠。打通为民服务"最后一公里"，创新开展"先离场后付费"停车服务，接入全市公共停车场库147.9万余个泊位，做到"一次绑定、全城通停"；推出停车"一点达"，即时发布停车场库泊位忙闲信息，提供停车场智能诱导服务，累计服务1.32亿次，有效缓解"停车难"；采取违停温馨提醒模式，运用AI视频算法智能识别车辆违停行为，以短信和语音的方式通知车主限时驶离、免予处罚，平均每月发送温馨提醒短信约1万条；打造犬证办理"一件事"服务，市民只需上传犬只照片、填报免疫证号码，就可以在线申办，实现从原来的"起码跑三天"到"一次也不用跑"，每月在线办理和年审犬证事项1500件左右。

（四）亮出绩效底牌，让考核评价更有说服力

按照"无街不美景、无处不精细"的目标，依托运管服平台，建立"美丽杭州"创建暨"'迎亚运'城市环境大整治、城市品质大提升"长效管理工作机制，形成"全市上下统一行动、市区街社高效联动、政府社会协调互动、处置闭环顺畅传动"的良好工作格局。一是定标准。设定12大类227项评价细则，按照"日检查、周排名、月通报、年考核"的模式，围绕城市管理、城乡建设、住房保障和房屋管理、园林绿化、交通秩序、生态环境、综合执法等重点领域，对各区、县（市）政府和市有关部门进行综合评价，强化考核评价结果的客观性和说服力。二是严督查。组建30余人督查队伍，全年365天对全域城市环境品质实施综合督查；利用1400余人信息采集队伍，对城市管理问题进行高频次采集；发挥行业队伍专业优势，对城市管理问题实施专业检查；在此基础上，开展"赛马"晾晒、互学互鉴"大比武"，实行"红黑榜"排名，通过"以评促建、以评促管"，充分调动各城区政府和市有关部门争先创优的积极性。三是强刚性。建设综合检查系统，实现检查考核线上统筹管理、集中交办和整改监管，推动"一个平台管考核，平台之外无考核"，考核结果通过"整洁指数"一个指标进行体现，以刚性考核倒逼城区及行业主管部门形成长效管理机制，落实问题源头治理。

三、不断探索，持续放大平台效用

（一）以集成促融通

按照"统一规划、集约建设、资源共享、规范管理"的原则，在数字城管的基础上，结合新时代城市治理新任务，横向打通建委、房管、规资、园林绿化、城投等平台应用数据共享、功能衔接的壁垒，实现综合集成、迭代升级，深化对城市运行管理服务状态的实时监测、动态分析、统筹协调、指挥监督和综合评价，让平台建设事半功倍。

（二）以多跨促协同

坚持系统观念，加强系统集成，提升跨层级、跨地域、跨系统、跨部门、跨业务的协同管理和服务水平。在长效监管领域，采取美丽杭州"综合监管+行业监管"模式，城管部门负责综合监管，建设、交通、房管、园林、卫健、交警、生态环境等部门负责各自行业领域的监管；在综合执法领域，成立行政执法协调指挥中心，加强跨部门、跨层级的重大、疑难案件联审联调，实施"1+8"队伍的常态化联合执法协作；在考核评价领域，联合多部门共同参与城市治理考核评价，形成多个行业评价、单个指标体现的综合考评体系。

（三）以科技促改革

坚持以实际业务需求为导向，打破传统治理机制的藩篱，以"场景化"为抓手，倒逼和撬动政府流程再造，同步构建理论制度，实现治理模式的变革与创新。如为解决停车场管理主体多头的问题，市政府在投资建设城市大脑停车系统的基础上，牵头修订《杭州市机动车停车场（库）建设和管理办法》，出台《社会停车场运营管理服务规范》，明确了停车场主管部门和保障机制，成立了杭州城市大脑停车系统运营股份有限公司，进行公司化运营，既解决了运营费用问题，同时也将带动产业发展，拉动数字经济，为缓解城市停车难提供了新路子。

（四）以全覆盖促一体化

坚持"大杭州"理念，实现市辖行政区域一体化推进。在覆盖区域方面，城市运管服平台覆盖全市13个区、县（市）和1个管委会，并逐步从城市化管理区域向非城市化管理区域拓展；在系统建设方面，按照"一家建设、全市通用"的要求，由各地认领建设任务，成熟后向全市推广，避免重复建设和资金浪费；在标准制定方面，坚持"一把尺子量到底"，实现监管、执法、考核标准主城和副城一体化、市区和城郊一体化目标，助力共同富裕。

踏上新征程，落实新要求，履行新使命。杭州市认真学习领会党的二十大精神，始终坚持"人民城市人民建、人民城市为人民"，紧抓亚运会举办契机，进一步深化城市运管服平台应用机制，持续推进城市运行管理"一网统管"，不断提升城市治理能力和治理水平。

第二节
青岛市城市运管服平台

点评： 青岛市城市运管服平台（图14-2）以城市综管服平台为基础，大力推动跨部门、跨层级的数据资源整合与共享，构建了相对完备的市级城市运管服数据库；充分集成了城市管理全行业应用系统和数据资源，构建了涵盖违法建设、渣土车、环卫作业、户外广告等在内的实战管用的城市管理类应用场景，并依托"点·靓青岛"小程序，提供了较为丰富的城市管理公众服务；充分接入了城市燃气、供热、供排水等城市基础设施的基础数据和运行数据，拓展了城市运行类应用场景，正积极推动构建"监督管理+实时监测"的城市运行监测机制。此外，青岛市还参照城市管理监督指标及评价要求，结合青岛市城市精细化管理考核工作，初步构建综合评价系统，为综合评价机制落地奠定了基础。

青岛市始终坚持以习近平新时代中国特色社会主义思想为指导，深入贯彻习近平总书记关于城市管理工作的重要指示批示精神，贯彻落实住房和城乡建设部工作部署，积极推动信息技术与城市管理深度融合，率先完成城市运管服平台建设。在建设中始终坚持"优思路、聚数据、保安全、惠民生、强指引"，搭建架构体系完整、数据支撑作用凸显、应用场景日趋丰富、运行机制统一规范、管理服务高效便捷的平台，促进城市运行更加安全高效健康、城市管理更加干净整洁有序，推动市民群众获得感、幸福感、安全感显著增强。

图14-2　青岛市城市运管服平台

一、坚持统筹谋划，深度融入智慧城市大局

将城市运管服平台建设作为民生工程，纳入青岛市智慧城市建设总体框架，统筹谋划、一体推进全市平台建设。

（一）提高平台联通性

青岛市运管服平台与住房和城乡建设部、省住房和城乡建设厅以及各区（市）平台实现了数据交换、互联互通，同时，依托青岛政务云平台，建立了"以共享为原则、不共享为例外"的数据共享机制，打通了数据统一汇聚联通的"高速路"，实现平台间数据共享、业务协同和安全保障。目前，已建成包含1400余项数据目录、44个专题库在内的运管服平台数据中心，并与青岛市城市云脑互联互通，实现了数据跨系统、跨行业、跨部门共享运用。

（二）提高平台适用性

在对标国内一流城市运管服平台建设经验和应用成果的基础上，着眼数字青岛建设长远规划和"城市云脑"融合发展需要,以城市运行管理"一网统管"为目标,以"抓统筹、重实战、强考核"为核心,以数据资源"一中心"、业务支撑"一平台"、城市运行"一张图"、行业应用"一张网"为主要建设内容,打造"高效处置一件事"的一线作战平台。

（三）提高平台开放性

全面开放城市管理场景,汇聚"政产学研用"各方力量,实现资源共享。与深圳中兴等10家企业成立了"青岛城市治理智联盟",联合发布"AI算法中台"等十大攻关项目,征集17项智能化创意策划方案,形成了"建筑垃圾监管"等9项具体合作成果,为完成青岛市运管服平台建设、构建城市治理智能化监管体系提供了智力支撑。

二、坚持融合共享,完善数据体系建设

建立运管服平台数据中心,编制数据资源目录,在推动全市平台数据从"有没有"到"全不全""准不准"的转变上下功夫。

（一）汇聚资源,构建"专题数据库"

全面整合供热供气、环境卫生、综合执法等18个城市管理行业数据,汇聚住建、园林、公安等30个部门（区市）的数据,形成城市管理基础数据、网格数据、公众诉求数据、网络舆情数据等各类专题数据库和综合分析模型,并根据各行业不同特点建立数据定期更新和审核机制,确保为行业应用提供精准数据支撑。

（二）开展普查,建立"数字身份证"

对全市建成区范围内的114类、312万个城市管理部件标识编码,明确位置、权属、规格型号等基础属性,形成城市管理部件"一张图",为推进城市管理问题精准流转、快速处置、高效解决奠定坚实基础。

（三）拓展方式,打造"感知一张网"

在人工采集基础上,通过运用3.8万余路高低点视频和全市城管系统视频采集车、无人机等方式,对市容秩序、环境卫生等11类常见城市管理问题进行自动"识别-抓拍-派遣-处置",形成立体式感知体系和问题自动流转处置创新模式,在创城巡查、违建治理、市容秩序管控等城市管理重点攻坚行动中发挥了重要支撑作用。

三、坚持一网监测,保障城市运行安全

聚焦城市运行安全高效健康,在创建城市运行新模式、构建运行监管新体系、拓展城市运行新场景上担当作为。

（一）创建城市运行新模式

着眼青岛实际,制定《青岛市城市运行管理服务平台运行工作机制》,搭建平时、战时和重大活动期间的三种运行模式,推进运管服平台运行场景实际作用发挥和监测效能提升。

（二）构建运行监管新体系

将城市供热、燃气、供排水、道桥、管廊等7个城市运行专题全部纳入平台体系，积极构建涵盖地下、地面、空中等多层面的立体化智能监管体系，明确安全责任分工，初步形成城市运行、保障情况实时监测、一屏展示、综合分析和预测预警的智能化新模式，日均产生物联感知数据500余万条。

（三）拓展城市运行新场景

为督导供热安全和服务质量，建设了供热监测场景，对全市1200余座换热站实现实时监测，并结合12345热线来电，对反映暖气不热问题进行对比分析、及时研判、督促整改，推动供热服务质量显著提高，使市民供热投诉率下降56.9%；为保障城市燃气运行安全，建设了燃气智能监测场景，对全市37个燃气场站远程视频监控，对525处燃气重要管线、重点路口、人员密集区域等关键节点24小时监测预警，平均每年依托平台发现并及时处置燃气泄漏5起（占燃气泄漏总量的40%），大幅提升了城市燃气安全水平。

四、坚持管用实用，全面提升管理效能

聚焦城市管理干净整洁有序，进一步理顺体制关系，建立城市管理运行机制，强化行业管理，全面提升多个部门"快速处置一件事"能力。

（一）让一体化指挥体系调度更加有力

将平台作为加强基层治理的重要工具，形成了"1个市中心、32个市直单位（企业）、10个区（市）中心、141个街镇工作站、443个基层作业单位"联动一体的指挥调度体系。目前，平台月均发现处置城市运行管理类问题62万余件，同比提高64.96%，处置率保持在99%以上，12345政务服务热线受理城市管理问题同比下降39.32%，市民满意度和获得感持续攀升，城市精细化管理成效逐步显现。

（二）让城市管理更精准精细

打造了市政、园林、环卫等15个行业场景，行业监管能力全面增强，实现了环卫作业"数字管控"、渣土车"统一监管"、责任区"电子承诺"、户外广告"智能监管"等。其中，为提升城市洁净度，建设环卫监管场景，整合全市2000余辆环卫车，2400余座公厕、转运站等的数据，实现环卫保洁、垃圾收运、垃圾处理等各环节全链条监管，环卫机械化作业监管覆盖率从5%提高到100%，道路洁净度大幅提升；全市380余处工地、6000余辆渣土车、400余处消纳场等全部实现线上监管，新型渣土车违规率和事故率实现"双降"，有力保障市民生活环境更加安全、整洁。

（三）让综合执法更规范高效

建设了违建治理、执法办案等6个执法场景，实现了执法信息"一屏统览"，执法办案"移动高效"，规划执法"远程监管"，违建治理"精准管控"。其中，违建治理场景实现了对全市9000余处存量、新生违建的清单化管理、智能化分析、远程化调度，严密筑牢违建治

理防线；规划执法场景，实现了对全市600余个工程、2600余栋单体建筑的远程监管，现场监督环节减少80%，出现场人员减少50%，大大提高了监管效率，切实为建设项目有序进行保驾护航，助力打造良好的营商环境。

五、坚持便民利民，服务群众更近一步

聚焦为民服务精准精细精致，创新便民服务方式，在"服务群众最后一公里"上体现城市管理的温度。

（一）拓宽群众参与渠道

开通"点·靓青岛"小程序"我拍我城"模块，市民通过系统随时查询上报问题的处置进度和办理情况，目前已累计接收处置问题66万余件。创设"有奖随手拍"模块，激发市民参与城市管理的热情，共奖励市民1万余人次，解决环境卫生、市容秩序等12类热点难点问题3.1万余件。切实以群众需求为导向，畅通了市民反映城管问题的渠道，实现了市民群众诉求有门、主管部门化解有道，营造了共建共治共享的良好氛围。

（二）搭建便民资源平台

为巩固"小广告"治理成果，本着疏堵结合的原则建立家政服务查询模块，吸引入驻开换锁、修理上下水等商户688家，为市民查询正规资质家政服务提供便利。开设"秀摊"模块，汇聚了全市200余处摊点群、3万余个摊位以及流动商贩信息，形成市民群众网上找摊贩、摊贩网上找摊位的良性互动，实现了管理与服务工作的"双赢"。与高德地图合作，建设"查公厕"模块，将全市2000余处公厕的位置信息、开放时间等在电子地图上进行全面标注、实时更新、共同发布，实现公厕"查"的快捷，"找"的便捷。

（三）拓展智慧便民服务

创新建设"门头招牌前置服务"模块，让大有"门道"的门头招牌设置变得简单方便、触手可及，开发设计了六大类常见业态、108种店招设计模板，为商户提供规范的招牌设计模板和安装等相关咨询服务，已有近1万户商家享受到"一对一"贴心服务。"智慧物业"系统服务全市4608个物业小区，为业主提供物业缴费、报事报修、房屋租售等便民服务，使居民业主足不出户即可享受指尖上的便捷。

六、坚持结果导向，用好考核评价指挥棒

聚焦群众满意度和获得感，通过开展城市运行管理服务综合评价，为加快建设"活力海洋之都 精彩宜人之城"提供有力支撑。

（一）完善评价指标体系

从城市生命力维度，围绕住房和城乡建设部明确的"运行监测、管理监督"评价指标，开展城市综合评价工作；从城市治理维度，结合全国文明典范城市创建工作指标，围绕市政园林、环境卫生、综合执法、广告亮化、物业管理等重点领域设置了8大类52个指标，对区

（市）进行城市精细化管理评价；从平台应用维度，进行运管服平台应用系统绩效评价，促进提高平台系统应用成效和功能利用率，形成了城市运管服综合评价、行业管理评价、系统绩效评价三位一体的综合评价指标体系。

（二）搭建综合评价系统

按照评价指标的"平台上报、现场测评、问卷调查、实时监测、GIS分析"等不同数据采集方式，构建包括评价数据采集、任务管理、结果管理等内容的综合评价系统，实现了自动采集录入数据、逐项分析评分、生成个性化报告、进行可视化展示，简化了评价程序，提高了评价效率，减轻了被评单位和基层的应考负担。

（三）强化评价结果运用

将城市管理领域评价项目列入全市高质量发展综合绩效考核和全国文明典范城市创建工作区（市）测评，同时采用奖惩、通报、曝光、约谈等方式加大激励和约束力度。充分挖掘数据价值，通过平台运行周报、月报、专报等方式，对城市运行管理服务问题态势进行研判、评估，对趋势性、苗头性问题及时提出意见建议，为提高城市管理科学化、精细化、智能化水平提供基础数据支撑。

下一步，青岛市将深入学习贯彻党的二十大精神，全面落实习近平总书记关于城市管理的重要指示批示精神，按照住房和城乡建设部的部署，不断推动城市运管服平台完善升级，为实现城市治理体系和治理能力现代化探索更多有益经验，努力让城市更聪明、更智慧，让市民生活更方便、更舒心。

第三节
太原市城市运管服平台

点评：太原市结合本市实际，制定了保障平台长效运行的管理机制和管理制度，并按照集约利旧原则，有效整合了与城市运行管理服务相关的行业应用系统和运行监测系统，汇聚了城市管理相关部门的数据资源。按照住房和城乡建设部部署要求，加快城市综管服平台向城市运管服平台升级，探索城市运行管理"一网统管"，推进实现数据服务"一个库"、指挥协调"一张网"、行业应用"一张图"、业务运行"一平台"，打造了符合太原实际的城市运管服平台（图14-3）。在平台建设过程中，太原市稳扎稳打、循序渐进，走出了一条"投资少、见效快、效果好"的新路，为山西省经济欠发达地区实现城市管理现代化、智能化、精细化探索了新路径。

太原市在资源型城市转型升级过程中，深入贯彻落实习近平总书记关于城市建设的重要论述以及视察山西重要讲话重要指示精神，特别是视察太原市时的殷殷嘱托，高度重视顶层设计，始终与住房和城乡建设部要求同频共振，认真落实全面加快城市运管服平台建设工作部署，聚焦城市治理体系和治理能力现代化，积极探索城市运行管理的新方式、新手段，用

图14-3　太原市城市运管服平台

"绣花精神"精细管理城市,以"工匠精神"推动管理服务升级,按照"利旧拓新"的思路推进城市运管服平台建设,走出了一条符合太原实际的城市治理新路子。

一、城市管理体系构建突出一个"大"字

(一)高位统筹,构建"大城管"格局

太原市委市政府进一步提高政治站位,充分发挥城市党建龙头作用,以抓党建促基层治理能力提升,延伸城市管理服务,织密基层治理链条,高起点构建"大城管"格局;成立了省委常委、市委书记担任主任,市长担任第一副主任的城市工作委员会,将市委改革办、市住房和城乡建设局、市城乡管理局等28个委局办囊括其中,形成了党委政府统一领导、各部门协同合作的城市治理工作新格局。

(二)流程再造,形成"大平台"体系

重塑城市运行管理工作体系,整合组建市一级城市综合管理服务指挥中心,对全市城市管理工作进行统筹协调、指挥调度和考核评价。按照全市"一盘棋"思路,太原市在市辖三县一市城市运管服平台联网前提下,完善县级基本数据普查和功能再造,联网共用一个市级平台,构建了垂直贯通的全市指挥协调"一张网",形成全面感知城市问题、精准确权确责、科学评价处置的城市运行管理工作体系。市级运管服平台接入全市各专业管理部门,区县级二级平台涵盖了6区3县1市、13个市直部门以及47家社会责任单位,三级平台延伸至各街镇、区级部门和社会责任单位,并进一步向基层社区延伸,搭建起全市最大的城市管理公共服务网络。

(三)以评促管,形成"大考核"机制

太原市陆续修订完善城市管理相关规章制度,为城市运行管理赋能。制订《城市运行管

理服务工作评价办法》,"数量考核、质量考核、效率考核"三管齐下,强化对各区(县、市)政府、市直部门、社会责任单位等72家二级平台单位"运管服"工作效能的考核评价,并定期在全市公示,接受社会监督,发挥"以评促管"最大效能。

二、运管服平台建设体现一个"实"字

(一)因地制宜,平台建设立足"实际"

太原市克服财政资金紧缺困难,整合城市管理已有各类信息化资源,迭代升级原有数字城管平台,统筹推进平台建设。在利旧方面,充分利用已有平台建设成果,改造原来系统模块,扩充管理服务事项;在拓新方面,遵循住房和城乡建设部平台建设指南、技术标准、数据标准,从感知问题的敏锐性、数据资源的现势性、处置事件的高效性入手,逐年完善平台建设内容,走出了一条"投资少、见效快、效果好"的新路,为山西省实现城市运管服平台全覆盖目标和城市治理现代化探索了路径。

(二)拓展渠道,问题发现突出"实用"

建立了城市管理舆情监测系统,对于报纸、电视、广播等传统媒体以及微信、微博、抖音等新兴媒体反映的城市管理负面舆情,全面主动抓取,进入平台系统研判,由流转部门进行处置;丰富城市管理信息获取手段,在原有热线受理基础上,适应城市管理新形势、新要求,研发微信小程序、App等软件,让不同年龄和知识结构的群众通过自己熟悉的方式反映城市管理问题;利用视频事件智能分析系统、挂杆式太阳能物联网视频监控及快递车等社会资源抓取信息,保证了城市管理问题发现、处置的实时和有效。

2021年以来,城市管理部门将突破热点难点问题作为工作着力点,利用信息采集等手段,不间断对城市道路病害、积存生活垃圾、违规户外广告、公厕环境卫生、交警设施缺失、行道树木缺株、雨水箅子堵塞、居民废弃家具、无障碍设施损坏、路灯检修口缺失、非法小广告等37类问题开展专项普查67次,发现各类问题39万余件,根据产权分类,分期分批将问题发函交办至各责任部门和单位,进行了批量集中处置,提高了城市管理问题的发现和处置效率。

(三)延伸管理,服务市民注重"实效"

太原市结合创建全国文明城市、国家卫生城市等工作要求,推动城市治理走向基层,实现管理服务"零距离"。参照2006年以来开展的"城管服务进社区"成功经验,在原有承诺制方式解决居民小区和社区内部水、电、气、暖等难点堵点问题的基础上,梳理汇总,扩展城市管理事部件内容,增设"城市管理服务事项"类型,同步升级运管服平台功能,将所有涉及居民生活的供水、供热、供气、供电、物业等城市管理问题全部纳入平台,统一受理后派遣责任部门解决,解决了大批市民群众的"操心事""烦心事""揪心事",提升了城管工作进社区、进基层的工作实效。

据统计,自2021年以来太原市运管服平台,收集各类城市管理问题230.68万件,日均受理3845件,结案217.78万件,结案率达94.4%。

三、数据应用共享实现一个"通"字

（一）整合挖掘数据资源，让数据"汇聚、畅通"

太原市不断整合城市管理行业运行数据，建成了集数据管理、数据汇聚、数据交换、数据检索查询等于一体的城市管理数据服务支撑体系。目前，已汇聚城市管理相关数据2081万余条，业务范围覆盖市政公用、市容环卫、园林绿化、行政执法、综合管廊、共享单车、停车管理、环保综治等10个业务领域，实现了数据汇起来、通起来、用起来。

（二）常态采集普查数据，让数据"鲜活、融通"

太原市采用专题数据普查和常态化采集更新相结合的办法，连续14年开展城市基础地理信息数据更新工作，让平台数据常用常新。目前，对全市2901条（3440公里）道路逐年进行数据采集更新，划分了3.1万个单元网格、260个责任网格，标注了238.3万个城市部件、5.8万个地理编码（兴趣点），形成了近200类城市管理专业图层。

（三）建成数据交换枢纽，让数据"共享、联通"

太原市在推进市级平台建设过程中，先期实现了平台数据与国家平台和市辖城6区3县1市的联网；完成了接入供热、供水、供气、排水、照明、环卫、道路、桥梁等行业数据；通过太原市政务数据共享交换平台，对接了综治、环保、园林等部门数据。在确保数据安全基础上，为供热管理等12个业务系统、21家行业单位提供了安全适用的数据共享服务。

四、城市运行管理锚定一个"精"字

（一）完善平台应用体系，保障运行精准、到位

按照"一级监督，两级指挥"的城市运行管理模式，太原市形成了一个主平台指挥调度、一个主数据中心汇聚共享的工作格局，市级平台实现了指挥协调、行业应用、公众服务、运行监测、数据交换等功能，可从不同维度对城市管理高发问题、问题高发区域及责任单位工作成效进行精准分析和评价。在太原市开展的"两拆"专项行动中，城市综合管理服务指挥中心对全市9.26万处违规广告进行专项普查，为推进"广告下墙"提供了目标靶向；在全市开展的"露天烧烤清零"行动中，发现取缔烧烤摊点2027处，案件处置率达100%，随后又开展33轮"回头看"行动，实现全市烧烤摊点清零目标，市容环境明显改善。市级平台整合对接市容环卫、供水、供热、供气、城市照明、综合管廊、停车管理等信息化系统建设成果，补齐信息化基础相对薄弱的市政行业短板，建设了市政道路、桥梁、排水地理信息系统，接入了综合管廊运行数据，监测管廊安全运行状态，全部以"一张图"的精准模式予以体现。

（二）规范数据资源目录，确保各类数据准确、安全

严格按照住房和城乡建设部的技术标准和数据标准要求，在标准化、规范化的基础上形成城市管理数据资源目录，梳理编制城市基础数据、运行数据、管理数据、服务数据、综合

评价数据五大类数据，汇聚数据2081万条。同时，注重安全体系建设，连续8年通过信息安全体系认证，确保数据运行高效安全。

（三）加强人才队伍建设，推动城市管理精细、科学

太原市在平台建设过程中，注重城市管理信息化队伍能力建设，积极倡导"工匠精神"，连续三年开展城市管理网格员职业技能竞赛，涌现出6名市级"晋阳工匠"，提升了信息采集队伍业务实操能力。通过省级职工"创新工作室"聚智创新，参与12项国家标准、部颁标准、山西省工程建设地方标准编制，锻造了一支勇于创新、甘于奉献的城管信息化队伍，涌现了一批业内专家和技术骨干，为城市运管服平台高质量发展提供了人才保障。

下一步，太原市将以党的二十大精神为引领，以建设城市基础设施安全运行监测试点示范城市为契机，一体推进、持续完善城市运管服平台，打造"实战管用、基层爱用、群众受用"的城市治理新体系，保持"时时放心不下"的责任感和"功成不必在我、功成必定有我"的使命感，踔厉奋发，勇毅前行，提高城市治理体系和治理能力现代化水平。

第四节 沈阳市城市运管服平台

点评： 沈阳市以智慧城管和城市网格化管理体系为基础，强化以网格化管理为核心的城市运行管理服务平台建设，初步构建了综合性城市运行管理服务数据库，系统整合了城市管理全行业应用系统，初步搭建了城市运管服平台的基础框架。以城市精细化管理"路长制"考评为抓手，构建"1+6+N"的路长制管理模式，有力保障了平台的长效运行。聚焦城市管理中的痛点难点，打造了可复制可推广的"路长慧眼""控渣土""找公厕""好游园""好店铺""好停车"等智能化应用场景，用智慧科技赋能城市精细化管理，提升了政府治理效能和服务人民群众的水平。

沈阳市牢固树立"走在前列、当好表率"的担当意识，加快运管服平台建设，运用数字技术推动城市高质量发展，为全省作出示范。沈阳市作为全国数字城管第三批试点城市，于2009年开始探索"网格化"城市管理模式，于2017年推进"网格化"城市管理向"智慧化"城市管理升级，并于2019年率先完成与国家城市综合管理服务平台联网工作。2021年，沈阳市成立工作专班，由市领导牵头全力推进城市运行"一网统管"建设工作，搭建"1+6+N"业务架构，提升城市精细化管理能力。2022年，沈阳市积极响应住房和城乡建设部要求，围绕《沈阳市数字政府建设三年行动方案（2021—2023年）》和打造东北数字第一城建设目标，加速推进沈阳市城市运管服平台建设（图14-4），持续探索城市治理体系和治理能力现代化之路。

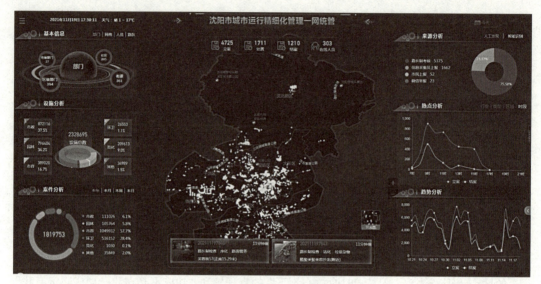

图14-4　沈阳市运管服平台

一、统筹管理要素，保障一体协同运行

聚焦城市运行安全监测4大领域、13个专项，坚持数智赋能、预防为先，按照《沈阳市数字政府集成规划》《沈阳市推行首席数据官制度工作方案》等文件要求，在保障"数据安全、系统安全、设施安全"的前提下，全面汇聚接入城市运行资源，通过一图展示和关联分析，实现综合监管和智能监测，推动公共安全治理模式向事前预防转型。

（一）一库汇聚数据，运行信息即时互通

打破部门壁垒和数据鸿沟，依托市数据共享交换平台，推动建设1个综合性城市运行管理数据库，实现多维数据融合打通，初步构建150项数据目录、18个专题库。目前，已汇聚燃气监测点、排水监测点、国控监测点、管理事部件、道路桥梁、园林绿地、法律法规、营商审批、公安视频等数据3000多万条。通过建立全市统一的数据标准，打造规范化的数据采集和共享交互模式，持续对平台内1551个单位数据进行汇聚完善，将运行数据真正统起来、管起来、用起来。

（二）一图整合资源，运行态势即时互联

将城市安全运行监测权责落实到14个市级部门，通过运行态势一张图整合现有监测资源，保障城市安全运行。其中，燃气领域已整合管网数据9914公里、管线节点738406个、凝水缸21114座、阀门3777座，确定重点监测点位164处，完善了"1+7"的燃气安全风险监测预警体系。供热领域已完成和平、沈河、大东三个区共23家供热单位、324.98公里地下管线的普查工作，并安装管道温度、压力、流量、用户室温监测点，对热力管网及换热站进行安全运行监测。排水领域可展示排水管线类型、位置、水流方向和泵站位置、工作状态等信息，同时安装280台感知设备，对排水管道进行监测，可实时传输管网水位、流量状态并自动报警。

（三）一屏指挥调度，运行处置即时互动

建设全市统一的应用平台，覆盖市内9区、765平方公里、51495个单元网格、1093个责任网格和4784个路长制管理路段，对232.86万个城市部件设施进行统一标识编码，接入9.6万路智能感知摄像头，完成对道路塌陷、管道破裂、文明施工等237小类城市运行问题的确权工作。按照"两级监督、两级指挥、三级考核、四级联动"的工作模式，建立市、区、街道、网格（路段）四级运行体系，联通27个市级单位、378个区级单位、99个街道和1047个社区，通过"业务融合、数据融合、技术融合"，促进"跨层级、跨地域、跨部门"的协同运行。

二、深化应用创新，促进精细智能管理

坚持高位统筹，按照《市委编委关于调整沈阳市城市精细化管理工作领导小组组成人员的通知》要求，升级城市精细化管理工作领导小组，由市委书记、市长任组长，成员单位包括36个市直单位、13个地区，各级单位依托平台，实现全覆盖全协同的城市精细化管理工作格局。

（一）升级核心系统，指挥协调智能化

升级网格化核心系统，基于《沈阳市精细化管理一网统管指挥手册》，统一问题"发现-推送-处置-反馈-评估"的闭环管理流程，推行"人工巡查+智能发现"的"双轮发现机制"，运用视频采集和图像识别技术，借助固定视频、环卫车辆、快递小车等资源，弥补人工巡查时间空间上的空白，打破快速路及城市出入口等巡查盲区，累计发现问题超16万件。创新"确权问题平台法定、疑难问题部门商定、推诿问题领导拍定"的"三定派遣机制"，确权问题可以通过扁平化流程秒派一线人员，疑难问题和推诿问题派遣至责任部门，时间不超过1小时，超期处置案件下降9.8%。落实"科学问诊、精准把脉"的"顽疾评估机制"，依据高频热点问题对全市70个主要街道进行筛查，找出"顽疾"点位350个，并按严重程度对顽疾点位进行五级划分，科学问诊"病因"、精准把脉"病灶"。

（二）完善行业应用，专项监管精细化

落实《沈阳市2022年加强城市精细化管理实现城市品质新突破工作实施方案》要求，从各业务部门管理需求出发，提高市政、环卫、园林、执法等行业精细化监管水平。在市政公用领域，累计排摸城市道路6244公里，排查并处置安全隐患153处。采用三维探地雷达技术完成1556公里重点路段的地下空洞检测，发现59处空洞点位，第一时间处置整改，实现道路塌陷隐患早排查、治理全覆盖、人员零伤亡。在市容环卫领域，划分全市2785条机扫路段和2175条清扫路段，将1220辆机械化作业车辆和12727名人员纳入系统管理，通过清扫率、设备出动率、人员配备率、道路积尘等指标，推进各区域、单位道路保洁工作，实现"道牙无尘、路见本色、设施整洁、路无杂物"。在园林绿化领域，利用全市绿地普查数据，分析公园绿地服务半径指标，借助卫星遥感影像选址，指导全市城市公园和口袋公园建设，目前全

市累计建设口袋公园2093座，创造了良好的人居环境。在城管执法领域，践行住房和城乡建设部倡导的"721工作法"，以AI识别技术创新精准化"柔性执法"模式，构建违法相对人和违法行为库，通过拍摄相对人照片，比对获取相对人历史违法行为，实施"轻微不罚、首违免罚"，推进严格规范公正文明执法，助力形成"理性、平和、文明"的执法氛围。

（三）创新专题场景，决策建议科学化

制定《沈阳市"一网统管"建设总体规范》，建设有实效、可复制、可推广的智能场景。其中，"路长慧眼"场景结合路长制，利用全市9.6万个公安视频摄像头、专用视频采集车、快递小车、环卫扫保车辆，对21类城管问题进行补充；"一树一码"场景通过扫码记录养护巡检过程，洞悉树木状态，实现业务留痕、回溯可查，提升全民植绿、护绿、爱绿的生态环保意识；"好游园"场景从找、去、逛、评四个方面，已为6.22万市民提供游园全过程精准服务，提升市民游园体验；"找公厕"场景对全市1200座公厕涉及的人、物、事进行全方位实时管理，方便市民找公厕、基层管公厕，上线以来累计服务百姓逾600万人次；"好停车"场景接入经营性停车场595个，实现车场查询、停车导航、车位预约等实用功能。

三、推动成果共享，多措并举提升服务

深入贯彻"以人民为中心"的城市发展理念，制定《沈阳市城市精细化管理考核方案》《沈阳市深化创建国家卫生城市工作对各地区考评办法》，推进综合评价系统建设，提升各部门服务效能，全面满足政务服务、企业服务、民生服务需求。

（一）强化综合评价，政务服务更高效

围绕城市运行"安全、高效、健康"和城市管理"干净、整洁、有序"目标，进一步夯实各部门城市管理工作监督考核和综合评价。一是从岗位、部门和区域三个维度进行考核和排名展示，并将考核结果纳入全市绩效考评。二是对分派案件进行"跑表计时"，对处理不及时的案件进行进度提醒、提级办理、跟踪解决，大部分问题解决时长由3.5天缩短至1天。三是围绕"洁化、序化、绿化、亮化、美化、文化"六化建设任务，"标准化、设计化、法制化、网格化、社会化、智能化"六化管理要求，打造"1+6+N"的路长制管理模式（"1"为三级路长，"6"为城市管理、城管执法、公安交警、市场监管、生态环保工作人员和志愿者，"N"为嵌入路队的其他相关管理部门工作人员），优化"线上线下一体化"的管控流程，每月通报路段红黑榜，进行全市考核排名，截至目前共验收1043个"良好路段"、102个"优秀路段"。四是围绕文明城、卫生城、健康城"三城创建"工作要点，借助平台对62项创建内容的处置标准、时限等进行细化、固化、量化，推进创建工作精准施策、精准发力。

（二）坚持问题导向，惠企服务更精准

以信息化聚焦政企联动场景，数据赋能惠企服务。其中，"好店铺"场景通过手机扫

码,向市民推广店铺经营特色,向商户推送惠企政策,向管理人员反映商户需求,目前已完成1360条街路、36350家店铺的精细化管理;"控渣土"场景将建设、交通、生态、营商等多部门数据打通,企业办理建筑垃圾处置核准可直接调用各部门数据信息,减少企业查验环节,提升全市80家渣土企业办事效率;"共享单车"场景对全市24万辆共享单车进行统筹管理,通过分析骑行时长、周转率、区域峰值等指标,助力3家车企精准调控投放规模和点位。

(三)秉持以人为本,为民服务更贴心

牢固树立"人民城市人民建、人民城市为人民"的理念,聚焦《沈阳市"解民忧、纾民困、暖民心"专项行动工作方案》关注的48个方面重点问题,深化"接诉即办、一办到底",推动"未诉先办、主动治理"。将群众诉求渠道与专业部门处置问题打通融合,利用"沈阳智慧城管"微信公众号、"市民通"App,把暴露垃圾、车辆乱停放等问题的管理流程变为市民看得见的解决过程,累计响应市民诉求32.93万件,着力解决好人民群众"急难愁盼"问题。遵循"人民设计师"制度要求,让市民广泛参与口袋公园、背街小巷、老旧小区等城市更新项目,共征集市民建议1.3万条,全面提升城市面貌和市民生活品质,增强人民幸福感、获得感,推动建设人人有责、人人尽责、人人享有的社会治理共同体。

下一步,沈阳市将持续推动运管服平台建设升级,打造沈阳特色评价指标和评价模式,让综合评价、运行监测、决策建议等系统进一步发挥实效,运用智慧科技提升城市功能品质、服务品质、生态品质、文化品质,让城市有颜值、有品位、有活力、有温度。

第五节
亳州市城市运管服平台

点评:亳州市在城市综合管理服务平台基础上,整合了城市生命线安全运行监测系统,完善了智慧市政、智慧环卫、智慧园林、综合执法、城市防汛、五车监管、共享单车等系统功能,构建"一委一办一中心"的统筹协调机制。总体来看,亳州市城市运管服平台框架已初步形成,覆盖"运、管、服、评"四个方面,组织体系、应用体系、制度体系相对扎实,值得各地借鉴参考。

亳州市于2015年正式上线数字化城市管理平台,并在2020年基于数字化城市管理平台升级建成了城市综合管理服务平台,2022年,根据住房和城乡建设部最新印发的城市运管服平台相关标准规范要求,结合亳州实际,在城市综合管理服务平台基础上,整合了城市生命线安全运行监测系统,完善了智慧市政、智慧环卫、智慧园林、综合执法、城市防汛、五车监管、共享单车等系统功能,搭建了实战管用、基层爱用、群众受用、具有亳州特色的城市运管服平台,如图14-5所示。

图14-5 亳州市城市运管服平台

一、构建"一委一办一中心"的统筹协调机制

一委:为更好地发挥高位组织、高位指挥、高位协调的作用,推动亳州城市管理工作全方位提升,亳州市于2013年成立了城市管理委员会(以下简称城管委),整合了市政公用、园林绿化、市容环卫、城市管理执法和城市生命线安全运行监测等城市管理相关职能,重塑了事业单位机构职能体系,规范了"建、管、监"事权,构建了亳州市"大城管"工作格局。

一办:城管委办公室设立在市城市管理局,主要负责制定市城管委各成员单位联席会议制度,定期组织各成员单位及有关行业部门召开会议,研究制定城市管理工作规划,协调解决相关问题等。

一中心:为进一步加强城市运行管理服务指挥队伍建设,城市管理监督指挥中心增加了城市生命线安全工程运行风险监督管理、联动处置及长效考核的相关职能,正在组建信息共享、协调顺畅、督导有力、运行智能、指挥高效的城市运行管理服务指挥中心,构建场地融合、平台融合、队伍融合、资源融合,从"有形"到"有效"的城市运行管理服务工作体系。

二、聚焦"城市运行",增强城市安全风险防控能力

聚焦城市运行"安全高效健康",根据安徽省委省政府印发的《关于推广城市生命线安全工程"合肥模式"的意见》(皖办发〔2021〕22号)要求,亳州市印发了《亳州市城市生命线安全工程建设工作方案的通知》(亳政办〔2021〕16号),将城市生命线工程建设接入城市运管服平台。

(一)成立城市生命线安全工程建设推进工作领导小组

亳州市高位统筹,成立了由市长担任组长、常务副市长担任常务副组长、分管副市长担任执行副组长、市直有关部门为成员单位的城市生命线安全工程建设推进工作领导小组,同时制定了《亳州市城市生命线安全工程建设推进工作领导小组及成员单位职责》,确定市城

管局为建设主体,负责统筹协调全市城市生命线安全工程建设。

(二)构建"政府领导、安委会牵头、多部门联合、统一监测服务"的安全运行机制

针对城市安全责任分属多级组织、风险隐患关联广泛以及风险预警和行动决策技术难度高的特点,以市城市生命线安全工程建设工作领导小组为领导决策核心,以市城市管理局、市应急管理局、市交通运输局、省生命线安全运行监测中心等行业监管单位和城市安全主管机构为安全管理监督和业务指导,以专业公司为监测预警、分析研判中枢,以燃气、供水、桥梁、排水等权属责任单位为风险处置的联动组织架构,形成"政府领导、安委会牵头、多部门联合、统一监测服务"的安全运行机制,如图14-6所示。

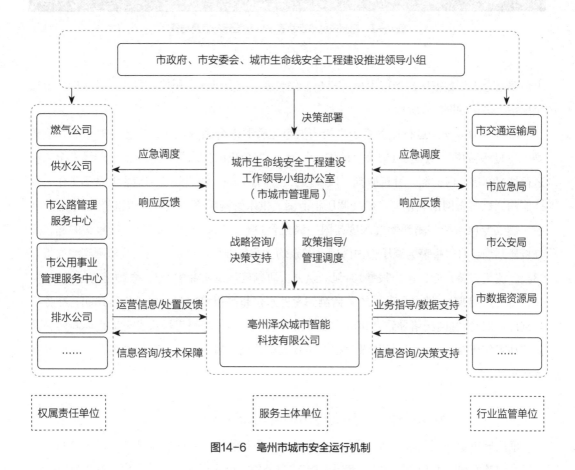

图14-6 亳州市城市安全运行机制

同时,制定了《亳州市城市生命线安全工程运行监测预警联动响应工作机制》,根据安全预警状况建立相应的一级、二级、三级风险应急响应流程,将燃爆、火情、汛情等作为特急案件,点对点向处置单位交办,行业监管部门跟踪督办,有效保障城市生命线安全工程高效运行。

(三)创新城市生命线安全运行监测应用场景

亳州市城市生命线安全运行监测建设内容包括风险评估、城市生命线监测感知网、城市

图14-7 亳州市城市运管服平台/安全运行监测场景

生命线安全工程数据库、城市生命线安全工程应用系统及燃气、桥梁、供水、排水四个专项应用系统等,如图14-7所示。

城市生命线安全运行监测系统自接入城市运管服平台系统以来,对覆盖全市的17座桥梁、184公里的燃气管网、152公里的供水管网、575公里的排水管网等城市生命线安全工程运行情况开展实时监测、分析研判、风险预警、监督管理、协同处置和信息共享等工作,累计监测到燃气管网沼气预警、燃气调压柜泄漏、供水管网爆管、城市内涝报警360余起。其中,燃气专项系统监测到燃气浓度超限一级报警13起,二级报警68起,三级报警93起,经分析研判确认11起报警为调压柜内阀门,其余均为沼气堆积;供水专项系统监测到漏失报警23起,流量报警13起,压力报警104起,经分析研判确认真实漏失3起,泵站运行异常事件4起,爆管预警2起;排水专项系统共监测到窨井水位超高报警33起,内涝报警13起,经分析研判确认2起为管网淤堵导致,14起为强降雨导致。按照《亳州市城市安全运行风险监测预警联动工作机制》,相关警情均及时推送至相关单位进行风险处置,有效地提升了城市安全运行水平。

三、聚焦"城市管理",提高城市精细化管理水平

聚焦城市管理"干净整洁有序",亳州市以网格化管理为基础,不断健全运行机制,有力提升问题发现能力和处置效率;整合完善市政公用、市容环卫、园林绿化、城管执法等城市管理全行业应用,创新智能化应用场景,提升城市精细化管理水平。

(一)健全网格化管理运行机制,实现"高效处置一件事"

平台构建以"精准化"事部件确权为基础、"多渠道"发现问题为支撑、"扁平化"派遣交办为核心、"销号制"整改问题为监督、"核查式"检验质效为考核的运行体系,使解决城市管理问题更全面、更迅速、更高效。2022年上半年,平台受理各类城市管理问题24.5万余件,整改24.2万余件,整改结案率达到99%。

"精准化"事部件确权：对亳州市5大类108小类共109万个城市管理部件及6大类120小类城市管理事件进行了精准确权，如图14-8所示，明确了事部件具办单位、具办人。每一个部件对应一名具办人员，每一类事件按区域对应一名具办人员，通过信息终端，实现人物互联，形成一一对应的终端处置网络和管理体系。

"多渠道"发现问题：一是全覆盖路面巡查，按照社区数量将主城区划分为61个工作网格，每个工作网格每天安排一名专业信息采集人员在网格中监督城市管理问题；二是重点区域视频排查，利用主城区11820路摄像头，将街道办事处的管辖范围划分成21个视频监控电子网格，分区进行视频排查，并通过视频智能分析技术，实现对监控区域内城市管理问题的自动识别上报，如图14-9所示；三是专业化非现场检查，以环保类问题为例，设立环境保护

大类名称：公用设施类			
小类代码	部件名称	主管单位	部件数量
0106	路灯井盖	城管局	1405
责任单位	具办人及联系方式		
市公用事业处路灯所	张冰冰：15255920636　17756775215		

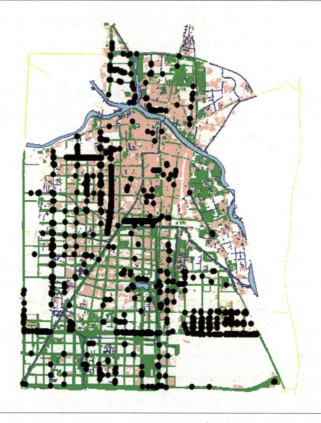

图14-8　城市管理部件确权示例

图14-9 疑似违规行为视频自动识别

非现场检查组，应用指挥协调系统，以视频监控为手段，坚持问题导向，突出重点领域，发现和交办环境保护问题，进一步推动中央、省环保督察反馈和交办问题的整改。自2022年以来，非现场检查共交办整改各类环保问题1500余件，持续改善了环境质量，有力推进了亳州市的生态文明建设。

"扁平化"派遣交办：按照部件问题精确确权到处置单位和具办人员、事件问题精确确权到具体管理网格或路段管理责任单位及责任人的方式，建立了覆盖62家处置单位及527名具办人员的专业处置队伍。按照"同时派遣、逐级反馈"的要求，创新了"一岗派出、一级交办、逐级反馈的扁平化"指挥模式（图14-10），简化了案件流转中间环节，压缩了冗余的工作流程，使得落实分工更具体、具办人员责任意识更强，极大地提高了案件处置效率。

"销号制"整改问题：将担负平台派遣问题整改任务的部门、单位分成五类不同的考核对象：第一类是区级政府；第二类是街道办事处及区级政府的相关职能部门；第三类是高新区管理中心及相关职能部门；第四类是市直各职能部门；第五类是提供公共服务的各类公司企业。整改责任单位和具办人员通过平台接收派遣任务，具办人员接收到信息提示后，第一时间完成整改并通过平台逐级上报申请销号。

"核查式"检验质效：建立了"内外结合，抽样核查"的核查结案机制。一方面，按照"谁上报，谁现场核查"的原则，由路面信息采集员、视频信息采集员根据城市运管服指挥中心发出的核查指令，对各处置单位落实整改情况分别采取实地查看、视频查看等方式，查看问题整改质量；另一方面，由广大市民通过"我家亳州·随手拍"反映问题，按网格化分工落实核查。

亳州市"扁平化"派遣交办业务流程

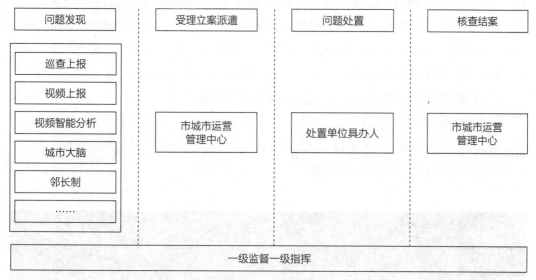

图14-10　亳州市"扁平化"派遣交办业务流程

对接"创文"工作：按照《亳州市创建全国文明城市实地考察指导手册（2022年版）》（以下简称"指导手册"，如图14-11所示）明确的41项责任清单，市城市管理局对照指导手册针对主次干道、背街小巷、商业大街、公共广场、公园、建成区内的河流湖泊、马路市场、流动商贩、城乡接合部等地点进行了空中管线、沿街招牌破损、路灯不亮、路铭牌破损缺失、窨井盖丢失、毁绿破绿、道路破损、交通护栏缺失、牛皮癣小广告、小区内私搭乱建10项问题的专项采集。

根据指导手册针对小区的29项创文指标，筛选出7项涉及市容市貌环境卫生的问题，并对其进行采集和监督考核，采集内容包括：损坏公共设施现象；环境卫生情况；空中缆线杂

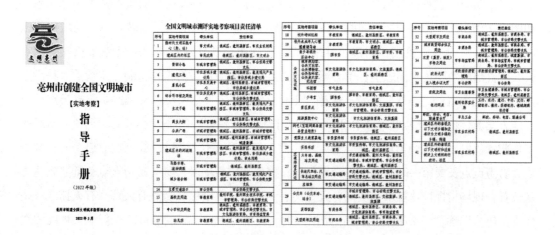

图14-11　亳州市创文指导手册

乱、乱拉乱设、飞线充电；建（构）筑物及依附于建（构）筑物的玻璃幕墙、展板等安全牢固、完好无损，户外广告设施和招牌设置牢固可靠；无占道经营现象；无乱搭乱建现象；基础设施情况等。采集的问题统一纳入运管服平台的指挥协调系统，派遣至相关责任部门进行整改，同时将文明创建专项检查情况纳入晨报、周报进行通报。2022年1月至今，通过城市运管服平台受理创文类案件共计47213件，结案46504件，结案率达到98.5%。

（二）整合城市管理全行业应用，创新智能化应用场景

亳州市将智慧市政、智慧环卫、智慧园林、综合执法、五车监管、共享单车等行业应用系统集成至城市运管服平台（图14-12），并按照"实战管用、基层爱用、群众受用"原则，开发智能化应用场景，提升城市治理水平。

图14-12　亳州市城市运管服平台/行业应用系统

城市防汛"点长治"场景：亳州市创新性地打造"人防+技防"的城市防汛治理体系，如图14-13所示。在人防方面：建立了一套"点长负责、部门协同、运转高效"的城市防汛应急体系。一是建立机制，明确"谁来干"。建立由市长任总点长、分管副市长任副总点长、市直部门主要负责同志担任中心城区易涝点点长的防汛排涝工作机制，实现重大易涝点点长设置全覆盖。二是压实职责，明确"干什么"。制定《亳州市中心城区防汛排涝点长制工作方案》《城市防汛点长制工作手册》和点长制工作流程，明确点长汛前、汛中、汛后的工作职责。制定《亳州市城市蓝、黄、橙、红四级响应工作流程》，黄色响应启动时，22个重大易涝点点长要第一时间到达易涝点位置；橙色响应启动时，所有易涝点点长都要到达指定位置，现场指挥快速排水，实现专人专岗、专人值守，确保易涝点有人管、有人抓。三是建强队伍，明确"怎么干"。将城市防汛人员、设备、工具、车辆等资源进行最大程度的整合，组建一支150余人的专业化防汛应急队伍，发动城管、环卫和市政等800余人组成防汛排

图14-13　亳州市城市运管服平台/城市防汛"点长治"场景

涝中坚力量,调集主城区范围内三区、城管、环卫等部门泵车、吸污车36辆,水利、应急部门抽水泵140台,统一调备、统一调用。通过点长统筹负责,公安、城管、市政、街道等防汛人员配合,形成了"点长吹哨、部门报到"的工作机制,打通了防汛责任落实"最后一米",织起了城市防汛治理"一张网",实现信息上传下达、应急指挥调度以及跨部门协同的畅通有序。在技防方面:整合市主城区22个易涝点位信息、44名点位包保责任人信息、重要防汛机械设备信息及河道、隧道、涵洞、易涝点路段等116个重点监控位置信息,利用即时通信技术,实现语音互联,防汛指挥人员使用移动终端即可指挥调度城市防汛,防汛抢险人员及机械设备根据接收到的指令,快速参与城市防汛抢险工作。此外,对城区范围内的易涝点,采取三年为一周期的"整改-检验-变更"动态管理模式,即第一年通过城市防汛场景发现确定城区易涝点位,派遣至相关单位落实整改,第二年汛期检验整改效果,第三年进行点位变更。自2020年以来,通过人技结合,有效整改城区易涝点位48处。

"五车"监管"一拍明了"场景:进一步强化对生活垃圾运输车、道路清扫车、洒水车、建筑渣土运输车、商品混凝土运输车的运营监管,如图14-14所示。结合路面执法的需要,打通了五车监管系统与公安交警大货车进城许可系统、公安交通卡口监控系统、住房和城乡建设部门建筑工地视频监管系统之间的数据壁垒,利用互联网技术、AI技术进行智能分析,将原来需要通过各平台相互检查验证的繁琐、低效工作方式,简化成执法人员使用执法终端拍一张五车监管车辆的车牌号上传到平台,即可实时掌握车辆是否违规的高效联动工作方式。

园林绿化"一框统计"场景：依托主城区绿地普查基础数据，实现了对全市范围内的建成区、街道、社区绿量的"灵活框选、精准分析"，如图14-15所示。根据创建国家园林城市的数据标准，秒算出社区、街道、建成区需要增绿、补绿的最低数量，同时可实时监测绿化情况，对树木缺棵少株、草坪裸露黄土情况进行分析，为动态分配园林养护资源、高效开展园林养护作业提供科学决策。

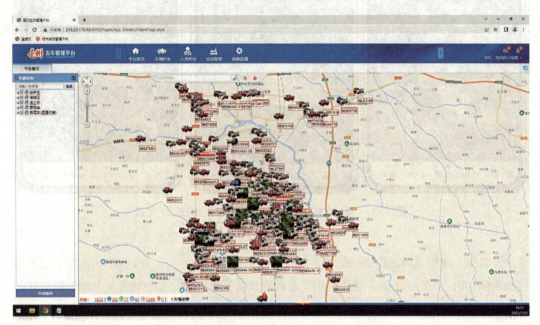

图14-14　亳州市城市运管服平台/五车监管场景

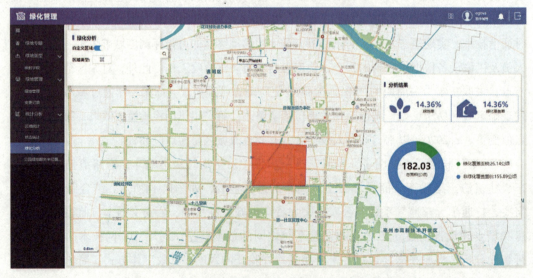

图14-15　亳州市城市运管服平台/园林绿化"一框统计"场景

图14-16 亳州市城市运管服平台/城市管理"电子执法"场景

城市管理"电子执法"场景：亳州市城市管理局的执法事项包括市容环卫、市政公用、园林绿化以及住建、生态环境、规划、市场监管等领域共522项，如图14-16所示。为破解行政执法过程中"程序繁、冲突多、取证难"等突出问题，研发了城管"电子执法"系统，将行政执法全过程记录、法制审核、执法公开融入系统，实现了"信息共享、互联互通，管罚分离、精准执法，数据分析、阳光操作"。截至目前，已规范办理6000余件执法案件，真正实现了执法过程的"事前、事中、事后"规范化监管。

四、聚焦"公众服务"，提升市民参与度和获得感

聚焦为民服务"精准精细精致"，开发了亳州城管随手拍智能终端，并对接到"我家亳州"App（图14-17），通过有奖举报的方式鼓励广大市民进行城市管理问题的发现和上报。自2022年以来，已通过手机端接收社会公共举报4000余件，公开接受市民监督，基本做到事事有落实，件件有回音。此外，城管随手拍还提供了如"找公厕""找公园""找停车场"等城市

图14-17 "我家亳州"App

管理相关的便民服务事项，有效提高了群众的参与程度，让市民有更多的获得感。

五、聚焦"绩效评价"，发挥"以评促管"最大效能

（一）专项制考评问责，构建市民参与城市管理考核新通道

按照市级平台"抓统筹、重实战、强考核"的要求，平台中置入了第三方考评专项系统，如图14-18所示。人大代表、政协委员、效能监督员、行风评议员、网友、热心市民均可申请参与案件办理的复核、上传、处置、审核等环节，并给予评价打分。依据考核办法，以30%的比例纳入对62家处置单位的月度办件考评，年度成绩纳入亳州市效能建设考核，形成了独具特色的市民参与城市管理考核的新通道。截至目前，已有人大代表、政协委员、知名网友和热心市民200余人参与其中。

（二）常态化晨报周报月报考核，保障问题整改有效及时

为保证交办问题整改的有效性、及时性，平台通过常态化晨报、周报、月报对62家被考核对象以及527名具办人分类进行考核排名，如图14-18所示。以月度具办人考核为例，综合运用"应处置数、处置数、按时处置数、超时处置数、待处置数、按时待处置数、超时待处置数、处置率"等指标，每月对具办人办件情况进行评价排名，并在月度城市管理考核工作推进会上将具办人办理案件排名情况作为会务材料提供给区级领导、市直单位负责人、被考核单位负责人等，考核结果在亳州电视台、亳州晚报公布，作为激励具办人员工作积极性的重要手段。

下一步，亳州市将对照城市运管服平台建设指南、技术标准、数据标准等标准规范，着力查不足，扎实补短板，在新起点上持续提升城市运管服平台的实战应用水平，使城市运行、管理、服务更扎实、更高效。

图14-18　亳州市城市运管服平台/第三方考评系统

第六节
宿迁市城市运管服平台

点评：宿迁市对标城市运管服平台相关标准规范要求，深度整合数据、系统、网格、资源、业务、人员等要素，构建"1+9+N"三级指挥体系和"1334+N"应用体系，初步搭建了市级平台基础架构。目前，宿迁市正以城市基础设施运行安全监测试点城市为契机，加快建设城市基础设施安全运行监测系统，着重从燃气、供水、排水三个领域，建设城市基础设施安全运行监测体系，提高城市运行风险防控能力。

近年来，宿迁市大力推动云计算、物联网、大数据、人工智能等信息技术与城市治理深度融合，积极转变城市治理方式。特别是2020年以来，严格按照部颁标准，突出实战运用，紧扣"一网统管"，建设了城市运管服平台，构建了应用系统"一平台"、数据资源"一中心"、业务支撑"一基座"、运行管理"一张图"的"四个一"城市治理新模式，通过构建"一网统管"赋能城市治理现代化新模式，初步实现了"一屏观全城、一网管全城、一端惠全城"目标，城市运行更加高效，城市管理更加精细，服务群众更加精准。宿迁城市运管服平台（图14-19）建设入选了"2022年数字江苏建设优秀实践成果"和"2022年江苏省数字化绿色化协调转型发展案例"。

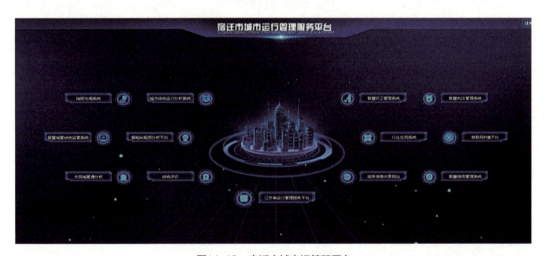

图14-19　宿迁市城市运管服平台

一、搭建城市运行"一网统管"基础架构

聚焦城市运行"安全、高效、健康"，搭建了应用体系、数据体系、基础环境、管理体系"四大体系"，实现了信息系统的整合迭代、数据共享和业务协同。

（一）建设应用体系"一平台"，实现管理领域"全覆盖"

重点打造"四大系统"，即城市综合运行系统、综合监管系统、综合评价系统、指挥协调系统；拓展N个行业应用，包括智慧环卫、智慧执法等12个城市管理行业应用，接入智慧水务、智慧燃气等城市管理相关行业应用；创新宿迁市民城管通微信小程序、物联网井盖管理系统、融合视频AI识别系统3个专题应用场景，打通信息壁垒，实现互联互通。

（二）建设数据体系"一中心"，实现运行要素"全汇聚"

围绕宿迁智慧城市"1334+N"总体架构，将基础数据资源的"聚、通、用"作为智慧城市建设的核心，重点打造市、县、区一体化数据平台，完成与江苏省大数据平台无缝对接，实现"多库合一"，有效支撑面向民生服务、城市治理与数字经济三个方向的业务应用，打破数据烟囱，实现汇聚融合。

（三）建设基础环境"一基座"，实现服务保障"全链条"

依托宿迁市政务服务云平台，以"电子政务外网"为主交换网络，实现平台间数据共享、业务协同。同时，建立了由物理安全、网络安全、主机安全、应用安全、数据安全及管理安全等构成的安全保障体系，构建防护体系，筑牢安全屏障。

（四）建设管理体系"一张图"，实现考核评价"全方位"

全面整合组织机构，明确由市城管委负责城市运管服平台的统筹协调、指挥调度、监督考核等工作，建立"日检查、周会办、月调度、季考评、年总结"工作制度，对各县区和市直各职能部门涉及的城市运管服平台运行情况进行跟踪检查、定期通报、动态研判、综合评价，实现考核依据数据化、考核结果科学化、作用发挥最大化。

二、拓展丰富城市运行"一网统管"功能体系

按照"平台不仅要可看，还要可用、实用、可操作"的原则，在全量汇集、智慧管理、实战应用上狠下功夫，目前，平台已基本具备"一屏总览、综合监管、综合评价、分析研判、指挥调度、智慧分拨"6大功能。

（一）实现一屏总览功能

依托宿迁数据共享平台，横向上归集了涉及城市运行管理领域的28个市直部门数据和全量城市管理行业数据，纵向上归集了3县6区的城市运行管理数据，以数据可视化的形式动态展现城市运行体征和变化态势。

（二）实现综合监管功能

整合了城市管理领域环卫、渣土、路灯、公共自行车等14大类城市管理业务数据，搭建了综合监管系统，通过各业务应用场景的互联互通，实现对各业务管理的全方位实时展示、全流程高效监管。

（三）实现综合评价功能

围绕"干净、整洁、有序、安全、群众满意"五个评价维度，对标部颁标准，制定自评自测办法，对综合运行指数进行自评自测。同时，对城市运行管理14项行业现状进行综合评价，查找城市运行管理过程中存在的不足，为跟踪制定行之有效的城市治理办法提供决策依据。

(四)实现分析研判功能

充分利用市大数据共享平台21亿条政务数据,对相关数据进行清洗、汇聚,建立综合性城市管理数据库,打通各行业间数据壁垒,建成可实时感知、监控预警、态势分析的智慧城市综合运行分析系统。

(五)实现指挥调度功能

通过建设和接入城市运行管理行业应用,融合共享各行业数据,实现对所有资源的集中展示、统一调度,并通过市融合通信系统,打通市、县、乡镇(街道)三级视频联动网络,连接各部门视频会议系统及车载、无人机、单兵、手机等终端,实现指挥调度"一张图、全覆盖、零延时"。

(六)实现智慧分拨功能

通过建立城市治理"一张网"处置体系,对数字城管、12345热线、110非警情等问题进行汇聚,并通过对市、县(区)、乡镇(街道)三级问题处置流程进行业务重塑,构建了一体化事件分拨系统,实现由原来的"分头办"向"协同办"转变。

三、创新开发城市运行"一网统管"应用场景

聚焦城市治理"干净、整洁、有序"、城市运行"安全、健康、高效"和为民服务"精准、精细、精致",开发智慧化应用场景。

(一)打造全覆盖行业应用

构建了覆盖城市管理全领域的12个行业应用,包括执法、环卫、渣土、路灯、公共自行车、公共停车场、信用、户外广告、餐饮油烟、流动摊点、违法建设、城市家具,实现全流程、智慧化监管,使城市管理质效大幅提升。比如,2020年7月智慧渣土监管系统运行后,渣土车辆的违规数量急速下降,与运行前相比,渣土车事故率下降85.7%;智慧停车监管系统实现了市区停车指挥调度更精准、更高效,停车位日周转率由2019年的不足3次提高到了目前的6.1次,占用率由85%下降到17.2%;餐饮油烟在线监管系统接入3449家餐饮单位,在线率达到100%,实现油烟超标排放实时预警、快速处置;智慧信用管理系统收集监管对象基础数据信息2.46万条,通过推行"信用承诺+契约管理"模式,有效增强监管对象的守法意识、诚信意识,城市管理领域违法违规行为逐步减少。该项目先后获评全国信用承诺书示范样本、全省社会信用体系建设工作创新项目,入选司法部法制创新案例库。

(二)创新特色化场景应用

构建物联网井盖监管平台,通过在城区重点路段安装智能井盖传感器6371个,对井盖位移丢失、液位满溢、甲烷气体超标3种情况进行实时监控预警,并自动派遣案件,快速高效处置,系统运行以来,共接收各类报警5.7万次,有效避免了安全事故。融合视频AI识别平台,通过智能AI摄像头,整合公安等部门视频监控资源,自动抓拍并上报城市管理相关违

法违规行为，实现城市管理问题监管和处置更精准、更快捷、更高效。系统运行以来，智能推送案件线索7.2万条，立案2.17万条，结案2.15万条，结案率达到99.3%。开发"宿迁市民城管通"微信小程序，市民通过注册微信小程序，即可对身边的市容环卫、公共设施、公厕管理三大类15小项城市管理问题进行上报，平台受理成功后，给予红包奖励；同时，小程序还具备公厕、公共自行车站点查询、导航等功能；运行以来，微信小程序共注册近5万人，共上报案件8.97万条，立案7.3万条，结案率达到98.08%；特别是结合"党建+综合执法进小区"工作，升级"市民城管通"微信小程序，将"党建+综合执法进小区"深度融入城市运管服平台，通过采取"智慧平台+网格员+微信随手拍"的方式，推进智慧城管延伸到每个小区，实现监管始终在线、问题高效处置，小区问题投诉量同比下降58.6%。这一模式荣获宿迁市第五届"十大法治事件"奖项。

（三）开展城市安全运行监测场景试点

按照住房和城乡建设部关于城市基础设施安全运行监测试点工作要求，整合了燃气、供排水等智慧系统，建设了智慧管网系统，已实现燃气、供排水、管网一图汇聚、预警分析和事件处置。目前，正在实施城市生命线安全工程建设，已确定燃气爆炸、城市内涝、地下管线交互、第三方施工破坏、供水爆管、桥梁倒塌和道路塌陷7个风险场景及水质监测、智慧井盖2个特色场景建设内容，依托城市运管服平台，加快搭建城市运行监测系统，推动城市基础设施安全运行监测"一网统管"尽快实现。

下一步，宿迁市将以深入贯彻党的二十大精神为契机，不断完善提升平台功能，丰富更多场景应用，努力走出一条符合部颁标准、紧跟发展步伐、独具宿迁特色的"一网统管"赋能城市治理现代化之路，更好助力数字经济发展、服务城市美好生活。

第七节　重庆江北区城市运管服平台

点评： 重庆江北区注重体制机制建设，出台《重庆市江北区智慧城市运行"一网统管"管理办法》，将"城市管理、文明城区、安全生产、社会治理"四大领域的城市综合问题纳入闭环化管理，扩展了"一网统管"的管理领域。以原有数字城管系统为基础，推动城市运行管理相关行业应用系统和数据资源的整合，构建具有江北特色的城市运行"建设、运行、健康"三大指数。以重庆市城市治理风险清单管理试点为契机，将城市治理风险清单纳入平台监管，依托CIM平台，探索升级了城市运行管理智能化应用场景。

近年来，重庆市江北区坚持以"推进国家治理体系和治理能力现代化，必须抓好城市治理体系和治理能力现代化"为根本遵循，按照住房和城乡建设部关于加快建设城市运管服平台、推进城市运行管理"一网统管"的部署要求，以及重庆市委市政府构建"一云承载、一图呈现、一网统管、一端服务"城市智管新格局的工作要求，高质量推进城市运管服平台建设,深化城市运行管理"一网统管",探索出一条以信息技术支撑城市治理现代化的新路子,在加快城市治理数字化转型探索中作出了积极贡献。

一、以智能化驱动为支撑,夯实城市运行信息基础

(一)实施数据融合,激活运行神经

推进以大数据为基础的城市运行"智慧大脑"建设,开发部署数据采集管理、共享交换、清洗治理、挖掘分析、可视化指挥调度等核心系统,共享汇集城市运行各部门数据,实现数据跨行业、跨部门共享互联,基本构建形成智慧城管大数据平台基本框架和数据资源体系,目前已接入公安、住房和城乡建设、农业农村等行业视频资源数据2.9万余个,建成城市运行大数据中心,探索大数据融合,创新实施城市运行"建设、运行、健康"三大指数建模,实现城市运行状态科学评估,实时"一图呈现",如图14-20所示。

图14-20 重庆江北城市运行管理一张图

(二)搭建系统框架,提升运行效能

以原有数字城管系统为基础升级搭建城市运管服平台框架,避免重复建设,节约财政资金。同时按照集约化、云端化要求,率先将全部应用系统、数据库集中部署在云计算中心,实现城市运行信息化系统"一云承载",形成可支撑"城市管理、文明城区、安全生产、社会治理"四大领域的城市综合问题"一网运行"的城市网格化治理大平台。

(三)融合行业应用,丰富运行手段

推动城市运行各大基础业务(市政、环卫、停车、照明等)融合运用,目前已有综合监督、智慧环卫、桥隧坡监测等26个系统上线运行,并持续开展跨部门应用场景的开发创新工作。通过智能化行业应用,推动实现城市管理问题"及时预警、全面发现、精准定位、快速处置、智能跟踪、科学评价",城市管理作业"全实名、全过程、全方位、全覆盖、全评价",城市安全应急"全面预测、快速响应、智能决策、联合处置、持续跟踪",逐步实现城市管理向城市治理转变。

图14-21 重庆江北指挥城市管理中心

(四) 开展应用创新,丰富运行手段

持续加强人工智能在城市管理领域的深度应用,视频智能上报案件量连续三年正增长,智能化监督能力稳步提升,非现场监管水平大幅提高,江北智慧城管监督管理模式正逐步由网格巡查上报为主向智能监管为主转变。同时,与行业领先的技术公司签订合作协议,达成以江北智慧城管应用场景为示范引领、推广江北模式的共识,建立了"城市管理视频智能应用创新实验基地";与重庆大学、重庆邮电大学合作成立了"研究生联合培养实践基地";与全球领先的云计算及人工智能科技公司签订应用合作框架协议,持续推进系统应用提档升级。重庆市江北指挥城市管理中心,如图14-21所示。

二、以机制创新为突破,强化"一网统管"示范引领

(一) 全市率先出台《重庆市江北区智慧城市治理立案、处置及结案精细化管理标准》

坚持标准先行,深耕城市运行"一网统管"标准体系建设。2021年9月在全市率先出台《重庆市江北区智慧城市治理立案、处置及结案精细化管理标准》,并依托城市运管服平台,整合城市管理、社会治理、文明城区等网格化管理服务事项,明确细化了管理内容及标准,形成可支撑起跨部门、跨行业、跨领域的标准化智慧城市治理新模式,为城市运行管理"一网统管"提供强力支撑。

(二) 全市率先出台《重庆市江北区智慧城市运行"一网统管"管理办法》

"一网统管"管什么?谁来管?怎么管?江北区深入贯彻习近平总书记关于推动城市管理手段、模式、理念创新的重要指示精神,以网格化管理实际为基础,总结梳理形成了一套

完整的"一网统管"管理规范,从监管事项、管理机构、工作机制、工作流程等方面给出了明确的答案和标准,在全市率先出台了《重庆市江北区智慧城市运行"一网统管"管理办法》,解决了"一网统管"缺乏体制机制支撑、运行体系不完善等问题,为推进全市乃至全国城市综合管理"一网统管"贡献了"江北智慧"。

(三)率先建立驻场办公机制

为加强城市运行管理"一网统管"协调联动能力,实现跨部门、跨行业、跨领域之间无缝对接、高效协同,江北区提出"驻场办公"理念,拟定智慧城市运行"一网统管"驻场办公制度,建立起可支撑城市综合管理多部门集中协同办公的智慧城市管理工作模式。2022年,探索联合公安(交巡)、住房和城乡建设、交通、经信、应急等6部门率先落实驻场办公,指派专人在智慧城市管理中心驻场,负责落实本部门、本行业、本领域城市综合管理问题受理、指挥协调、数据分析等职能,改变了以往依靠线上沟通存在信息不对等、反馈不及时等弊端的情况,极大地提升了"统管"效能,特别是在促进重大疑难案件快速、高效解决上发挥了重要作用。

三、以体系建设为核心,联通"一网统管"末端神经

(一)坚持重心下沉,不断夯实城市治理的基层基础

围绕基层治理"最后一公里",构建"网格化管理、精细化服务、信息化支撑、开放共享"的基层管理服务平台,着力提升群众生活的获得感、幸福感、安全感,推进智能化建设赋能基层治理,探索建立了区-街-社区三级运行体系。2021年9月,全市率先出台《江北区智慧城市管理社区工作站(综治中心)建设与运行指南(试行)》,各社区(村)立足落实网格化管理服务,整合便民服务站、社区党群服务站等阵地,一体谋划建设综治工作站、智慧城市综合管理社区工作站等,落实基础数据和事件采集、便民服务、心理咨询、矛盾纠纷排查化解等具体任务,逐步构建起区、街(镇)、社区三级智能中枢赋能区-街(镇)-社区三级智慧城市治理"一网统管",实现城市治理、社会治理、基层治理信息科学精准研判处置和资源统筹调度"一体化"指挥。

(二)整合全要素网格资源,不断提升城市治理监管能力

整合区、街两级专职网格员队伍,将社区干部、舆情信息员、社工等力量纳入兼职网格员,各部门组建专职网格巡查队伍,探索建立"双点长"快速发现机制,落实辖区属地和行业属事全面监管责任。2021年,各街镇共配置专职网格巡查人员160余名,巡查上报问题总量达37723件,月均发现问题数量达到3143件,较上年同期提升211%。加强大数据、智能化资源融合应用,列装3辆移动监督应急指挥车辆,打造集智能视频分析、监督指挥及应急响应于一体的智能化移动监督指挥作战平台,实现巡查全覆盖、监管无死角;逐步探索全区非警情类投诉事项统一受理,形成"一个平台、一个热线、一套流程"的高效能运行管理机制。

（三）推进扁平化创新应用，构建平战一体化管理模式

整合全区各部门、各街镇及相关责任主体网格的力量，落实主管科室、案件受理人员、巡查责任人、处置责任人，配置受理终端，接受统一调度指挥，细化管理层级，将机关科室、基层单位、外包作业公司、物业辖区、楼栋等纳入"一网统管"网格责任体系。将全区9街3镇1商圈、24个区级部门、13个社会公共服务单位、2个重要园区以及包含社区、物业公司在内的共458个责任主体全部纳入城市运管服平台，构建起区级、镇街、社区、物业小区、服务公司等多层级网格基层治理体系。加强扁平化创新应用，依托城市运管服平台，打造区级、街镇、社区、基础四级线上网格责任体系，建立问题发现交办"一键到端"、整改落实督查督办"一键到人"的快速处置机制。落实"三清单"制度，建立日常管护、问题整改和项目建设责任清单，每月自动生成责任落实数据，作为对"一网统管"效能评价考核的重要内容。

四、以群众满意为落脚点，推动"未诉先办"创新治理

坚持以人民为中心，依托大数据、智能化手段，探索"未诉先办"，在服务群众满意中彰显城市温度，不断提升群众获得感、幸福感、安全感。

（一）变"被动受理"为"主动发现"

积极发挥党建引领作用，以网格"五员"为支撑，以社区工作站建设为抓手，发动社区党员、社区干部等社区巡查力量，推动各街镇落实自我发现、自我整改、自查自纠微循环整改机制；创新应用视频点位治理模块，实现分类型、分行业、分时段、分区域、分重点的视频智能分析，增强快速发现能力，变被动受理为主动发现。2021年实现城市运行管理"四个提升"：一是主动发现能力持续提升，有效发现问题达33万余件，环比提升18.71%，保持了城市综合管理的高效监督；二是快速处置能力稳中有升，结案率达到97.68%，环比上升0.75%，连续4年实现正增长；三是及时响应能力明显提升，处置问题约262万件，按期处置率达到93.59%，环比提升3.1%，连续4年稳步提升；四是长效管理能力稳步提升，一次处置完成率达到95.04%，环比提升0.81%。

（二）引导群众参与，加强共治共管

出台《重庆市江北区百姓城管微信公众号运营管理办法（试行）》，完善"百姓城管"微信公众号的内容和功能，优化"百姓城管"积分兑换机制，发挥群众监督作用，引导市民从"被动投诉"向"自管自治"转变。2021年，群众通过"百姓城管"微信公众号主动上报问题达2577件。升级"便民服务"模块，新增街头座椅、公厕、治安岗亭、洗车点等2万余个便民点位数据和导航服务，并在重要交通路口、城市公园、直管设施部件等地安装2000多块二维码标识标牌，通过扫码解决找停车位、找公厕难等问题，实现"一码"惠民。

（三）坚持问题导向，加强督查督办

一是聚焦群众身边的"操心事""烦心事""揪心事"，严格执行"每案必核"，完善群

众回访机制,坚持开展"马路办公""回头看",加大问题处置整改情况督查督办的力度。二是运用大数据分析,建立监测预警机制,加强事前预判和事中预警能力,2021年发布预警信息20余期,督促城市运行管理责任主体主动作为。三是开展专项普查,强化重点问题督查督办,2021年共排查防汛抗旱、三轮车治理、坡坎崖等专项问题约2000件,有力推动各类重点问题的提前发现、高效解决。群众满意度同比提高1.01%,达94.65%,群众获得感、幸福感、安全感大幅提升。

五、以城市安全为根本,构建城市治理风险防控屏障

江北区推动城市能级现代化建设,充分运用现代信息技术手段,全面提升城市公共安全治理现代化,依托大数据、城市信息模型(CIM)、部件物联技术打造高效的城市运行安全监管手段,筑牢城市运行安全防护网。

(一)构建CIM平台

以"新城建"对接"新基建",推进城市治理基础设施建设,搭建CIM平台强化数字孪生技术在城市治理中的应用,推动实现城市综合管理问题的及时预警、全面发现、精准定位、快速处置、智能跟踪和科学评估。建立起区级城市信息模型标准体系,明确建成区CIM1~CIM3级全覆盖、重点区域试点CIM4级模型建设、新建重点区域和重要设施CIM5~CIM6级模型建设的要求,整合多门类基础数据,支撑智慧城市运行数字孪生底座服务,拓展CIM+行业应用、CIM+专题展示。

(二)推进城市部件物联建设

以城市治理风险清单管理试点为契机,聚焦城市生命线、桥梁、隧道等重要设施,推进城市部件物联建设。通过集约化融合互通,将城市风险数据库纳入城市运管服平台,对城市治理风险点实施动态、智能精准的研判处置。一是桥隧坡智能检测系统为桥隧"把脉问诊"。通过安装应变计、裂缝计等传感设备,对桥隧边坡等设施的安全运行健康状态进行实时监测分析,2021年以来共监测各项数据160余万条,自动生成设施健康报告212份,及时发现安全隐患,有效采取处置措施,确保结构设施安全。二是地下排水管网系统疏通地下"毛细血管"。由管线检测车、爬行机器人、声呐成像仪等高科技设备组成,覆盖城区1000公里地下管网的数据库及地理信息系统,上线伊始即发现一处路面沉陷,管护单位30分钟内到达现场,利用探地雷达检测发现该处地下空洞已有20平方米左右后,立即采取措施进行压注水泥浆和平整处理,有效避免安全事故发生。三是危险源监控系统精准监控"危险源"。利用气体、液位、温度等传感设备,24小时监控收集全区1555个化粪池、下水道等危险气体浓度、液位、温度信息,当危险气体浓度超过预警阈值时,设备将自动启动排气装置,降低浓度并进行安全预警,系统上线以来,辖区内未出现化粪池、下水道危险气体伤人等事故。完善风险应急响应处置流程和机制,强化重大基础设施隐患研判和风险预警,提升系统性风险防范水平,推动实现"零重大责任事故"目标。

近年来,重庆江北区城市运管服平台运行成效显著,获得了中国最具幸福感城市治理创新范例奖、中国"互联网+"政务类十佳优秀案例、全国网信创新工作50例等多个奖项。下一步,江北区将把城市运管服平台打造成为全区基层社会治理和精细化管理的基础平台,进一步加强各类数据资源汇聚,强化系统集成,开放应用生态,辅助城市运行决策、应急指挥调度和城市运行安全监测预警,推进城市运行事项"一网统管"、运行状态"一屏通览"、问题处置"一键联动"。

附录 地方相关文件摘录

1. 湖北省住房和城乡建设厅印发《关于加快推进城市运行管理服务平台建设工作的通知》。全文如下：

各市州直管市、神农架林区城管委（局），武汉市园林局：

住房和城乡建设部办公厅近期印发了《关于全面加快建设城市运行管理服务平台的通知》（建办督〔2021〕54号），发布了城市运行管理服务平台（以下简称运管服平台）技术标准和数据标准，并印发了贯彻落实的实施方案。为指导全省科学规范、高效有序推进运管服平台建设工作，现就有关工作明确如下：

一、统一思想认识。加快推进城市运行管理服务平台，是贯彻落实习近平总书记重要指示批示精神重要举措，是国家《国民经济和社会发展第十四个五年规划和2035年远景目标纲要》、中办国办《关于推动城乡建设绿色发展的意见》《湖北省人民政府关于全面推进数字湖北建设的意见》等重要文件明确的硬性任务，是提高我省城市科学化精细化智能化治理水平的必然途径。各地要高度重视，提高思想认识，强化组织领导，组织专业力量，对现有信息系化系统迭代升级，构建新型城市管理工作体系，推动城市运行管理"一网统管"，促进城市运行管理由滞后到实时、由粗放到精准、由被动管理到主动服务的转变，形成"统一指挥、分级管理、责任明确、省市联动"的工作格局，实现城市干净、整洁、有序、安全、高效、健康，提升城市风险防控能力，推进城市治理体系和治理能力现代化。

二、明确工作目标。2022年底前，省级运管服平台基本建成，并与国家平台联网互通，燃气、桥隧、排水、环卫、园林、执法、停车等住房和城乡建设重点领域选取试点地区完成数据汇聚和专题应用展示。武汉、襄阳、宜昌、黄冈基本建成城市运管服平台。2023年底前，其他地级市、直管市基本建成运管服平台。2025年底前，全省城市运行管理"一网统管"体制机制基本完善，城市运行效率和风险防控能力明显增强。

三、加强学习培训。省级通过多种渠道开展宣传交流，刊发先进地区经验做法。组织城市运管服平台建设指南、技术标准、数据标准系列解读，赴先行地区开展运管服平台观摩研讨。从高等院校、研究机构、部分城市遴选一批专家，形成专业化、常态化的专家库，为各地平台建设技术方案审查和平台验收提供技术支持，并组织专题培训。各地要组织研究学习住建部系列文件和标准，组织业务骨干赴省内外开展调研，学习先进地区经验做法。（2022年3～4月）

四、积极争取支持。各级城市管理部门要及时向城市党委政府负责同志汇报平台建设总体要求和工作部署，积极争取党委政府支持，推动运管服平台作为智慧城市、城市大脑的重要建设内容和基础。采取各种形式邀请相关部门共同学习了解文件标准，形成推动平台建设工作合力。主动与财政、发改、政务管理、大数据等部门沟通协调，加快推进项目立项和招标投标等工作。（2022年4~6月）

五、组织编制方案。要建立协调推进机制，明确牵头部门和责任分工，加强沟通协调，组织相关专家、信息化建设单位等研究制定平台建设工作方案。各城市工作方案于3月29日前，将经城市人民政府同意后的平台建设工作方案报省厅审核。在完成平台建设工作方案基础上，各级应结合实际编制平台技术方案（建设方案、项目建议书、可行性研究报告或初步设计）。省级和武汉市平台技术方案由住房和城乡建设部审查，其他城市技术方案由省级审查。（2022年3~7月）

六、推动平台建设。2022年，省级业务指导、综合评价、监测分析系统投入使用，指导日常城管业务和开展考核评价工作；完善案件处置和暗访处置对接，整合现有垃圾处理设施和停车泊位数据；完成部分重点城市和地区与省级业务场景对接，其中武汉对接桥隧数据，武汉、宜昌对接执法业务数据，武汉、黄石对接园林绿化数据，宜昌、荆州对接停车数据，十堰、黄石和武汉部分地区对接燃气、排水数据，武汉、襄阳、荆门对接渣土数据；视情接入省级历史建筑、市政房屋、风险普查等其他系统数据。2023年推进其他城市场景数据对接，完善省级业务应用。各城市按照平台建设指南、技术标准，整合现有数字城管、城市综合管理服务系统、城市基础设施安全运行监测系统等建设成果，汇聚全市运行管理服务数据资源，开发智能化应用场景，完成平台框架、数据库、基础环境建设，满足基础运行、联网对接、行业指导、城市管理考评等相关要求，实现对全市运行管理工作的统筹协调、指挥调度、监督考核、监测预警、分析研判和综合评价。（2022年5月~2023年12月）

七、健全工作机制。推动构建党委政府领导下的"一网统管"工作格局，切实发挥运管服平台指挥调度、统筹协调、高位监督作用。各级应明确城市运行管理工作的牵头部门，切实做好平台建设、运行、管理、维护和评价工作。建立城市政府主要负责同志牵头的城市管理工作协调机制，健全政府部门之间信息互通、资源共享、协调联动工作机制，建立以问题发现、核查整改为核心内容的问题监督制度，明确城市安全预警响应和协同处置机制，构建"横向到边、纵向到底"的城市运行管理服务工作体系。（2022年7月~2023年12月）

八、组织平台验收。省级平台、武汉市平台由住房和城乡建设部组织验收。其他城市平台由省级验收。各地抓好平台运行和维护管理，确保平台功能完备、运行稳定、体验良好，不断深化系统应用，完善数据模型。省级适时召开建设经验交流会，通报各地进展和存在问题，推广经验做法，以点带面推动全省运行管理服务平台建设。2022年下半年，省推荐2至3个平台建设先进城市至住房和城乡建设部。（2022年至2023年全年）

九、完善保障措施。推动政府主导建设运管服平台，协调解决平台建设工作中存在的困难和问题。住房和城乡建设部和省厅将会不定期抽查和实地调研各地平台建设进展情况，督导各地加快建设进度。省级将运管服平台建设和数据对接工作纳入对党委政府年度考核重要内容，争取在省级城乡建设发展引导资金中设立运管服平台建设相关项目，引导各地开展方案编制、系统升级、数据对接。各地要积极争取财政支持，将平台建设、运行和维护等经费纳入地方财政预算管理，跨年度安排系统升级、数据对接经费，积极调动社会、企业参与建设积极性。部分业务场景物联传感、信息化提升改造等资金投入应纳入相应项目建设和运维预算。（2022年至2023年全年）

湖北省住房和城乡建设厅

2022年3月24日

2. 湖南省住房和城乡建设厅印发《关于加快推进城市运行管理服务平台建设实施方案的通知》。全文如下：

各市州人民政府，省直有关单位：

经省人民政府同意，现将《关于加快推进城市运行管理服务平台建设实施方案》印发给你们，请认真贯彻执行。

湖南省住房和城乡建设厅
2022年9月7日

关于加快推进城市运行管理服务平台建设实施方案

为提高城市科学化、精细化、智能化治理水平，加快推进城市运行管理服务平台建设（以下简称城市运管服平台），贯彻落实《住房和城乡建设部办公厅关于全面加快建设城市运行管理服务平台的通知》（建办督〔2021〕54号）文件精神，制定本方案。

一、总体要求

深入贯彻习近平总书记关于城市治理工作的重要讲话重要指示精神，按照牢牢抓住城市治理智能化的"牛鼻子"，推动城市运行管理"一网统管"的要求，在现有城市运行管理服务信息化基础上，整合相关分散式信息系统，汇聚共享数据资源，加快现有信息化系统的迭代升级，全面建成城市运管服平台。坚持以人为本，便民惠民。以人民为中心，从群众需求和城市治理突出问题出发，提供多样化、科学化、普惠化的便民服务，鼓励市民参与城市治理工作，让群众在城市生活更方便、更舒心、更美好。坚持统筹推进，分级建设。按照全省统筹，省、市、县三级分级分步、因地制宜推进城市运管服平台建设。坚持统一标准，数据共享。严格按照国家和省相关标准规范，依法依规推进城市运管服平台建设、联网运行和维护工作，推进数据资源共享共用，避免重复建设。坚持创新应用，智慧赋能。充分运用物联网、大数据、人工智能、5G移动通信等前沿信息技术，加强对城市运行管理服务状况的实时监测、动态分析、统筹协调、指挥监督和综合评价，推动城市管理手段、管理模式、管理理念创新。

二、建设目标

2022年底前，省级和长沙市城区建成城市运管服平台；2023年6月底前，株洲市、湘潭市、衡阳市、岳阳市、常德市城区基本建成城市运管服平台；2023年底前，其他市州城区基本建成城市运管服平台；2025年底前，所有县（市）城区基本建成城市运管服平台，加强对城市运行管理服务状况的实时监测、动态分析、统筹协调、指挥监督和综合评价，实现国家、省、市、县四级平台联网互通和数据同步，城市运行效率和风险防控能力明显提高，城市治理科学化、精细化、智能化水平大幅提升，人民群众的获得感、幸福感、安全感不断增强。

三、重点任务

（一）建设省级城市运管服平台

省级城市运管服平台是对全省城市运行管理服务工作开展业务指导、监督检查、监测预警、分析研判、综合评价和城市管理行政执法综合管理监督的"一网统管"信息化平台。省级城市运管服平台应充分依托省政务云基础环境进行搭建，重点建设业务指导、监督检查、监测分析、城市管理综合执法、综合评价、决策建议、数据交换、数据汇集和应用维护等应用系统。应依托省电子政务外网通路，纵向与市县平台、国家平台联通，汇聚市县城市运行管理服务相关数据资源，并与国家平台进行数据交换共享；横向共享省级与城市运行管理服务相关部门的数据，并与省住房和城乡建设厅相关信息系统、省"互联网+监管"系统对接，形成省级综合性城市运行管理服务数据库。应加强管理体系建设，通过建立全省城市运行管理服务监督体系和评价体系，实现对全省城市运行管理服务工作的业务指导、监督检查、分析研判和综合评价等功能目标。省住房和城乡建设厅会同有关单位推进省级城市运管服平台建设工作，通过省级平台建设带动市县级平台建设。

（二）建设市县级城市运管服平台

市县级城市运管服平台是对辖区城市运行管理服务工作进行统筹协调、指挥调度、监督考核、监测预警、分析研判和综合评价的"一网统管"信息化平台。各地应结合实际，以网格化管理、12345热线、应急处置等城市管理机制为基础，基于现有数字化城市管理信息系统、城市综合管理服务系统、城市基础设施安全运行监测系统、城市信息模型（CIM）基础平台等建设成果，重点建设业务指导、指挥协调、行业应用、公众服务、运行监测、综合评价、决策建议、数据交换、数据汇聚和应用维护等标准应用系统。以城市运行"一网统管"为目标，综合考虑本地经济发展、人口数量、城市特点等因素，结合城市实际需要，拓展应用系统，丰富应用场景。应以本地电子政务外网为通路，横向整合对接与城市运行管理服务相关部门的信息系统，汇聚辖区城市运行管理服务数据资源，纵向联通国家平台和省级平台，实现相关数据资源的交换共享，形成本地综合性城市运行管理服务数据库。各地应构建党委政府领导下的"一网统管"工作格局，明确城市运行管理服务工作的牵头部门，建立完善城市运行管理服务制度，强化城市运行管理服务队伍，切实做好平台建设、运行、维护和综合评价等工作。鼓励市县采用一体化建设模式，以需求为导向，按照"边建设、边运行、边完善"的思路来推动平台建设。对于人口规模较大、有单独建设需求、愿意自主建设的县（市、区），可依照市级平台建设要求，自主搭建本县（市、区）平台，并与省级平台、市级平台联通。

（三）持续建设城市运行管理专业系统

结合本地实际需要，按照急用先行、整合共享的原则，持续建设城市道路桥梁隧道管理、窨井盖管理、燃气监管、路灯照明、垃圾分类、公厕管理、老旧小区改造、污水治理、垃圾处理、地下管网运行监测、建筑工地扬尘、渣土运输、户外广告、城市停车等专业智能化应用系统，将新兴技术与专项业务深度融合，充分发挥技术创新优势，不断为业务赋能增效，持续提升专业领域的管理水平。按照城市运行管理"一网统管"的发展要求，相关专业智能化应用系统须接入城市运管服平台，实现信息共享和业务协同。

（四）编制出台平台建设标准规范

基于住房和城乡建设部印发的《城市运行管理服务平台建设指南》《城市运行管理服务平台技术标准》《城市运行管理服务平台数据标准》等系列标准规范，结合我省实际，编制出台全省城市运行管理服务平台"一规范、一指南"。"一规范"即《湖南省城市运行管理服务平台数据规范》，建立全省统一的城市运行管理服务基础数据资源目录体系，实现不同系统、不同格式数据之间的共享、交换和应用，促进数据高效运用；"一指南"即《湖南省城市运行管理服务平台建设指南》，为全省城市运管服平台的建设和推广应用提供基础指导。省住房和城乡建设厅于2022年9月底前出台"一规范、一指南"。

四、有关要求

（一）加强组织领导

市州、县市区要充分认识推进城市运管服平台建设的重要性和紧迫性，将城市运管服平台建设工作列入重要议事日程，建立由市县人民政府负责同志牵头的协调推进机制，制定具体工作方案，明确目标任务，细化工作措施，形成工作合力，实现跨层级、跨部门协调联动，如期完成平台建设工作。对于非住建系统部门牵头建设城市运管服平台的地区，应充分征求住建系统有关部门意见，共同推进平台建设运行工作，确保按照相关标准规范完成建设任务目标。

（二）强化保障措施

各地要采用政府财政资金投入与社会资本合作等多种形式，畅通投融资渠道，鼓励各类专业企业参与平台建设。省住房和城乡建设厅将根据市县平台建设实际需求，积极协调省直有关单位提供基础业务下沉、数据信息回流、系统接口开放等政策资源保障。

（三）加强指导督促

省住房和城乡建设厅负责指导全省城市运管服平台建设工作，成立全省城市运管服平台建设专家指导工作组和工作专班，指导各地制定平台建设方案，推动将平台建设工作纳入城市管理工作考核体系，不定期通报各地平台建设和运行情况。各市州要建立对所属县市区平台建设工作的指导督促机制。

（四）注重人才培养

各地要采取多种形式开展城市运管服平台相关的业务培训，组织赴先进城市开展学习交流，培养一批专家型的城市治理骨干，助力城市治理科学化、精细化、智能化水平提升。

3. 山东省住房和城乡建设厅关于转发《住房和城乡建设部办公厅关于全面加快建设城市运行管理服务平台的通知》的通知。全文如下：

各市住房城乡建设局、城市管理局，济南、青岛市园林和林业（绿化）局：

2021年12月，为进一步加快推进城市管理领域"一网统管"，规范城市运行管理服务平台建设，住房和城乡建设部办公厅印发了《关于全面加快建设城市运行管理服务平台的通知》（以下简称《通知》）。现将《通知》转发给你们，并结合我省智慧化城市管理平台建设工作实际情况，提出以下贯彻意见，请一并抓好落实。

一、规范平台建设名称

我省在推进智慧化城市管理平台建设工作中，因历史原因，存在城市管理数字化平台、综合管理服务平台、智慧化平台等名称并存的现象，给平台建设及管理工作带来不便。为加快推进、规范我省平台建设工作，结合贯彻落实住房和城乡建设部《通知》要求，全省平台名称统一为"城市运行管理服务平台"（简称"运管服平台"），其他平台名称不再使用。

二、规范平台建设内容

2021年，各市智慧化平台建设方案已经通过评审。市级运管服平台建设内容应当在智慧化平台建设方案的基础上，结合《城市运行管理服务平台建设指南》要求和本部门职责，按照急用先建原则进行完善，包括业务指导、指挥协调、行业应用、公众服务、运行监测、综合评价、决策建议、数据交换、数据汇聚和应用维护等系统和市级数据库。各市运管服平台建设方案修订完善后，于2022年6月底前，将建设方案（含电子版）报省住房和城乡建设厅备案，2022年12月底前，济南、青岛、临沂等市应当建成运管服平台，其他设区市在2023年底前建成，县（市）城市运管服平台应当于2024年底前建成。

三、丰富平台应用功能

大力开展数据普查，对城市建成区范围内的管理部件进行全面普查、更新，标明统一标识编码，明确具体位置、主管部门、权属单位、规格型号等基础属性，建立"数字身份证"，形成城市管理部件"一张图"。以物联网、大数据、人工智能、5G移动通信等前沿技术为支撑，建设城管App、视频监控、渣土运输监控、城市防汛、城市道桥、景观照明、地下管线、市政公用监管、园林绿化、环境卫生、户外广告和综合执法等子系统，拓展平台应用功能，对城市运行管理服务情况进行实时监测、动态分析、统筹协调、指挥监督和综合评价。

四、建立协作配合机制

城市运管服平台工作涉及环境卫生、园林绿化、市政公用和城市管理执法等职责。各市城市管理部门的职责存在差异性,建立部门协作配合机制是按时完成建设任务的重要保障性工作,城市管理部门作为运管服平台建设工作的牵头部门,要充分发挥城市管理委员会办公室统筹、协调职能,主动与住房和城乡建设、园林绿化、市政公用等部门进行对接,进一步完善运管服平台建设方案,理顺市、区、街道、社区四级城市管理运行机制,构建用数据说话、用数据决策、用数据管理、用数据创新的"城市大脑",实现城市管理领域"一网统管",切实提升城市治理能力现代化水平。

山东省住房和城乡建设厅
2022年3月7日

4. 河南省住房和城乡建设厅关于印发《河南省城市运行管理服务平台建设工作实施方案》的通知（豫建城管〔2023〕32号）。全文如下：

各省辖市城市管理局，济源示范区住房和城乡建设局：

按照《住房和城乡建设部办公厅关于全面加快建设城市运行管理服务平台的通知》要求，2023年底前，所有省、自治区建成省级城市运管服平台，地级以上城市基本建设城市运管服平台。为加快推进我省城市运管服平台建设，高标准完成国家规定的目标任务，我厅研究制定了《河南省城市运行管理服务平台建设工作实施方案》，现印发给你们，请认真组织落实。

附件：河南省城市运行管理服务平台建设工作实施方案

河南省住房和城乡建设厅
2023年2月15日

河南省城市运行管理服务平台建设工作实施方案

根据《住房和城乡建设部办公厅关于全面加快建设城市运行管理服务平台的通知》及相关标准要求，结合河南实际，制定以下实施方案。

一、总体思路

深入贯彻党的二十大和习近平总书记关于提高城市科学化、精细化、智能化治理水平的重要指示批示精神，落实住房城乡建设部城市运行管理服务平台相关工作和标准要求，搭建省、市城市运行管理服务平台，推动实现城市运行管理"一网统管"，构建适应高质量发展要求的城市运行管理服务工作体系，系统提升城市风险防控能力和精细化管理水平，推进城市治理体系和治理能力现代化。

二、工作目标

2023年底前，建成省级运行管理服务平台。17个省辖市和济源示范区整合城市运行管理服务相关分散式信息系统，汇聚共享相关数据资源，基本建成城市运行管理服务平台，实现省、市平台与住房和城乡建设部平台互联互通。

2024年底前，省辖市城市运行管理服务平台功能日趋完善，市、县（市、区）一体化运行模式初步形成；有自主搭建意向的县（市）基本建成城市运行管理服务平台，与所属省辖市互联互通。

2025年底前，城市运行管理应用场景不断丰富，城市运行管理"一网统管"体制机制基本完善，城市运行效率和风险防控能力明显增强，城市科学化精细化智能化治理水平大幅提升。

三、建设原则

遵循标准，稳步实施。严格遵循国家和河南相关标准规范，按照"边建设、边运行、边完善"的工作思路，有序推进平台建设。急用先建，优先推进城市生命线安全工程和智慧停车信息系统建设。

资源整合，市县一体。将现有城市管理相关信息系统全部整合至运管服平台，避免重复建设；着力推进市、县（县级市、区）一体化建设。

健全体制，完善机制。在数字城管现有体制和机制基础上，进一步健全提升，形成运管服平台管理体系，保障平台科学长效运行。

技术先进，融会贯通。平台技术要能够兼容新技术演进及管理目标扩展性要求。平台要纳入智慧城市、数字政府建设，充分考虑与相关部门的信息共享和数据联通。

四、建设任务

（一）省级平台

1. 建设应用体系。在共享使用国家平台业务指导系统的基础上，开发建设住房和城乡建设部规定的监督检查、监测分析、综合评价、决策建议4个应用系统以及数据交换、数据汇聚、应用维护3个后台支撑系统，拓展建设省级城市生命线安全运行、省级智慧停车专项系统。

2. 建设数据体系。建立全省综合性城市运行管理服务数据平台，共享国家平台业务指导数据，汇聚监督检查、监测分析、综合评价数据、专项监管数据，采集市级平台数据，融合厅内其他信息系统数据，共享使用其他省级部门城市管理服务相关数据，形成河南省城市运行管理服务数据体系。

3. 建设管理体系。建立平台建设运行组织机构和运行机制等管理体系，搭建满足平台高效稳定运行的信息基础设施环境，配备行政办公和指挥场所。

（二）市级平台

依托数字城管系统、城市综合管理服务系统等，整合相关数据资源，拓展优化平台功能，建设市级城市运管服平台，实现对全市城市运行管理服务工作的统筹协调、指挥调度、监督考核、监测预警、分析研判和综合评价。市级平台宜按市、县（市、区）一体化模式进行建设，共用建设成果。对于人口规模较大、有单独建设需求、愿意自主建设城市运管服平台的县（市、区），可依照市级平台建设要求，自主搭建本县（市、区）平台。

1. 建设应用体系。市级平台应用体系包括业务指导、指挥协调、行业应用、公众服务、运行监测、综合评价和决策建议7个应用系统，以及数据交换、数据汇聚和应用维护3个后台支撑系统。各地应以城市运行管理"一网统管"为目标，综合考虑本市经济发展、人口数量、城市特点等因素，结合城市实际需要，拓展应用系统，丰富应用场景。优先推进城市生命线安全工程和智慧停车信息系统建设。

2. 建设数据体系。市级平台应建立包括城市基础数据，城市运行、管理、服务和综合评价等数据在内的综合性城市运行管理服务数据库。可结合实际，以需求为导向，在上述数据库内容基础上，按照"一网统管"要求，汇聚共享住房和城乡建设领域其他数据、相关部门数据，不断丰富扩大数据库内容，切实发挥数据库支撑作用。市级平台数据内容应符合《城市运行管理服务平台数据标准》相关规定。

3. 建设管理体系。建立城市政府主要负责同志牵头的城市管理工作协调机制，明确城市运行管理服务指挥工作牵头部门，加强城市运行管理服务指挥队伍建设，建立完善监督、指挥、考核制度，切实做好平台建设、运行、管理、维护和综合评价等工作。建立市级重点工作受理反馈机制，安排专人及时接收、落实并反馈国家平台、省级平台下达的工作任务。建立健全相关部门之间信息互通、资源共享、协调联动等工作机制，保障城市运行管理相关事项的横向及时联动。通过上下联动、左右协同，逐步实现跨部门、跨层级"统筹布置、按责转办、重点督办、限时反馈"的闭环管理。围绕"市政设施、房屋建筑、交通设施、人员密集区域、群众获得感"和"干净、整洁、有序、群众满意度"等核心指标，定期开展城市运行管理服务自评价工作，并配合部、省住建厅做好第三方实地考察工作。可结合本地实际增加特色指标，创新评价方法。

4. 建设基础环境。依托政务云和数字城管现有的系统、数据等资源，搭建包括云资源、网络资源、网络安全等基础环境，按照统筹、集约、高效的原则建立符合需求的服务器、存储、网络等基础环境资源。

五、实施步骤

（一）前期阶段（2023年4月底前）。落实资金，完成方案审查、项目立项、招标投标等工作。

（二）建设阶段（2023年5月至10月）。深入推进应用体系、数据体系、管理体系、基础环境建设，全面完成项目建设任务。

（三）试运行阶段（2023年11月到12月）。开展业务培训、技术培训，系统上线试运行。

（四）拓展提升阶段（2024年）。进一步拓展功能，全面实现市、县一体化运行，独立建设平台的县（市）完成建设任务；完成省、市级平台的验收工作。

（五）推动实现"一网统管"阶段（2025年）。不断丰富城市运行管理应用场景，逐步完善城市运行管理"一网统管"体制机制，运管服平台成为党委政府抓好城市运行管理工作的重要抓手，成为创建文明城市、卫生城市、园林城市的重要数据支撑，成为为市民提供精准精细精致服务的重要窗口，城市运行效率和风险防控能力明显增强，城市科学化精细化智能化治理水平大幅提升。

鼓励具备条件的城市提前完成建设任务。

六、保障措施

（一）强化组织领导

省、市成立城市运行管理服务平台建设工作推进专班，细化工作目标，落实工作责任，建立统筹协调工作机制，定期召开推进会，及时协调解决重大问题。各省辖市主管部门一方面要积极争取财政资金支持，将建设运行资金纳入财政预算，另一方面，采取通过专项债、投融资平台融资等多种方式筹措资金，切实解决资金难题。

（二）加强督查指导

将城市运行管理服务平台建设纳入全省城市管理年度重点工作台账。实行进度月报、通报制度，从3月份起，省辖市、济源示范区每月5日前上报《____市城市运行管理服务平台建设进度表》（见附件），对进展快、效果好的省辖市予以通报表扬，对工作开展不力的下达督办函，约谈主管领导。按照住房和城乡建设部有关要求，省厅建立城市运行管理服务评价办法及标准，对各地城市运行管理服务工作进行综合评价。

（三）把好技术关口

各地主管部门和相关人员要积极参加住房和城乡建设部和省厅组织的城市运行管理服务平台培训，着力提高业务能力。各地要进一步吸纳城市运行管理各行业专家，扩充专家队伍，为平台建设和运营提供智库支撑。充分发挥专家队伍作用，开展形式多样的技术培训和交流，组织专家对部分城市进行现场指导，确保平台建设质量。

（四）注重学习借鉴

各地城市运管服平台建设主管部门及相关人员要加强学习能力建设，加强协调联络，积极组织到外省市先进城市观摩学习，开拓视野，拓宽思路，提高效率，着力提升省城市运管服平台建设的质量水平。

附件：_____市城市运行管理服务平台建设进度表

_____市城市运管服平台重点工作建设进度表

填报单位：（加盖公章）

一、运管服平台建设推进情况			
1. 协调推进机制建立情况	☐ 是		☐ 否
2. 项目资金落实情况	☐ 已落实	资金筹措方式：	☐ 政府预算资金　☐ 专项债 ☐ 平台融资　　　其他_____
		落实金额：	
	☐ 未落实		
3. 项目立项情况	☐ 已立项	批复时间：	
		批复金额：	
	☐ 未立项		
4. 项目招标情况		建设单位：	
		设计单位：	
	☐ 已招标	开标时间：	
		中标单位：	
		中标金额：	
	☐ 未招标		
5. 是否开工建设	☐ 已开工	开工时间：	
		完工时间：	
	☐ 未开工		
6. 应用系统建设整合情况（已建设的打√）： ☐ 业务指导系统（共用）　☐ 指挥协调系统　　☐ 行业应用系统　　☐ 公众服务系统 ☐ 运行监测系统　　　　　☐ 综合评价系统　　☐ 决策建议系统　　☐ 数据交换系统 ☐ 数据汇聚系统　　　　　☐ 应用维护系统　　其他系统：_____			
7. 数据体系建设情况（已建设的打√）： ☐ 城市基础数据　　☐ 城市运行数据　　☐ 城市管理数据　　☐ 城市服务数据 ☐ 综合评价数据　　其他数据：_____			
8. 行业应用系统整合覆盖情况（已整合覆盖的打√）： ☐ 市政公用　　　☐ 市容环卫　　　☐ 园林绿化　　　☐ 城市管理执法 其　他：_____			
9. 运行监测系统业务领域覆盖情况（已覆盖的打√）： ☐ 燃气　　☐ 供水　　☐ 排水　　☐ 供热　　☐ 环卫　　☐ 内涝　　☐ 管廊　　☐ 窨井　　☐ 危房 ☐ 桥梁　　☐ 隧道　　☐ 路面塌陷　☐ 建筑施工　☐ 渣土　　☐ 人员密集场所 其他方面：_____			
10. 市政公用设施领域企事业单位信息化系统接入运管服平台情况（已对接的打√）： ☐ 燃气　　☐ 供水　　☐ 供热　　☐ 排水　　☐ 内涝　　☐ 管廊　　☐ 桥梁　　☐ 隧道 其他方面：_____			
11. 是否与国家平台互联互通、数据同步、业务协同		☐ 是	☐ 否

续表

二、平台运行保障			
1. 是否建立城市运行管理服务指挥中心	☐ 是	人员 ＿＿＿位	
		座席 ＿＿＿个	
	☐ 否		
2. 是否建立综合协调机制	☐ 是	☐ 否	
3. 是否建立监督指挥机制	☐ 是	☐ 否	
4. 是否建立工作协同机制	☐ 是	☐ 否	
5. 是否建立综合评价机制	☐ 是	☐ 否	
6. 是否配备必要的行政办公和指挥场所	☐ 是	☐ 否	
三、平台运行效果			
1. 本市城市运管服平台运行监测预警情况	报警数（件）		
	报警准确率（%）		
2. 本市城市运管服平台服务公众情况	解决群众诉求数（件）		
四、智慧停车系统建设推进情况			
智慧停车系统建设情况	☐ 已建设	接入城市运管服平台情况	☐ 是　☐ 否
		接入停车泊位数（个）：	
	☐ 正在建设	☐ 单独建设	
		☐ 纳入城市运管服平台一体推进	
	☐ 未建设		
五、城市生命线安全工程建设推进情况			
城市生命线安全工程建设情况	☐ 已建设	接入城市运管服平台情况	☐ 是　☐ 否
		接入前端感知设备点位（个）	
	☐ 正在建设	☐ 单独建设	
		☐ 纳入城市运管服平台一体推进	
	☐ 未建设		
城市生命线安全工程运行监测覆盖情况（已覆盖的打√）： ☐ 燃气　☐ 供水　☐ 排水防涝　☐ 供热　☐ 桥梁　☐ 隧道　☐ 道路　☐ 管廊　☐ 窨井盖 其他方面：＿＿＿＿＿＿＿＿＿＿＿＿＿＿＿＿＿＿＿			

填报人员：＿＿＿＿＿＿＿＿＿＿＿＿＿＿＿　联系方式：＿＿＿＿＿＿＿＿＿＿＿＿＿＿＿

参考文献

［1］陈平. 网格化城市管理新模式［M］. 北京大学出版社，2006.

［2］北京数字政通科技股份有限公司. 加快构建城市运行管理服务平台"一张网"用智慧科技赋能城市治理［J］. 城乡建设，2022（07）：5.

［3］北京数字政通科技股份有限公司. 建设城市运行管理服务平台的思考与实践［J］. 中国建设信息化，2022（05）：4-7.

［4］张薇娜，杨彩云. 科技赋能，以智促治 全面构建城市运行管理服务新模式［J］. 中国建设信息化，2022（13）：4-7.

［5］北京数字政通科技股份有限公司. 城市运行管理服务平台之青岛样板［J］. 中国建设信息化，2022（17）：9-11.

［6］郝力. 迎接体改科技新潮 开创智慧城管新篇［J］. 中国建设信息化，2017（11）：8-10.

［7］邬伦，宋刚，吴强华，朱慧，童云海，安小米. 从数字城管到智慧城管：平台实现与关键技术［J］. 城市发展研究，2017，24（06）：99-107.

［8］马春莉，乔真，崔迪，郝力. 数字城管迈向智慧城管的探索与实践［J］. 中国建设信息化，2019（08）：56-59.

［9］付明，谭琼，袁宏永，梁光华，陈涛，凌俊杰. 城市生命线工程运行监测标准体系构建［J］. 中国安全科学学报，2021，31（01）：153-158.DOI：10.16265/j.cnki.issn1003-3033.2021.01.022.

［10］范维澄. 推进国家公共安全治理体系和治理能力现代化［J］. 人民论坛，2020（33）：23.

［11］谭琼，冯国梁，袁宏永，苏国锋，付明，朱友平. 燃气管线相邻地下空间安全监测方法及其应用研究［J］. 安全与环境学报，2019，19（03）.

［12］袁宏永，苏国锋，付明，冯国梁，朱友平. 城市生命线工程安全运行共享云服务平台研究与应用［J］. 灾害学，2018，33（03）：60-63.

［13］袁宏永，苏国锋，付明. 城市安全空间构建理论与技术研究［J］. 中国安全科学学报，2018，28（01）.